金岳霖

哲学比较研究

张梦飞 著

中南大学出版社
www.csupress.com.cn
·长沙·

图书在版编目(CIP)数据

金岳霖哲学比较研究 / 张梦飞著. --长沙：中南
大学出版社，2024.11.
ISBN 978-7-5487-6035-1

Ⅰ. B261.5

中国国家版本馆 CIP 数据核字第 2024AD2548 号

金岳霖哲学比较研究

JINYUELIN ZHEXUE BIJIAO YANJIU

张梦飞 著

□出 版 人　林绵优
□责任编辑　浦　石
□责任印制　唐　曦
□出版发行　中南大学出版社
　　　　　　社址：长沙市麓山南路　　　　　邮编：410083
　　　　　　发行科电话：0731-88876770　　传真：0731-88710482
□印　　装　广东虎彩云印刷有限公司

□开　　本　710 mm×1000 mm 1/16　□印张 12　□字数 208 千字
□版　　次　2024 年 11 月第 1 版　　□印次 2024 年 11 月第 1 次印刷
□书　　号　ISBN 978-7-5487-6035-1
□定　　价　68.00 元

前 言 ◯

　　研究中国近现代哲学，金岳霖（1895—1984）是不可绕过的人物之一。20 世纪 80—90 年代以来，国内学界对金岳霖哲学思想展开了较为系统的研究，形成了一系列的研究成果。以金岳霖哲学思想作为博士学位论文选题的就有胡伟希、胡军、陈晓龙、杜国平、张学立等人，产生了一系列研究金岳霖哲学思想的专著。这些专著有胡伟希的《金岳霖哲学思想》（湖北人民出版社，1994 年）和《金岳霖与中国实证主义认识论》（上海人民出版社，1988 年）、胡军的《道与真——金岳霖哲学思想研究》（人民出版社，2002 年）、陈晓龙的《知识与智慧——金岳霖哲学研究》（高等教育出版社，1997 年）、杜国平的《"真"的历程——金岳霖理论体系研究》（中国社会科学出版社，2003 年）、张学立的《金岳霖逻辑哲学思想研究》（贵州人民出版社，2004 年）、袁彩云的《经验·理性·语言——金岳霖知识论研究》（人民出版社 2007 年）、邵明的《金岳霖所与理论研究》（北京大学出版社，2012 年）、崔治忠的《金岳霖知识论比较研究》（知识产权出版社，2015 年）、刘培育主编的《金岳霖思想研究》（中国社会科学出版社，2004 年）。此外，以金岳霖哲学思想中的一些学术观点进行分散性研究的学者也发表了数百篇学术论文。从研究的成果看，学界对金岳霖在中华人民共和国成立前的哲学思想中的本体论、认识论和逻辑哲学的解读都已经相当成熟。目前,金岳霖的哲学思想与中、西哲学家思想的比较研究构成了基本的研究态势。近年来,研究金岳霖哲学思想的学术成果普遍以具体的哲学问题为切入点,对比金岳霖哲学思想与其他中外哲学家思想的异同。但这种比较研究,均只在金岳霖与中国本土哲学家、西方哲学家之间展开,而没有产生专门比较金岳霖哲学与马克思主义哲学的研究成果。

金岳霖被公认为 20 世纪中国新实在论学派的首领。新实在论哲学与马克思主义哲学在学理上存在较大程度的相似性,具有与马克思主义哲学进行比较研究的良好学理基础。近年来,学术界将新实在论学派代表人物的哲学思想,如张东荪、张申府、张岱年、冯友兰等哲学家的思想,与马克思主义哲学展开比较研究,展现出新的研究态势。但是,作为新实在论学派的首领的金岳霖及其哲学却没有在此比较研究过程中得到凸显,这不能不说是学界的疏忽。按照黄楠森的观点,金岳霖的认识论与马克思主义的辩证唯物论在许多基本观点上确是惊人的相似。黄楠森先生在《哲学研究》(2005 年增刊)还专门撰文阐述了金岳霖的认识论与马克思主义哲学认识论相似的几个方面,并认为这些方面为金岳霖的哲学思想向辩证唯物论转向搭起了一座桥梁。但是,黄楠森先生也仅仅是做了简单的比较,具体、深入、系统、全面地比较还有待后续学者来完成。鉴于目前较多学者在新实在论学派与马克思主义哲学之间展开比较研究,将金岳霖的哲学与马克思主义哲学纳入比较研究之列乃是情理之中的事情。

金岳霖在中华人民共和国成立后著有《罗素哲学》,这是他在真诚地接受马克思主义哲学之后,也是一生中撰写的唯一的哲学史专著。在

《罗素哲学》中，金岳霖遵循马克思主义实践唯物主义的立场对罗素哲学进行了较为彻底的批判。金岳霖当时的马克思主义哲学水平究竟如何？有何建树？有何缺失？提供了哪些可供马克思主义哲学参考或借鉴的地方？金岳霖能否称得上是一个真正的马克思主义学者？等等问题，都需要进行系统、全面的研究。但是，在众多金岳霖的哲学思想的研究者中，胡伟希的《金岳霖哲学思想》、胡军的《道与真——金岳霖哲学思想研究》、王中江的《理性与浪漫——金岳霖的生活及其哲学》（河南人民出版社，1993 年）、刘培育主编的《金岳霖思想研究》等著作对《罗素哲学》做过介绍与简单的评论，目前尚没有学者专门从马克思主义哲学视角来审视金岳霖在中华人民共和国成立后的哲学思想，这诚然是研究金岳霖哲学思想的一项学术空缺。

在金岳霖的众多弟子中，冯契是金岳霖的哲学问题与哲学思想传承的集大成者。冯契也是按照自己的老师认为对的地方继续研究下去的，他扬弃了金岳霖的狭义认识论，结合中国传统哲学、西方哲学与马克思主义实践唯物主义，发展出广义认识论，构筑了马克思主义中国化的理论体系——"智慧"说，奠定了自己在马克思主义哲学中国化理论体系中的学术领先地位。金岳霖带给冯契的哲学问题、金岳霖在冯契所创立的马克思主义哲学中国化理论体系中的影响等都具有重要的研究意义与价值，而这些问题目前尚未进行专门研究。

综上可见，研究金岳霖在中华人民共和国成立前的哲学思想与马克思主义哲学的学理契合性，金岳霖在中华人民共和国成立后的哲学思想的马克思主义哲学属性及其缺失，金岳霖的哲学与冯契的哲学的渊源关系及探讨金岳霖的哲学的当代意义，具有重要的学术价值与较强的应用价值。基于以上学术认知，本书在金岳霖的哲学与马克思主义哲学对比研究、金岳霖在中华人民共和国成立后金岳霖的哲学思想解读、金岳霖的哲学对冯契的哲学思想的影响和金岳霖的哲学对马克思主义哲学中国化与中国哲学的世界性等问题的贡献中展开，以期对这些问题取得较为深刻的认识，达到对金岳霖哲学思想的丰富、全面的理解和对马克思主义哲学的自觉运用。

笔者之所以选择以"金岳霖哲学比较研究"为题来作研究，基于以下几个方面的考虑。

一是学术的兴趣使然。笔者本科学的是哲学专业，硕士研究生阶段以"金岳霖意念论剖析"为题完成硕士学位论文，开始金岳霖哲学思想研究的学术之路。博士研究生阶段笔者以"金岳霖形上学研究"为题完成博士学位论文，形成了对金岳霖哲学思想较为系统的理解与把握。即使对金岳霖的哲学思想有十余年的研究，但笔者仍然感觉到金岳霖的哲学思想博大精深，还有很多值得挖掘、值得比较的地方。特别是金岳霖作为一位学贯中西、自成哲学体系的哲学家，他的学术背景、学术问题意识、学术的时代意义和当代价值等都值得笔者去继续努力研究。笔者在高校马克思主义学院工作，在教学与科研中接触比较多的话题是关于马克思主义中国化的，将金岳霖与马克思主义哲学中国化联系起来考察自然就成了自己思考的惯性。

二是教学中的困惑使然。笔者长期从事高校《马克思主义基本原理》的教学工作，教学过程中对很多范畴的讲解，如物质、一般与个别、真理、规律等，会自觉地与金岳霖的相应范畴进行对比。在对比中，笔者发现金岳霖的哲学思想与马克思主义哲学具有非常明显的相似性。虽然金岳霖的哲学思想更多地体现为学术意义与价值，不像马克思主义哲学那样关注现实，但是从学术上看金岳霖对一些范畴的阐发比马克思主义哲学更为细腻和全面，有助于自己更深刻、全面地理解马克思主义哲学。因此，出于解决一些教学困惑的需要，促使自己想比较全面地对金岳霖的哲学思想与马克思主义哲学思想展开比较。同时，马克思主义哲学中国化是一个持续传承并创新的过程，金岳霖在这个过程中起到什么样的作用也是自己非常想去研究的内容。

三是繁荣中国哲学社会科学话语体系的思考使然。推动文化自信是全面建成社会主义现代化强国的重要一环，构建中国自身的哲学社会科学话语体系是重要的抓手。以马克思主义为灵魂，高度重视对中华优秀传统文化的创造性转化与创新性发展，积极借鉴西方文明及其他文明的优秀成果与方法等，是推动中国哲学社会科学话语体系建设的重要遵循。金岳霖作为新实在论哲学家在其中起到什么作用也值得进行积极的思考，他深刻的问题意识、敏锐的时代洞察力对中国传统哲学的丰富转化、对西方逻辑分析方法的娴熟运用，以及其哲学思想与马克思主义哲学的契合性等令我自觉地将其纳入其中进行考察。

将金岳霖的哲学思想作对比研究，有助于更全面地把握其哲学思想。对比金岳霖哲学与马克思主义哲学的基本范畴，有利于对马克思主义哲学的理解与把握。将金岳霖与冯契的哲学思想进行比较，考察金岳霖哲学思想的当代意义，有助于更加准确而全面地定位金岳霖的学术贡献与其哲学思想的学术价值。

金岳霖的哲学以分析细腻而著称，对比金岳霖哲学与马克思主义哲学的基本哲学范畴有助于丰富与完善马克思主义的世界观与方法论。金岳霖以《知识论》为自己最得意之作，对比金岳霖的知识论与马克思主义哲学认识论可以丰富马克思主义哲学中认识论的过程与环节，形成更加丰富、完善的认识世界与改造世界的实践机制。

目 录

第一章

金岳霖在新中国成立前的哲学思想及与马克思主义哲学的比较

　　金岳霖是自成思想体系的哲学家，著有《论道》（建构本体论思想体系）、《知识论》（建构认识论思想体系）和《逻辑》（建构逻辑学思想体系）三本重要著作。他的哲学受西方实在论思想影响颇深，既有柏拉图哲学的影子，也有对罗素哲学的继承，还受美国新实在论哲学的影响，有着强烈的实在论色彩，被称为中国的新实在论。金岳霖的哲学思想尊重常识，承认外在事物的客观实在，明确指出外在事物具有"硬性"，即不以人的意志为转移。列宁曾指出，实在论是"羞答答"的唯物主义，与马克思主义哲学有着一致性。在笔者看来，这种一致性主要体现在两个方面：一是承认外物的客观实在性，反对唯心论；二是承认意识的能动作用。当然，实在论与马克思主义哲学也有两点根本性的区别：一是没有认识到社会实践在认识世界和改造世界过程中的决定作用；二是忽视了人的主体地位。中国前辈学者在考察、评价金岳霖的哲学时，曾明确地指出金岳霖的哲学实质上就是一个唯物主义的哲学体系，这不仅表现在金岳霖的《知识论》中旗帜鲜明地承认外物的存在，对西方"唯主方式"的批判，也同样体现在金岳霖的《论道》所建构的本体论哲学体系中，认为金岳霖构成万事万物的材料的"能"具有"倔强性"，不能主观抹杀。"把以《论道》《知识论》为代表的金岳霖看作是世界非马克思主义哲学发展中的一个重要成果，看来并无夸大之嫌，而按其性质说，这是一个唯物主义的体系。"[①]以客观实在为基本立场，金岳霖的哲学思想展现出反映论的认识论路线与以符合论为基础的真理观，对矛

[①]　中国社会科学院哲学研究所编：《金岳霖学术思想研究》，四川人民出版社，1987年版，第99页。

盾也作了客观、辩证的分析，其与马克思主义哲学在学理上呈现出较强的契合性。下面，笔者将考察金岳霖的新实在论哲学的物质观、矛盾观、概念观、真理观等所展现出来的客观实在立场，并借此分析金岳霖哲学与马克思主义哲学的学理契合性，借此深入理解马克思主义哲学。

第一节　金岳霖的物质观及与马克思主义哲学的比较

物质观以探讨世界本原问题为中心内容，而世界本原问题的定性是划分哲学基本派别的根本标准。下面从哲学物质观的基本内容之一——世界本原学说来比较金岳霖哲学与马克思主义哲学，以便更加客观地审视金岳霖哲学，更加深刻把握马克思主义哲学的实质。

一、金岳霖的客观实在立场

金岳霖以"道是式—能"来展开其哲学本体论体系的逻辑建构，认为构成世界的原初成分有两个：一是"式"①，一是"能"②。作为世界原初的成分，"式"和"能"是最初的部分，所有个体的形成和存在都依赖它们。"式"构成事物的性质，"能"则是构成事物的材料。"能"作为最原始的成分，是任何事物的"始基"，但它却不属于任何事物。金岳霖说："我们所要表示的是万事万物各有其能，而能不是万事万物。它是万事万物之所同有的材料，而不是万事万物之所同是的东西，或同属的类。"③"能"是万事万物之最大的普遍，是世界的最原初成分。为了说明世界的演绎变化，金岳霖还设置了"可能"与"式"，"这里所谓可能是可以有而不必有'能'的'架子'或'样式'"④，"可能"是容纳能的"套子"。"式是析取地无所不包的可能"⑤，实质上"式"就是指逻辑。以"能""可能""式"为基础，金岳霖的本体论哲学将世界作了逻辑上的三重区分：可能界、

①　金岳霖：《论道》，中国人民大学出版社，2007年版，第1页。
②　金岳霖：《论道》，中国人民大学出版社，2007年版，第4页。
③　金岳霖：《论道》，中国人民大学出版社，2007年版，第14页。
④　金岳霖：《论道》，中国人民大学出版社，2007年版，第3页。
⑤　金岳霖：《论道》，中国人民大学出版社，2007年版，第4页。

现实界、存在界。"能"与"式"构成可能世界，"可能"有"能"进入其中就现实化为现实界，现实界的个体通过时空位置化为存在的个体世界。金岳霖以"能"与"式"的组合演绎出整个世界的万事万物，因为"式"所代表的是逻辑，而逻辑只对世界作消极的规定，真正代表世界万事万物本原特性的只能是"能"。但是，金岳霖的本体论是一种逻辑建构，他必然要将"能"设置为不具有任何性质的纯粹逻辑分析成分，为纯粹的"与料"。可是从圆融思想体系的角度出发，又不得不说明"能"是能动的，"能"具有"倔强的硬性"，即具有不以人的意志为转移的实在性，这种实在性与马克思主义哲学所讲的"物质的唯一特性是客观实在性"具有相似的含义。下面我们将金岳霖笔下"能"的实在性及与马克思主义哲学所说物质的客观实在性进行比较。

金岳霖以逻辑构造的方式演绎分析世界的形成、发展，必然要寻找自明的逻辑起点。受本体论中独断论哲学传统的影响，金岳霖直接肯定"能"的有。可是，他是怎么如此肯定"能"是最根本的原初成分呢？他获得"能"的依据在哪里呢？金岳霖依靠的是"宽义的经验"①。金岳霖说："依我底意见，我们可以在宽义的经验中(有推论有想像的经验)抓住它，我手上有一支纸烟，此刻它是完整的，有某形，有某色。它有它底来源；它底烟的那一部分在多少时前是某一地方的烟叶子，未成植物前，一部分是种子，其他部分是肥料，是水，是太阳光的某一种光等等。它底纸的那一部分可以追到某造纸厂，由造纸厂可以追到某一种树，理论上也可以追到某一棵树，也可以追到水、光、土等等。"②在这里，金岳霖运用的是"殊相方面无量的变更法"③，即从经验世界的变更中可以进行推论，由一物推论到他物，还可以推论到其他的更多他物，甚至可以推论到事物的内部结构如原子、电子之类，可是总有推论不到尽头的物，那就只有靠想象了。通常想象是想象到最终有那么一种成分，它是变化的源头，万物都可以从它那里而来，而它本身不会再变。由于这种想象是经验成分的想象，即使可以追溯到这么一个源头，那也是一实体性的事物，不能构成形上学的终极。因为终极是超验的，而非存在的实体。那么就只有借助于富有创造性的想象了，想象事物之中有那不变的成分，它只是在流逝，本身却不变，它只是从一个物

---

① 金岳霖：《论道》，中国人民大学出版社，2007年版，第1页。
② 金岳霖：《论道》，中国人民大学出版社，2007年版，第1-2页。
③ 此处参照贡华南的提法，也根据金岳霖自身的表述归纳而得到。

转移到另一个物，让人感觉到经验世界的流变。正是借助于这种富有创造力的想象，金岳霖认为万物有其不变的成分在其中，他给它命名为"能"。"能"不是事物的物质性成分，也不是事物的结构性成分，只是构成事物的"纯材料"，不是光、电、原子、电子之类的存在的东西，而这些东西却要由"能"来说明。

金岳霖还以"共相方面无量的抽象法"①来确立"能"。在他看来，事物都是由很多共相与殊相所构成，形成事物相应的性质与关系。如果将事物的共相与殊相通过层层抽象的方式，剥离掉所有的共相、殊相或者性质与关系，事物就只剩下毫无性质与关系的成分。这种成分既然称得上是事物的成分，那就代表着"有"。换言之，无论怎么样抽象或剥离事物，还是感觉到事物的"有"。事物只剩下的非"共"非"殊"的成分，就是组成事物的纯粹的材料。而且，这种材料是事物中恒常的成分，是事物的终极成分。这种成分，金岳霖给它取名为"能"。他说："但是一特殊的事物不仅是一大堆的共相。把共相堆起来，无论如何的堆法，总堆不出一个特殊的事物来。这不仅是共相与殊相底分别底问题，殊相底'殊'虽殊于共相底'共'，而殊相底相仍是共相底相。一特殊事物也不仅是一大堆的殊相，把殊相堆起来也堆不出一个特殊的事物来。"②通过"共相方面无量的抽象法"，金岳霖得到了经验事物中与共相、殊相不同的成分，它不是任何事物所特有，但却是任何事物得以形成的基础，这种没有任何性质与关系的"纯料"足以对万物的质料成因作出解释，因而是终极的本体。当然，这种共相方面的抽象法不可能纯粹地在实际的经验事物上或感觉经验中进行，而只能以经验会同想象和抽象来进行。

贡华南对金岳霖确立"能"的"共相方面无量的抽象法"与"殊相方面无量的变更法"进行了总结，认为这是一种基于经验而又超越于经验的理性直觉。他说："不难看出，这种方法已经逸出知识论意义上的思想（思议与想象），而触及了把握大道的深层思想方式。从官能上说，这种方式既需要思议（共相方面无量的抽象）与想象（殊相方面无量的变更），更需要在此基础上直接的感觉与经验。这种感觉与经验显然不同于康德的感性直观，而更接近于康德所否认

---

① 此处亦是参照贡华南的提法，同时也根据金岳霖自身的表述归纳而得到。

② 金岳霖：《论道》，中国人民大学出版社，2007年版，第13页。

的、可以经验物自体的理智直观。"①贡华南所说的直观是感性直观的顿变,上升到了智慧的层次,即理性的直觉,是对本原性、整体性的一种直觉把握方式。金岳霖的"有推论有想象"的方法就是这种"理智直观",既保留了经验直观的成分,又深刻地切中了事物内在深刻的本质。

对于"式",金岳霖认为也是借助于"宽义的经验"来把握的。"式"是由"可能"按照排中范式无限析取而形成,而"可能"则是"式"的组成部分。"可能"在金岳霖看来也是通过"宽义的经验"把握到的。他说:"'有可能'这一句话也是宽义经验方面的话,尤其是官觉经验与知觉经验。"②金岳霖认为对事物进行归纳可以得到事物的条理,得到条理后又可以以之来规范与归纳以后的经验,这表明事物中有共同的特征。因为"能"没有任何规定性,只是纯粹的材料,以"能"不能区别开各类事物。而事物是相互区别的,这是常识。这样,事物之中除"能"之外必然有规定该事物特性的成分,于是他又设置了"可能"。因为由"可能"组成的"式"代表逻辑,逻辑只是消极地说明世界万事万物,不决定事物的根本属性,所以本书不重点探究"式"与"可能"。

综上可见,金岳霖对世界中存在的个体的本原成分的把握以得自"宽义的经验"为方式,即对存在世界进行高度的抽象,然后发生思维的神秘跳跃,在直觉中把握它。金岳霖明确指出本原性的"能"是实实在在的"有",具有"倔强的硬性",实质上就是客观实在性。为了有逻辑地建构哲学体系的需要,金岳霖不能不将"能"设置为纯粹的逻辑观念,毫无规定性。而他为了圆融自己的哲学体系,又不得不尊重"能"所具有的实在的硬性和能动性。金岳霖的这种对"能"的处置手法,是对以往哲学本体论不得不采取的手法的传承,没能跳出传统西方哲学的圈圄。西方传统本体论哲学体系都以自明的前提为出发点来建立哲学体系,可是自明的前提在哲学家建构自己的哲学体系时往往不假反思就直接运用于演绎法则中去。而前提究竟如何自明呢? 根本的原因在于它是人们长期的经验的体验,是很难被证伪的思想。

金岳霖对"能"的考察依据了能量守恒与转化定律,"能"有相当于能量的意味。对"能"的设置也遵循了物质不灭的原理,金岳霖认为物质性成分在世界

---

① 贡华南:《徘徊于意义与意味之间——金岳霖哲学的张力与境界》,《学术月刊》,2007 年第 39 卷第 8 期,第 57-64 页。

② 金岳霖:《论道》,中国人民大学出版社,2007 年版,第 4 页。

上是永恒存在的，它只是在不同的运动过程中转换，而自身不消亡。从这个角度来说，"能"作为本体只是个代表性的符号，它的真实意义是物质性的最原初成分。"将'能'既看成是'任何事物底材料'，又看成是推动宇宙万事万物运动、发展、演化的总根源、总动力。就此而论，金岳霖的'能'无疑不仅有表示物质性的存在的意味，而且有表示客观性亦即'倔强'性或'苗强'性的意味。"①

金岳霖哲学中的"式"也是具有客观实在性的，不是柏拉图式的"理念"。因为在金岳霖笔下，"式"代表的是逻辑的排中范式，"式"实际上就是指逻辑，但逻辑并非纯粹主观的。在金岳霖看来，逻辑代表的是客观世界的规律，从经验中来，但其正确性不依赖经验。他认为逻辑本来是客观的，逻辑学家的逻辑系统从思考的历程上来看是创作，但是从思考的结构上来说则是发现。逻辑命题所代表的规律、规则是客观事物本身所固有的，人们只能去"发现"它，而不能随心所欲地"创作"它，这说明代表着本质、规律的"式"也是客观实在的。所以，金岳霖本体论构造的两个本原性成分都具有客观实在性，他所建立的是一个客观实在的哲学体系，依照本原性成分演绎出来的存在个体同样是客观实在的。

二、金岳霖的物质观与马克思主义哲学在学理上的契合性分析

作为哲学物质观的比较除了要对比对外在客观事物的立场外，还需要从运思的起点、过程、原则和最终的定性几个层面上来展开。下面来分析金岳霖的物质观与马克思主义哲学的物质观在学理上相契合的方方面面。

（一）二者都遵循以求得最普遍性的"成见"来说明外在事物的学理

金岳霖曾指出："我以为哲学是说出一个道理来的成见。"②他认为哲学不能无"见"，哲学就是哲学家"成见"的展开与论证。这些成见可能做不到完全归纳，因此是或然的，但经得起推敲与检验，较难被证伪。因哲学家的学识、见闻、经验及兴奋点不同，他们表现出来的"成见"或许各有不同，形成了不同的哲学特色，但普遍给人以理论的严谨感，且不悖于常识，符合科学道理与科学规律，言之有理，持之有故。在求"成见"这个问题上，金岳霖颇费了功夫。

---

① 陈晓龙：《知识与智慧——金岳霖哲学研究》，高等教育出版社，1997年版，第31-32页。
② 金岳霖学术基金会学术委员会编：《金岳霖文集》（第一卷），甘肃人民出版社，1995年版，第625页。

他对比了亚里士多德、朱熹的本体论建构，认为亚里士多德的"质料"存在很多漏洞，朱熹的"气"也存在很多的弊端，无法达到作为形上本原的高度抽象性与普遍性。他最终选择以"能"与"式"作为形上本原，一方面满足自己的成见，另一方面求得了最大的普遍。当然，金岳霖在求这个"成见"时有超越唯物主义与唯心主义的意图，对于这点后面还有评论，此处不述。

西方唯理论的形上学体系都是以直观公理加逻辑演绎法则来建构的，这个直观公理虽然被称为公理，但绝非完全以演绎方法逻辑地推导出来的公理，而是在直观的前提下所得到的。这个直观在以理性著称的唯理论者身上容易给人以纯粹理性的假象。再说，这些唯理论者通常将它们冠之以"天赋"观念，这容易导致人们误以为形上学的前提也同样是绝对理性的。而这些公理实质上是对最大的普遍性的前提的一种猜测或假设，也可能是一种信仰，是无法严格论证的，也是无法证实的，当然也是暂时无法证伪的。这些公理的获取的办法与怀特海的方法实质上是一致的，都是为直觉所得。

笔者认为，马克思主义哲学亦是在批判以往哲学中来求这个"成见"的，在这点上金岳霖的哲学与马克思主义哲学的思路是一致的。古代朴素唯物主义将世界本原界定在少数几种原初物质上，具有明显的以具体代替普遍的不足。"这些哲学理论的主要缺陷是基于经验直观而把世界本原归结为一种或数种有形的具体物质形态，这就难以说明纷繁复杂的大千世界。"①近代形而上学唯物主义把当时物理学中的最新发现——原子作为世界本原，以自然科学中的一个分支——物理学的普遍结论来代替哲学的普遍结论，是以局部取代整体，其形而上学性不言而喻。在唯心主义哲学家借自然科学发现比原子更小的粒子而攻击唯物主义物质观时，马克思主义经典作家自然意识到，哲学本原学说必须寻求到更大的普遍性、更具说服力的普遍性、更难被证伪的普遍性。在笛卡尔、斯宾诺莎以伸张性、广延性等作为所有物质性的东西的本原特性仍不能形成最大的普遍性的时候，列宁借助于自然科学的最新发现，包括对能量、场等最新自然科学发现及理论的概括，提出物质的唯一特性是客观实在性，找到了最大的普遍性。列宁所做的归纳工作诚然也无法穷尽天下所有的事物，而是结合以往的哲学理论和自然科学的最新发现所下的一个预测性的结论，无法证实，也难以证伪。

---

① 王南湜:《马克思主义哲学的物质概念》,《哲学研究》, 2006 年第 9 期, 第 3-8 页。

但是，马克思主义哲学的物质观是否就是目前唯一正确的物质观呢？答案是不确定的。马克思主义哲学只是更加紧密地吸纳了各门具体科学尤其是自然科学的最新成果，提炼出更具合理性、科学性、普遍性的结论，更难以被证伪。同时代也许还有其他哲学也对世界的物质统一性作出了科学的阐释，只是言说方式不一样而已。从这种意义上看，那些经久流传的哲学，包括马克思主义哲学及其物质观，仍然是一家之言，一种论证严密、难以被证伪的"成见"。金岳霖在哲学物质观的形成基础上与马克思主义哲学具有一致性，他还较好地论证了形成"成见"的基础。下面我们来了解一下。

1930年，金岳霖为冯友兰所写的两卷本《中国哲学史》写了一篇审查报告。在这个报告中，他对哲学的性质有所论及。冯友兰认为，"哲学根本是说出一种道理来的道理"①。这两个"道理"具有不同的含义，前一个"道理"就是哲学家对他的哲学提供论证，后一个"道理"就是哲学家的根本之"见"。对冯友兰的这种理解，金岳霖表示赞同。但他似乎更为偏执，见解更显得极端。他说："但我的意见似乎趋于极端，我以为哲学是说出一个道理来的成见。"②金岳霖认为："哲学中的见，其理论上最根本的部分，或者是假设，或者是信仰；严格说起来，大都是永远或暂时不能证明与反证的思想。如果一个思想家一定要等这一部分的思想证明之后，才承认它成立，他就不能有哲学。"③他中肯地承认自己的哲学具有猜测的、个性的成分在其中。哲学不仅要有"见"，但更主要的是要有普遍性的"见"。如果一个哲学体系没有一定的普遍性，它得不到大家的认同。如果一个哲学体系没有哲学家自身的个性或成见在其中，哲学就没有发展，而是一潭死水。哲学之所以万古而长青，一方面是它所关注的问题是任何一个时代都不可能得到完美的答案或得到最终解释的；另一方面是不同时期的不同哲学家们从各自不同的成见出发作出了富有成效的阐释，使哲学理论不断得到延续，不断融进新鲜的血液。但是，哲学家的成见不能是胡乱的预见或猜测，而是在综合人类哲学理论和自然、社会、思维科学理论发展的基础上对普遍性的追问，是对合理的最大普遍性的追问与预见。至于哲学家们立意的角度则可能要取决于他们的性情和他们所受的特定环境的影响。金岳霖说："各思

---

① 金岳霖学术基金会学术委员会编：《金岳霖文集》（第一卷），甘肃人民出版社，1995年版，第625页。
② 金岳霖学术基金会学术委员会编：《金岳霖文集》（第一卷），甘肃人民出版社，1995年版，第625页。
③ 金岳霖学术基金会学术委员会编：《金岳霖文集》（第一卷），甘肃人民出版社，1995年版，第625页。

想家有'选择'的余地。所谓'选择'者，是说各个人既有他的性情，在他的环境之下，大约就有某种思想。这类的思想，就是上面所说的成见。……各人既有各人的性情，又有各人的环境，有些人受环境的刺激就发生许多的问题。……有些是一国所注重的，有些是另外一国所注重的，哲学的问题也是这些问题中的问题。"①他以求实的态度道出了哲学问题上的个性、民族性。哲学有其共性，也有其个性，哲学家们追求哲学的共性，也保持着自身的个性理解与把握，还保持着民族化的特色。这样，哲学才会丰富多彩、枝繁叶茂。哲学问题是很大的问题，牵涉的面很广。而哲学家个人的能力、精力是有限的，因而专注于思考某些哲学问题也是构成哲学家的个人特色或民族特色的方面。同时，每个民族有自身的文化背景，有不同的语言风格，也有不同的把握世界的方式，这是不容忽视的背景，这是哲学民族化、地域化的重要原因。这里，就牵涉到对哲学实质把握的到位与不到位问题，对哲学实质问题的言说的合理性问题。也就是这个"成见"不是通俗意义上的胡搅蛮缠，不是胡乱编造。所谓"成见"不是妄下断语，而是要经得起现实的验证；不是虚构普遍性，而是讲究事实依据，特别是科学的依据；不是神秘莫测，而是清晰、明白；不是零言碎语，而是形成一个严谨的思想体系，有严格的必然性、逻辑性与一致性；等等。

　　金岳霖的形上学体系自然有他自己的个性成分在其中，也体现出对自己"成见"的自圆其说。他借用了西方传统哲学的话题，却主要用中国传统哲学的范畴，美其名曰"旧瓶装新酒"。他对传统范畴重新进行了厘定，使其具有了属于自己的含义。在传统范畴的基础上，他表达了西方主流本体论的基本内容。这些都能体现为言说上的"成见"。对于实际内容的"成见"，可以对比他与亚里士多德、朱熹的一些观点来展现。他的"能"与亚里士多德的"质料"相比具有能动性的特征，能更好地说明世界的变化的历程。"能"相比亚里士多德的"质料"和朱熹的"气"具有更大的普遍性，同时又不是实体。亚里士多德和朱熹二人的观点都没能使终极本原摆脱实体性。如果终极本原为实体，则还是经验事物中的一分子，没有上升到足够抽象的高度，也可以说还不符合形上本体的要求。而金岳霖的"能"既具有纯粹的分析成分的性质，又具有可从经验感受到的实在的硬性或"倔强性"。如果说金岳霖的形上学与亚里士多德或朱熹的

---

① 金岳霖学术基金会学术委员会编：《金岳霖文集》（第一卷），甘肃人民出版社，1995年版，第625-626页。

作比较具有时代差距，可比性不强，那么我们来比较他的哲学与冯友兰的形上学。冯友兰认为自己的终极观念都是不着实际的，是纯逻辑的观念，是"一片空灵"的。而金岳霖承认自己的观念是从经验中经由神秘的直觉跳跃而来，并不像大多数形上学家反对形上学观念有经验性的一面而不敢承认观念出自经验。他还用自然科学理论来证明自己的形上学理论，用能量守恒与转化定律和物质不灭原理来说明他的终极观念的普遍性。在对体系一致性的保证上，他在逻辑论证不能顺畅下去的时候，不像西方哲学家那样以求助于上帝来模糊过去，而是中肯地承认以经验原则作为补充，这为许多形上学家所不屑。但金岳霖并没有以为承认经验就是耻辱，反而旗帜鲜明地认为哲学无论是知识论、逻辑学还是形上学都应该坚持逻辑与经验并重的原则。像以上这些成见的提出与维持都是需要学术勇气的，也要有足够的理论背景，还需要从自己的理论上来展示其合理性。在这一点上，我们透过前面的分析，可以认为金岳霖是做得比较成功的，这也是他留给中国现代哲学的一笔丰富的遗产。

（二）二者都遵循借助经验与科学相结合来把握终极本原的学理

上文提及，金岳霖对组成物质世界的两个终极成分"式"与"能"的把握是得之于或者说借助于"宽义的经验"的帮助。恩格斯说："物、物质无非是各种物的总和，而这个概念就是从这一总和中抽象出来的，运动本身无非是一切感官可感知的运动形式的总和……只有研究单个的物和单个的运动形式，才能认识物质和运动；而我们通过认识单个的物和单个的运动形式，也就相应地认识物质本身和运动本身。因此，当耐格里说我们不知道什么是时间、空间、物质、运动、原因和结果的时候，他不过是说：我们先用我们的头脑从现实世界作出抽象，然后却无法认识我们自己作出的这些抽象，因为它们是思想之物，而不是感性事物，而一切认识都是感性的量度！"[①]从这段表述来看，恩格斯认为感知是把握事物共性的基本方式，但认为这种把握不是决定性的环节，对世界共性把握的决定性环节是理性直觉。理性直觉是对感性经验的超越，实质上也是一种"量度"，即"测度"。理性直觉所产生的"测度"是升华了的"测度"，而非耐格里所说的"感性上的测度"。耐格里将认识界定为"感性上的测度"，这种

---

① 中共中央马克思恩格斯列宁斯大林著作编译局编译：《马克思恩格斯文集》（第九卷），人民出版社，2009年版，第500-501页。

"测度"过于肤浅，局限于感觉层次。随着感觉的不断积累，人们可以从中领悟到个别事物背后的本质属性。对感性具体事物背后的本质属性的把握仍然是一种"测度"，只是这时的"测度"是质变后的理性上的"测度"，是在感性经验基础上总其大成。理性上的"测度"实质上就是对世界本原的理性把握，是对本原性、整体性的一种顿悟性质的把握方式，上升到了智慧层次。恩格斯对耐格里的"感性上的测度"是持批判态度的，指出正确的方法应该上升到理性上的"测度"。

金岳霖在对世界本原的把握上有"宽义的经验"之说，西方实在主义哲学家怀特海有"富有想象力的洞见"之论，均是运用理性的"测度"来实现对世界本原的实质性把握。金岳霖所说的"宽义的经验"是指"有推论有想象的经验"，即"殊相方面无量的变更法"与"共相方面无量的抽象法"，对经验事物进行无限的反推或无限的剥离，最终剩下最根本的特性，通过想象或思议得到最根本的特性或本原。这个过程就是在感性经验基础上的理性把握，实现对世界本原的"测度"。怀特海的"富有想象力的洞见"也是对经验知识进行理性具体的把握。他说："但是，要想获得想象性构建的成功，必须严格遵守它的条件。首先，这种构建必须起源于对人类关注的一些特殊课题中的特殊因素的归纳概括。举例来说，在物理学、生理学、心理学、美学、伦理信仰、社会学，以及被视为人类经验宝库的语言等等课题之中。"①他认为应该从诸多科学的普遍性中去总其大成，并称这种总其大成的办法为"富于想象的理性化"②。他认为，通过"想象的理性化"这种方法，哲学家能够发现凭借差异法无法察觉到的恒常不变的成分。当然，哲学家取得这些恒常的普遍性之后，还需要进行检验，而且要在所考察的领域之外进行检验，这样才能使其不限于某些领域。他说："要检验想象性实验方法是否成功，就需要在其发源地之外去测试其结果的适用性。"③而且他认为由于语言的局限及想象力的不足，哲学性的概括"只能造就出一种近似的原则体系"，而表现为局限于"根据哲学家欲满足的理想"来对思想体系进行定义，"哲学家永不可能指望最终制定出这些形而上学的第一原

---

① 怀特海：《过程与实在》，周邦宪译，贵州人民出版社，2006年版，第6页。
② 怀特海：《过程与实在》，周邦宪译，贵州人民出版社，2006年版，第6页。
③ 怀特海：《过程与实在》，周邦宪译，贵州人民出版社，2006年版，第6页。

理"①。可见，哲学的完满性是无法得到十足保证的。这也说明哲学都会相应地局限于一定的时代。

对物质的客观实在性的界定是由列宁来完成的。列宁在总结了 20 世纪初的最新科学发现和科学理论的基础上，结合对以往唯物主义物质观的批判与继承，将物质的唯一特性界定为"客观实在性"②。"客观实在性"这一结论的概括明显高明于以直观猜测所得的个别来代替一般的古代朴素唯物主义哲学物质观，也克服了近代形而上学唯物主义以具体科学结论代替哲学一般结论的狭隘。"客观实在性"这一结论还超越了其他一些哲学家所持的密度、体积、伸张性、广延性等观点的偏颇，而顺应了新的自然科学发现，容纳了最新的自然科学成果。"客观实在性"这一结论概括出了当时世界上所有事物的最普遍特性，是对当时最大范围的事物的抽象与概括，奠定了坚实的唯物主义基础。

金岳霖对"能"的设置遵循的是纯粹本体论的进路，进行最大普遍的逻辑设定，但是他始终保持着对科学的紧密关注并求证。就他在逻辑设定上所进行的取舍看，他无疑是尊重了常识与规律的，他是一个实在论者，相信常识，也坚信科学，他的字里行间涵盖了大量的科学知识。他对能量守恒与转化定律非常熟知，并在进行"能"的设置时进行求证。他说："这里的思想也许就是 Indestructibility of Matter-energy 那一原则所表示的思想，那一原则似乎很早就发现了，现在的科学似乎还引用。"③"Indestructibility of Matter-energy"就是能量守恒与转化定律，其中的"Matter-energy"就相当于金岳霖所说的"能"。所谓相当，是说在金岳霖看来，能量守恒与转化定律是自然科学定律，不具有最大的普遍性，不是形上学所说的"纯理"（逻辑上的理——笔者注），而只能是"固然"的理(科学上的理——笔者注)。因而"Matter-energy"也只是实在的可能，即有"能"在其中的"可能"，是一实体，而不是纯粹抽象的终极。"Matter-energy"作为"可能"本身依赖"能"出入其中才能现实，也就像前面所说的原子、电子之类的实体事物，以"能"作为终极本原。他说："这样看来，我们似乎只能把 Matter-energy 当作有'能'的可能看待，那就是说把它当作是 Matter-energy

① 怀特海：《过程与实在》，周邦宪译，贵州人民出版社，2006 年版，第 5 页。
② 中共中央马克思恩格斯列宁斯大林著作编译局编译：《列宁全集》(十八卷)，人民出版社，2017 年版，第 187 页。
③ 金岳霖：《论道》，中国人民大学出版社，2007 年版，第 8 页。

那样的实在的东西看待。果然如此，则 Indestructibility of Matter-energy 这一原则是科学家底自然律，当然也是我们底自然律；事实上是真的，可是，不是本然的道理。把这一原则作如是解，它当然不是本条所说的那句话，它底范围比本条底范围窄多了。"①作为 Indestructibility of Matter-energy 这一自然律下的 Matter-energy 是有生灭的，因为它是存在的实体，实体就必然有变化的特征。而作为终极的"能"是绝对不变的，它老是那么多，老是自己在出入。我们无意于过多地比较"能"与"Matter-energy"，上述这么多只是为了表明金岳霖确立"能"这一本体是从自然科学当中受到启发，得到领悟，并自觉地在自然科学定律当中来印证而已。

(三)二者都遵循物质范畴在本质上都是哲学抽象的学理

恩格斯在《自然辩证法》中说道："物质本身是纯粹的思想创造物和纯粹的抽象。当我们用物质概念来概括各种有形地存在着的事物的时候，我们是把它们的质的差异撇开了。因此，物质本身和各种特定的、实存的物质的东西不同，它不是感性地存在着的东西。"②物质范畴是一种哲学抽象，它不是感性世界中看得见、摸得着的东西，而是对所有存在的感性物体的共同属性的揭示，是纯粹的抽象或者纯粹的思想创造物。因此，作为哲学范畴的物质不是实物，而是对所有实物的最高最普遍的抽象。金岳霖哲学中对"能"的设置也是同样的学理。金岳霖认为"能"是最高本体之一，是不能有任何性质的，也是不能言说的，更不能是实体，否则它就达不到作为最高本体所要求的最大普遍。"能"被金岳霖设置为纯粹的与料，就是一种逻辑性的分析成分，是一种高度抽象的普遍。

可是最高最普遍的抽象是如何得来的呢？古代朴素唯物主义认为作为世界本原的物质是一种或几种原初物质形态，近代形而上学唯物主义将世界统一于原子，二者都贯彻了以物质本身来说明物质世界，避免了犯唯心主义的错误。但是，这两种唯物主义思想的物质观只是一种还原论，是在物质实体世界内作寻根式还原，本质上是把物质当作实体，并没有上升到哲学抽象的高度。哲学

① 金岳霖：《论道》，中国人民大学出版社，2007年版，第9页。
② 中共中央马克思恩格斯列宁斯大林著作编译局编译：《马克思恩格斯文集》(第九卷)，人民出版社，2009年版，第511页。

最大的特性在于对个性进行最大限度的抽象，实现对个性所蕴含的最普遍共性的揭示。哲学要建立起揭示世界最普遍共同特性的普遍概念体系，用内涵最小的概念涵盖最多的外延对象。而在普遍概念的获取上，存在着两种不同的路线。一种是唯心主义先验论路线，这种路线认为普遍概念是天赋的或者主观自生的。另一种是唯物主义反映论路线，这种路线认为普遍概念是在人们长期的感觉实践的基础上通过思维对感觉印象进行抽象而获取。唯心主义先验论虽然认为概念是主观自生或者上天赋予的，但是它们要想说明整个世界，还是需要关照现实世界的具体事物。唯物主义的反映论的普遍概念以现实世界的事物的共同特征为对象，以对现实世界中具体事物的感觉印象为内容。所以，无论是先验论还是反映论，都需要在普遍概念和具体事物之间划分立场，确定主次。普遍概念属于意识，现实具体事物属于物质。所以，在物质范畴上必然以物质与意识的区分为前提，试图跳出物质与意识的区分是不可取的。"物质是最高最普遍的哲学范畴。在规定这一概念时，必须联系它的对立面，并通过它的对立面才能说明物质的本质。"①

纵观古今中外所有的哲学思想，它们在物质观上都是从意识与物质相区分来立论的。哲学家们总是自觉或不自觉地在物质与意识关系问题上展现立场，或者以物质先于或决定意识为前提，或者以理念派生物质世界为基调，无法奢想脱离物质与意识关系或者存在与思维二元对立统一前提。换言之，哲学家们在唯物主义与唯心主义之间作出选择是进行哲学思想建构的前提。泰勒斯讲"水"是世界的本原，貌似没有讲到意识，但仍然蕴含着"水"不依赖于意识的意思。赫拉克利特认为火是世界本原，确实没有标明火在人的意识之外，但是他说"火"不是神也不是人所创造的，而是按规律地燃烧与熄灭着，就表明了"火"是不依赖于人的意识这一基本立场。任何哲学都需要以物质与意识的区分来说明世界，无论是古代的本体论哲学，还是近代的认识论哲学。在恩格斯、列宁那里，对物质的表述都以物质与意识的对立与统一为思想前提。在恩格斯看来，物质概念是一种抽象，与客观的物质世界相区分、相对立。列宁后来下定义物质是标志客观实在的哲学范畴，客观实在不依赖人的感觉而存在，但却能被人的感觉所复写、摄影、反映，也是说明物质概念与客观物质世界的对立统

---

① 齐城：《物质概念体系建构的科学背景和逻辑进程分析》，《中州学刊》，2008 年第 4 期，第 168 - 171 页。

一关系。

金岳霖在对物质范畴的定性上与马克思主义哲学物质范畴具有一致性，但他不是彻底地以物质与意识的对立统一模式来对"能"进行定性。这与他自己的一些信念有着一定的关系。

金岳霖留学海外时，深受实证主义、分析哲学的影响，醉心于专业化的哲学分析，厌弃传统哲学的心物之争的模式，想超越唯物主义与唯心主义的论争。他说："照常识看起来，心与物的分别很大。但常识把它们当作两件事体，或者两件东西，各有各的个性，自然分别很大。如果我们以物为心，或者以心为物，那么，结果是宇宙一元，唯心派的'心'与唯物派的'物'就是一件东西，叫它'心'也好，叫它'物'也好，没有很大的分别。"①之所以要跳出心物之争，在于金岳霖认为哲学是论理的学说，哲学的论理方式最根本。所以，当他接触到摩尔与罗素的哲学时，非常欣喜，认为哲学不一定要靠大题目，精致的分析也是哲学。金岳霖因为过分重视哲学体系的完整、严密而将逻辑视作哲学的本质，他本人也非常仰慕那些坐在家里靠演算就能成就必然的知识的数学家。他说："作者在十几年前与同学清谈时，就不免表示对于算学家有十分的景仰。……近年经奥人维特根斯坦与英人袁梦西的分析才知道纯粹算学——至少他们所称为'纯粹算学'的算学，或逻辑学，有一种特别的情形。此情形即为以上所称为逻辑的必然，或穷尽可能的必然。"②但是，将哲学定格在纯粹的理论或者纯粹追求必然的学问上，不符合常识。哲学是属人的学问，为人们提供世界观、方法论，为人们提供安身立命之所，不仅是求得理智的必然，还需要为人们提供解除客观世界中的必然所带来束缚的武器。"哲学家们只是用不同的方式解释世界，而问题在于改变世界。"③而改造世界以认识世界为前提，以主客二分为模式，将外在事物当作人去认识与改造的对象。因此在建立世界观或哲学时，需要以区分人的意识与外在世界的关系为前提。

金岳霖试图超越唯物主义与唯心主义，做一个书斋式的哲学家，做一个哲

---

①　金岳霖学术基金会学术委员会编：《金岳霖文集》（第一卷），甘肃人民出版社，1995年版，第210-211页。

②　金岳霖：《逻辑》，生活·读书·新知三联书店，1961年版，第245页。

③　中共中央马克思恩格斯列宁斯大林著作编译局编译：《马克思恩格斯文集》（第一卷），人民出版社，2009年版，第506页。

学动物式的哲学家，进行纯粹思辨的哲学，毫不关心政治。但是，哲学作为意识形态必然具有阶级性，刻意去回避哲学的阶级性势必带来思想的混淆，也给自己带来了理论的内在矛盾和张力。他要使"能"成为形上本原最高本体，"能"就必须是毫无任何规定性的。但是，他在逻辑构造过程中又不得不设置"能"具有能动性的特点。他想用万能的逻辑来完成体系的构造，可又不得不求助于经验原则来推进体系的展开。

实质上，通过细致考察，金岳霖逻辑体系中对"能"的设置还是包含了对物质与意识对立统一关系的处理，只是他自己没有自觉地意识到这一点。他明确指出，逻辑是纯粹必然的学问，逻辑的必然在于它无矛盾，对于现实无任何积极的表示，但是对现实无任何积极的表示的逻辑无法推动体系的展开，由此他必须引入经验。如他对"能"从"宽义的经验"来把握的处理模式，他还引入"现实并行不悖、现实并行不费"两条经验原则或先验原则来说明世界进程的展开，等等。这些经验性的东西是他的体系建立起来的保障，而经验性的东西还体现了以客观事物为原型、以经验所得为模本的基本立场，包含了他在物质与意识、感觉经验与感觉对象之间的对立统一性质的取舍。因为他自身过分地强调逻辑的必然、永真，而忽略或者漠视了这种立场的重要性。他在新中国成立后自觉地接受马克思主义实践唯物主义哲学，诚然与自己在新中国成立前的哲学思想基础是分不开的。因此，我们要说，在物质观问题上，必须以物质与意识的区分为前提，建立意识以物质的先在性为前提，试图跳出物质与意识二者的区分是不可取的。

综上所述，在哲学物质观上，金岳霖的哲学与马克思主义哲学都是结合最新科学成果，谋求最大的普遍性，表现为结合各自经验和特色的"成见"性表述，都是坚持用理性的"测度"的方式来把握最大普遍性，都自觉不自觉地用物质与意识对立统一的方式将物质范畴定性为"抽象"，表现出物质观上的学理一致性取向。虽然金岳霖的哲学物质观与马克思主义哲学物质观存在着一定的差异，但是二者可谓是殊途同归。但是，不得不说明一点，金岳霖作为一个逻辑本位主义者，他的物质观因为对逻辑的过分强调，一定程度上制约了物质的客观实在性，难以对现实世界作出合理的解释，也给自己的哲学体系的逻辑构造过程带来了一定的张力。而马克思主义哲学因为基于实践来探讨世界本原问题，结合了实践的发展和变化，发挥了实践对物质范畴的巩固和检验作用，提升了对物质范畴的概括能力和水平，也丰富了物质范畴的内容和形式，为对物质范畴的把握提供了基础和统领作用。

三、实践唯物主义为把握物质范畴的正确方法

以"成见""测度""抽象"来审视马克思主义哲学物质观，难免给人一种错觉：马克思主义哲学不过是人类哲学发展史中持特定"成见"的一种哲学，是马克思主义经典作家的一种"测度"，哲学中的物质不过是一种抽象。这种错觉的根源在于没有认识到马克思主义哲学所依据的"成见""测度""抽象"与已往哲学的根本区别：马克思主义哲学所依据的"成见"以现代自然科学成果、德国古典哲学的优秀成果为基础；马克思主义哲学所进行的"测度"是立足人类实践所形成的理性把握，并要回到实践之中不断得到检验；马克思主义哲学所形成的抽象是指实践中获得的客观内容，但以正确的主观形式来体现客观内容，实现客观内容与主观形式的辩证统一。马克思主义哲学物质观紧扣人类实践发展史，并随着人类实践的发展而不断丰富与完善，是以实践为基础与统领的物质观。

如前所述，在物质观上人们无法超越唯物主义与唯心主义的论争，同时必须在物质与意识谁是最根本的问题上表明立场。但是，哲学家们表明立场的依据是他们个人和那个时代的所做、所见、所思等。所以，人们的感觉、人们的实践活动就成为建立哲学物质观的基础。但是以往的哲学，无论是旧唯物主义哲学还是唯心主义哲学，都没能正确地处理好人的思维与感性活动的关系。旧唯物主义只是将人理解为生物意义的人，无从发现人的感性活动的能动性方面。唯心主义则抽象地理解人，片面张扬了人的思维的能动性。因此，无论是旧唯物主义，还是唯心主义，二者都走向了片面，无法形成正确的物质观。"从前的一切唯物主义(包括费尔巴哈的唯物主义)的主要缺点是：对对象、现实、感性，只是从客体的或者直观的形式去理解，而不是把它们当作感性的人的活动，当作实践去理解，不是从主体方面去理解。"①所以，马克思认为，在对世界的物质把握上，一方面要克服旧唯物主义对感性实践能力的忽视，另一方面又要将唯心主义颠倒了的感性能力重新扶正起来。

马克思主义哲学在直接承认外在万事万物存在的同时，侧重于从人的感性

---

① 中共中央马克思恩格斯列宁斯大林著作编译局编译：《马克思恩格斯选集》(第一卷)，人民出版社，2012年版，第133页。

实践活动去求证外在事物的客观实在性。它抛弃黑格尔思辨哲学本体模式，发展出实践唯物主义，将对世界的把握建立在人的感性实践活动的基础上，进而对人与人类社会进行了实践的把握，发展出实践唯物主义。"离开这些抽象概念并不同于这些抽象概念的自然界，就是无，即证明自己是虚无的无。它是无意义的，或者只具有应被扬弃的外在性的意义。"①马克思对世界的客观实在性的把握是建立在对人类是否有意义的基础上。这段话中所说的"无"并不是指虚无，并不是否认自然界中事物的客观存在，而是强调对物质世界的把握应该建立在人的感性实践活动的基础上，并不是从纯粹的主观思维中去挖空心思，求全论证。

列宁继承了马克思的这一思想。他指出："马克思认为：应当把这些能动力从唯心主义手中夺过来，也把它们引入唯物主义的体系，但是，当然必须把唯心主义不能承认的那种实在的和感性的特性给予这些能动力。……人类不仅是通过理论认识而且还通过实践活动参加到绝对物中去；这样，整个人类活动就获得了一种使它可以同理论并驾齐驱的价值和尊严。"②因而"对于物质概念的认识和规定，也应该从'生活、实践的观点'出发"③。

马克思主义哲学的实践观肯定了实践对象的客观实在，同时也承认了实践本身的客观实在，指出实践具有能动性的特点，能不断地确证实践对象的客观实在。因此，当列宁说"物质是标志客观实在的哲学范畴，这种客观实在是人通过感觉感知的，它不依赖于我们的感觉而存在，为我们的感觉所复写、摄影、反映"④时，他的观点就是建立在实践唯物主义的基础之上的。感性实践活动本身是客观实在的，因而能够接触客观实在的事物。感性实践活动具有能动性，能"复写、摄影、反映"外在事物，是以实践为中介来展示客观实在性原则的。而且，实践是属于人的活动，而人的实践活动导致整个社会的展开，人本身及人类社会的历史都是在此客观性原则下进行。这样，立足实践，马克思主

① 中共中央马克思恩格斯列宁斯大林著作编译局编译：《马克思恩格斯全集》（第四十二卷），人民出版社，1979 年版，第 179 页。
② 中共中央马克思恩格斯列宁斯大林著作编译局编译：《列宁全集》（第十八卷），人民出版社，1988 年版，第 103-104 页。
③ 王南湜：《马克思主义哲学的物质概念》，《哲学研究》，2006 第 9 期，第 3-8 页。
④ 中共中央马克思恩格斯列宁斯大林著作编译局编译：《列宁全集》（第十八卷），人民出版社，1988 年版，第 130 页。

义物质观扬弃了旧唯物主义的直观性与不彻底性，超越了唯心主义的主观性，实现了唯物主义与辩证法的有机结合，实现了唯物主义自然观与历史观的有机结合，坚持了以实践为基础的可知论。

对马克思主义哲学物质观是"成见"的界定，并非指它是马克思主义哲学家们的主观武断，而是认为它是建立在马克思主义哲学家们对客观世界深刻理性把握的基础之上，是总感性实践经验之大成，是在长期感性实践经验的基础上发生理性跳跃而获取对世界的综合、全面、整体把握。这种把握不是马克思主义哲学家们闭门造车的杜撰，更不是天赋、神授，它突出的是人们的实践主体地位，马克思主义哲学物质观在人们的实践中得到丰富与发展。换言之，马克思主义哲学物质观建立在人们实践的基础上，实践能为马克思主义物质观不断拓展广度、提升深度。随着人们实践能力的提升，越来越多的事物进入实践的改造范围，人们能更有效地在不同的实践客体中比较，异中找同，形成更具普遍性的归纳结果。同时，长期的实践提升人们的感受能力，改进人们把握事物的方式、手段和工具，人们能更系统、更深刻、更全面地把握事物本质性的特征。实践让人们从更宽广的视野下、从更贴近事物本质的感觉下来归纳出万事万物的共同本质。从这个层面来说，实践提升人们把握世界的能力和水平。可见，马克思主义哲学对物质的把握所形成的"成见"是以实践为基础的，并受实践的统领。

对马克思主义哲学物质观是"测度"的界定，同样将马克思主义物质观建立在感性实践活动基础上。人们无法认识抽象的事物，抽象仅仅存在于理性思维之中。人们只有先通过实践感受一个个具体的事物并积累丰富的感觉，然后由量的积累完成对事物共同属性的质的把握，"测度"出事物的最普遍属性。"测度"是在感性实践基础上由量变而引发的质变，离不开感性实践的基础性作用。西方哲学中的唯理论喜欢以自明的前提为基础，进行演绎论证，对感性经验予以否定。但是，西方唯理论哲学所依仗的自明前提还是基于感性经验的"测度"，只不过它们是"过河拆桥"。它们用感性实践经验进行"测度"，将"测度"的结论作为自明的前提，然后舍弃感性经验，陶醉于理性的演绎。马克思主义哲学物质观坚持在感性实践经验基础上进行"测度"，但并不迷信这些"测度"，而是将"测度"推回到实践中去检验。马克思主义哲学并不认为一旦"测度"成功，就可以一劳永逸，而是认为"测度"所形成的结论还需要回到实践中不断检验、丰富与完善。所以，实践在"测度"中起到的是基础性作用和引领性作用：

因为实践，"测度"建立在客观实在的基础之上，避免了主观臆断、闭门造车等颠倒性错误；因为实践，"测度"所得不仅得到验证，而且得以丰富和完善，使"测度"更具科学性和全面性。

将马克思主义哲学物质观界定为"抽象"，是想说明马克思主义哲学物质概念是一种主观思维形式，但以世界上万事万物的共同属性为内容，是客观内容和主观形式的统一。马克思主义哲学物质观认为，物质是对世界上所有事物的共同特征的揭示，但不是具体的万事万物，只是揭示万事万物的共同属性，表现为主观形态。一些庸俗唯物主义认为物质只能是客观的，将意识作物理化处理，认为物质只能产生物质，意识既然是物质所派生出来的，就只能是客观的、可感觉到的，甚至不惜用"意识是人的大脑中松果腺所分泌出来的腺体"来进行粗陋的类比。马克思主义物质观认为物质是对客观物体的共同特征的抽象，是以主观形式来揭示客观内容，是主观形式和客观内容的统一体。马克思主义哲学立足于人的实践，认为人们通过实践获取丰富的物质素材，再在实践经验的积累中逐渐产生类的认识，归纳出类特征，然后用抽象的概念来表示。随着实践的展开，人们获取更多更丰富的关于物体的感性印象，进行更多类特征的归纳，最终形成能够概括所有事物、所有类特征的物质概念。在物质概念的提炼过程中，实践所提供的素材的多少、涉及面的丰富程度等，影响和决定着所概括的物质概念的准确性。从人类对物质概念的抽象状态来看，实践能力和水平决定着人们对物质世界揭示的状态和水平。古代朴素唯物主义只是通过有限个体或类来界定物质，近代形而上学唯物主义也只能通过有限事物来界定物质，而马克思主义哲学能通过更全面的事物来界定物质。可见，作为"抽象"的物质观也是建立在人的实践的基础之上的，其抽象的水平受实践制约，其所涵盖的内容受制于实践所能指向的对象。总之，实践统领着物质概念这一抽象的内容和形式。

综上，马克思主义哲学物质观立足于人的实践，以人的思维意识与物质世界的区分为前提，承认物质是一种哲学抽象。但是，这种哲学抽象因为有人类的实践作为基础，形成了对世界万事万物的整体性"测度"，表现为对世界统一性说明的科学合理的"成见"。马克思主义哲学基于实践的"成见"与"测度"，承认了外在世界的客观实在性，张扬了人的实践的能动性与发展性，为不断完善对客观世界的整体把握开拓出一条正确的、科学的道路。

第二节　金岳霖的矛盾观及与马克思主义哲学的比较

矛盾观的内容非常丰富，包括同一性和斗争性的关系、一般与个别的关系、内因和外因的关系、矛盾分析法等，此处对金岳霖的矛盾观进行评析和比较，单从一般与个别的关系问题的处理方面展开。金岳霖从逻辑构造的手法上来阐释世界的发生、发展，解释天下万事万物之间的共性与个性关系，其矛盾观体现为共相与个体的关系。作为新实在论哲学家，金岳霖在共相与个体的关系问题的处理上具有较多合理的因素，较好地处理了共性与个性的关系。

一、金岳霖关于共相与个体的论述概要

一般与个别的关系是哲学上万古常青的话题。作为对哲学问题有着深沉思考的哲学家，金岳霖自然不会忽略对一般与个别问题的考察。从哲学思想体系的建构来讲，他也必须处理好一般与个别的关系，否则他所建构的逻辑本体无法落到实处。《论道》构架的是一个形而上学的思想体系，它需要阐释如何有这样的世界，阐释万事万物的由来和联系。这就必然要对一般与个别的关系进行系统的论证。"一般"在金岳霖笔下表述为"共相"，"个体"被表述为"殊相"。"共相是个体化的可能，殊相是个体化的可能底各个体"①，个中环节是能进入可能后可能就现实，然后遵循"现实并行不悖"和"现实并行不费"两条先验原则，套进了能的可能必然具体化、多数化为个体，个体再在时空中进行位置化，产生一个个特殊的个体。金岳霖对共相与殊相的关系的论述包括共相与个体类、共相与特殊的个体两层关系。

金岳霖说："共相是个体化的可能，殊相是个体化的可能底各个体。"个体化的先决条件是现实，即能进入了可能之中，未现实的可能没有个体的表现。作为共相，是有能在其中的可能。而根据现实原则，现实必然具体化，具体必然分解化、多数化，这就说明共相不能单独地呈现于本然世界。这样，逻辑的结论就是无共不个，无个不共，共相与个体处于一种并存的状态。

金岳霖举例说明了共相与个体的辩证关系。他说："如果世界上没有个体

---

① 金岳霖:《论道》，中国人民大学出版社，2007年版，第52页。

的鬼，'鬼'不是共相；七十年前没有一个一个的飞机，'飞机'在那时候仅是可能，不是共相，现在既有个体的飞机，'飞机'不仅是可能，而且是共相。"①他介绍了共相与个体之间的关系，并将这层关系上升到一般与个别相统一的辩证法高度。他说："照本文底说法，共相当然实在，不过它没有个体那样的存在而已。一方面它是超时空与它本身底个体的，另一方面它既实在，所以它是不能脱离时空与它本身底个体的。"②金岳霖认为，共相可以不依赖于它统摄范围内的任何某一个体，但不能独立于它所节制的所有个体之外。任何某一个体的不存在不影响共相之为共相，但所有个体消失之后，共相就不成其为共相，而仅仅是可能而已。这样的表述，说明他已经从割裂一般与个别的樊篱中摆脱出来，正确地将一般寄托在个别之中，个别也体现着一般。但是，拘泥于实在论的传统，金岳霖始终认为共相可以超越于个体，超越于个体的时空。值得一提的是，他此处所说的个体并不是我们日常经验的个体。他在此处不愿谈及殊相，也因为殊相是与特定时空联系在一起的，而这时候时空位置还没有提出来专门讨论，置于特定时空中的个体是逻辑发展的下一个阶段。此处所说的个体是本然世界的个体。本然世界本质上就是共相世界，所以本然世界的个体相对于存在世界中的这个、那个的个体而言，只能是个体类或个体概念。这样，他所说的共相与个体紧密相连的关系还没有涉及共相与处在特殊时空中的个体这一层次。

如上所述，在本然的现实世界所得的个体还不是具体的、特别情形意义下的个体，而仅仅是个体类或个体概念。金岳霖还没有真正将共相与特殊的个体事物结合起来并考察它们的关系，他所说的一般与个别相统一的这种辩证关系还没有落到实处。他的行文中明显的有两种个体的提法，他说："这里个体两字是所谓个体的'个体'，而不是这一个与那一个个体的'个体'。以'这'与'那'去表示的个体是具体的，不能下定义的，占特殊时空的'这个'与'那个'，所以它们不是此处所说的个体。此处所说的个体不是这个与那个底本身，而是它们之所以为个体的个体。"③个体只是表明共相有与之相对应的个体类或个体概念，而不是特定时空中某个确定的个体或感性经验事实中的个体。此处所说

---

① 金岳霖：《论道》，中国人民大学出版社，2007年版，第52页。
② 金岳霖：《论道》，中国人民大学出版社，2007年版，第52-53页。
③ 金岳霖：《论道》，中国人民大学出版社，2007年版，第51页。

的个体也是处在特殊时空中的个体事物之所以为具体事物的依据，相对于存在世界的具体个体，它依然带有共相的性质。这样看来，在金岳霖的逻辑理路中，一般与个别的关系就表现得较为复杂。处在特殊时空中的特殊性质的个体代表着真正的个别，本然世界的个体是特殊的个体之所以为个体的依据，可以称为个体类或个体概念，而作为个体类的个体又是由共相的具体化、具体的分解化和多数化而来，一般与个别的关系还夹杂着个体类或个体概念这么一个中间环节。

金岳霖的逻辑构造进程中出现上述对共相与个体关系的处理与他的新实在论立场不无关系。从实在论立场出发，他得承认有独立存在的共相，承认超时空的共相。因此，他在"道"展开的逻辑历程中安置了本然世界这一中间环节，将可能世界与存在世界分隔开来。本然世界中实质上都是一些观念性的事体，没有存在的东西。可是本然世界是存在世界的逻辑前奏。按照金岳霖的理解，本然世界即本来既然的世界，是存在世界的原型，凡存在世界中的所有事物在本然世界都有其原初的情形。存在世界中有大量的各种形式的个体，个体各有其本身之"理"以决定其性质与关系，对应到本然世界就体现为个体类或共相。所以，共相与特殊的个体的关系也就是事物存在之理与事物本身之间的关系。这样看来，共相还是内在于特殊的个别事物之中的。个体类或个体概念与特殊的个体之间则仅仅是原型与模本的关系。因为金岳霖是从逻辑构造的角度来推导具体的事物，而不是从归纳总结的角度来提炼事物的特征的。这实际上是以观念来说明存在，而不是通过存在来提炼观念，这样的处理模式无疑还是柏拉图模式的翻版。当然，需要说明的是，金岳霖把一般与个别的关系分化为共相与个体类、共相与特殊的个体两层关系对于深化共相与个体关系的讨论还是有积极意义的。

讨论共相的存在状况是本体论的话题，但是不排除从认识论上来进行支撑。金岳霖不仅在本体论上承认共相与个体的存在，在认识论上也坚持了与本体论协调一致的原则。在《知识论》中，他有这样的表述："思议底内容，一方面是意念或概念，另一方面是意思或命题。思议底对象是共相或共相底关联（可能及可能底关联暂不提及）。内容是意念或概念，则对象是共相；内容是意思或命题，则对象是共相底关联。想像底对象是特殊的、具体的、个体的，思议底对象是普遍的。共相与共相底关联当然都是普遍的，可是它与意念、概念、命题不一样；严格地说，对于共相，我们不应该积极地说它是抽象的，至多只能消极地说它不是具体的。它不牵扯到抽象工作，它就是那样而已。它是在'外'的或者说独立于知识类的。它不随一知识类底生灭而生灭，这一点非常之重要。共相不但是一类知识者之所共，也是各类知识者之所同。"①"直接表示共相底工具是意念或概念，间接表示它底工具是字，直接表示共相底关联底工具是普遍的命题，间接表示它底工具是句子。"②"共相也是理，因为任何一共相也是其它共相底关联。本段底题目是思议对象，此对象既是共相与共相底关联，当然就是理。就内容说所思是意念、概念、意思、命题，而就对象说，所思是理。……所思既有内容与对象底分别，当然有它们彼此之间底问题。从内容说，内容也许未能达理，也许不与理相符合，这大致说来，是思议失败了；内容也许达于理，也许与理符合，这大致说来，是思议底成功。"③"知识论以知识为对象，或以知识底理为对象。理字在这里有两不同的用法，一是对象的理，一是内容的理。"④从上面所大量引用的金岳霖知识论上的表述看，他在认识论问题上区分了对象和内容：共相是认识的对象，是在知识者之外的；概念、意念是认识的内容，是在知识者之内的。进行思议的对象与内容的区分，意图很明确，共相是在客观外在事物之中，是知识主体应当去发现的成分。这种区别避免了将共相当成概念，纠正了以往多数哲学家在共相问题上的错误。金岳霖将共相当作对象，将认识看作是向外求索的过程，认识的过程就是不断地事中求理的过程。在认识论上作对象与内容的区分是金岳霖的一大理论贡献，丰富了共相理论。

金岳霖在处理好共相与个体关系之后，现实世界就已经逻辑构造出来，而且共相就是指理，现实之理，说明现实的存在世界是一个可以以理去相通的世界。逻辑构造只能进行静态的处理，虽先后有序，秩序井然，但是充满了"由是而之焉"的"逻各斯"的冷峻，无法达到动心、怡情的情感满足。金岳霖在逻辑构造完成之后，探究了大化流行的"无极而太极"的天演流程，将共相从一类事物放大到宇宙最高之理——"道"，并通过"道在事中"的处理方式将共相与个体的关系上升到宇宙高度，体现了在共相理论上一以贯之的风格。

---

① 金岳霖：《知识论》，商务印书馆，2004 年版，第 338 页。

② 金岳霖：《知识论》，商务印书馆，2004 年版，第 339 页。

③ 金岳霖：《知识论》，商务印书馆，2004 年版，第 339 页。

④ 金岳霖：《知识论》，商务印书馆，2004 年版，第 90 页。

以"道"为题材作本体论建构，就意味着要对形上学理论作价值论的解说，来满足情感与意义的需求。"每一文化区有它底中坚思想，每一中坚思想有它底最崇高的概念，最基本的原动力。……中国思想中最崇高的概念似乎是道。所谓行道、修道、得道，都是以道为最终的目标。思想与情感两方面的最基本的原动力似乎也是道。"①"道"是中国人安身立命之所，是价值与意义的归宿，但也不仅局限于人类，而是整个宇宙的精神之源，是普遍的存在法则。金岳霖说："不道之道，各家所欲言而不能尽的道，国人对之油然而生景仰之心的道，万事万物之所不得不由，不得不依，不得不归的道才是中国思想中最崇高的概念，最基本的原动力。"②可见，他所理解的"道"不仅包括了道德层面的天理，而且包含了宇宙的自然法则。这种自然法则是万事万物所归依的尺度与准则。这种法则不是悬空的抽象，而是具有实在的硬性，人们一方面能感受到它的高严，以它为景仰的对象，另一方面能领略到它的随和，因为道在人中，在事物之中。所以，金岳霖说："最崇高概念的道，最基本的原动力的道决不是空的，决不会像式那样的空。道一定是实的，可是它不只是呆板地实像自然律与东西那样的实，也不只是流动地实像情感与时间那样的实。道可以合起来说，也可以分开来说，它虽无所不包，然而它不像宇宙那样必得其全然后才能称之为宇宙。自万有之合而为道而言之，道一，自万有之各有其道而言之，道无量。"③"道"可以分开来说，也可以合起来说，合起来说的"道"是作为宇宙整体的"道"，分开来说的"道"是事物存在之"道"。事物存在之"道"是宇宙整体之"道"的现实化。所以，"道"既可以是超越的，又可以是内在的，以事实为载体。这种"道"完全符合中国传统哲学的宗旨，中国人历来讲究"道不离器"，道与器"体用一源"，就是在日常生活与自然事实中安置了道，通过对事物或生活的感受来体验"道"的妙处，认识到生活与生命的意义与价值。

金岳霖在《论道》中最后详细地说明了"道在事中"，将价值与事实结合起来考察，以价值规约事实，以事实载现价值，实现二者的统一。他说："无极是道，太极是道，无极而太极也是道；宇宙是道，天地日月山水土木也莫不是道。……道之可以合可以分也是因为共相与共相底关联。任何一共相都是别的

---

① 金岳霖：《论道》，中国人民大学出版社，2007 年版，第 14 页。
② 金岳霖：《论道》，中国人民大学出版社，2007 年版，第 15 页。
③ 金岳霖：《论道》，中国人民大学出版社，2007 年版，第 16 页。

共相底关联，任何一套共相底关联总是一共相。就任何共相之为其本身而言之，它总是单独的，整体的，就任何共相之为其它共相底关联而言之，它总是牵连的，部分的。共相底关联成一整个的图案，这整个的图案是道，各共相也是道；此所以道可以分开来说，也可以合起来说。"①就"道"代表着共相的关联的整体图案而言，"道"是合的，是模糊的，是一种神秘的体验；就"道"代表着共相来说，"道"是分的，是清晰的，是可以言说的。但无论是合的、模糊的，还是分的、清晰的，"道"都是在事实之中的。因为金岳霖始终是以共相或共相的关联来表征着"道"。共相就是套进了能的可能，是实在的，其实在性通过存在的事实来载现，事实是共相的落脚处，也是"道"的落脚处。中国传统哲学虽主张"道在器中"，但从来没有哪一派哲学人为地设置一个本体，然后将它安置在具体的事物之中，而是老老实实地承认事物之中有其内在规则，即本体。作为整体的宇宙有其总的法则，不知其名其状，勉强冠之为"道"。所谓"体道""悟道"就是从事实中去领略、感受"道"的实在，而不是在思维领域怎么样去界定它，定义它，论证它。与此不同的是，金岳霖不但承认"道在器中"，而且注意在思维领域中界定它、论证它。这实质上是移植了西方哲学的传统，一开始是把作为本质、理念的"道"看作是清晰的、明白的，能在思维中进行严密论证的，也是可以清晰地言说的。共相从可能而来，可能的依据是"式"，"式"代表着逻辑，是必然的纯理，是最清晰不过的了，把逻辑的、清晰的纯理贯彻到现实世界就成了固然的实理，这是人为自然立法的表现，是人以逻辑为自然确立法则。只是到了后来，进入个体的变动与宇宙的历程，金岳霖才从一定程度上弱化"道"的清晰性，承认"势无必至""几所适然"等，说明了世界并不是机械发展的，而慢慢接上了中国哲学所倡导的有机性。

综上可见，金岳霖在处理一般与个别的关系即共相与个体或者道与事的关系上，较好地坚持了一般存在于个别事物之中的思想，认为一般不能脱离个别，一般是个别的本质所在。但是，作为新实在论哲学家，囿于实在论传统，金岳霖仍然给共相（一般）保留了独立存在的位置，认为共相是实在的，不能坚持彻底的辩证法。金岳霖本体论的最终归宿是以"太极"为归依的，"太极非式而近乎式"②，"太极"是宇宙追求的极限，是终极关怀，但"太极"的本质是

---

① 金岳霖：《论道》，中国人民大学出版社，2007年版，第189页。

② 金岳霖：《论道》，中国人民大学出版社，2007年版，第183页。

"式"。"无极而太极"表现为一个宇宙大化流行的过程，但是以"太极"或者说"式"为目标。所以，金岳霖在一般与个别的关系问题上落实到现实洪流，引申出来的是以逻辑为旨归。虽然金岳霖也认为逻辑是客观规律，但是与真正的客观规律、与大道差距甚远。所以，金岳霖的逻辑本位主义的思维旨趣将世界导向了一个失去情感、意味的世界，只留下逻辑的、冷峻的世界，无法满足自己和世人动心、怡情、养性的目的，留下了很多遗憾！

二、金岳霖的矛盾观与马克思主义哲学的比较

马克思与恩格斯对一般与个别的关系的论述较少，列宁和毛泽东则留有专门的论述。金岳霖的矛盾观与马克思主义哲学矛盾观在一般与个别的关系问题上有较多相似之处，很有必要进行比较。

(一)马克思主义经典作家对一般与个别关系的论述梳理

因为马克思和恩格斯较少专门论述一般与个别的关系，所以在梳理马克思主义经典作家对一般与个别的关系问题时，我们主要从列宁和毛泽东的专门论述入手。但是马克思和恩格斯在此问题上建立起了明确的观点："'一般'与'个别'都是客观存在着的，并且二者紧密联系在一起：任何个体都包含有一般，而一般又体现于个体之中。"①

列宁指出："个别一定与一般相联而存在。一般只能在个别中存在，只能通过个别而存在。任何个别(不论怎样)都是一般。任何一般都是个别的(一部分，或一方面，或本质)。任何一般只是大致地包括一切个别事物。任何个别都不能完全地包括在一般之中，如此等等。任何个别经过千万次的过渡而与另一类的个别(事物、现象、过程)相联系。"②列宁直接提出了"个别就是一般"的结论或者命题。但是列宁也认识到了个别和一般的区别，认为一般不是个别的全部，而只是个别的某一方面，是本质的方面。列宁对一般与个别的关系的表述很慎重，指明不能笼统地说"个别就是一般"或者"一般就是个别"。个别

---

① 张世英：《马克思主义以前西方哲学史中关于"一般"与"个别"理论的发展》，《哲学研究》，1960年第2期，第37—57页。

② 中共中央马克思恩格斯列宁斯大林著作编译局编译：《列宁全集》(第五十五卷)，人民出版社，1990年版，第307页。

与一般是一体的，但是二者的作用与特征不一样。个别是具体的、形象的、丰富的；一般通常指本质特征，一般比个别深刻。个别是全部，一般只是部分。个别是变动不居的，一般则相对稳定。

毛泽东著有《矛盾论》，专门探讨一般与个别的关系问题，《矛盾论》是其矛盾观的集中体现。在《矛盾论》中，毛泽东用较多的篇幅阐述了矛盾的普遍性、特殊性及二者的关系，继承了马克思、恩格斯和列宁关于一般与个别的关系的论述。他说："所以它是共性，是绝对性。然而这种共性，即包含于一切个性之中，无个性即无共性。假如除去一切个性，还有什么共性呢？因为矛盾的各各特殊，所以造成了个性。一切个性都是有条件地暂时地存在的，所以是相对的。"①他指出了共性包含在个性之中，共性是绝对的，个性是相对的。他还指出："由于特殊的事物是和普遍的事物联结的，由于每一个事物内部不但包含了矛盾的特殊性，而且包含了矛盾的普遍性，普遍性即存在于特殊性之中。"②毛泽东认为矛盾是共性与个性、普遍性和特殊性的综合体，研究事物要从内外多层普遍性与特殊性的联结中去发现问题，坚持普遍联系的思想原理。他还说："由于事物范围的极其广大，发展的无限性，所以，在一定场合为普遍性的东西，而在另一一定场合则变为特殊性。反之，在一定场合为特殊性的东西，而在另一一定场合则变为普遍性。"③可见，矛盾普遍性和特殊性、共性与个性之间是可以相互转化的。他还将一般与个别的关系原理运用于认识论中，指出人类的认识是由两个相反相成的过程组成的。他说："这是两个认识的过程：一个是由特殊到一般，一个是由一般到特殊。人类的认识总是这样循环往复地进行的，而每一次循环（只要是严格地按照科学的方法）都可能使人类的认识提高一步，使人类的认识不断地深化。"④认识可以简单地分为两个阶段：从实践到认识和从认识到实践。"从实践到认识"就是在实践中对个别进行改造，形成感性认识，再上升到理性认识，在对感性材料加工处理的过程中获得对事物的一般的认识。"从认识到实践"则是运用对一般的掌握指导实践，在个别事物身上得到验证。这样一个双向的辩证过程很好地体现了一般与个别在认识论

---

① 《毛泽东选集》（第一卷），人民出版社，1991年版，第319-320页。

② 《毛泽东选集》（第一卷），人民出版社，1991年版，第318页。

③ 《毛泽东选集》（第一卷），人民出版社，1991年版，第318页。

④ 《毛泽东选集》（第一卷），人民出版社，1991年版，第310页。

中的关系问题。毛泽东号召大家学习好、运用好辩证法，并指出"这一共性个性、绝对相对的道理，是关于事物矛盾的问题的精髓，不懂得它，就等于抛弃了辩证法"①。

　　马克思主义经典作家对一般与个别关系的论述集中包含着以下三层意思：一是一般与个别是紧密相连、无法分割的综合体，任何个体事物身上既包含了一般又包含了个别，一般无法超脱于个别而独自存在，没有纯粹的一般；二是个别与一般有区别，一般只是一类个别事物的共同特征，一般不能完全代替个别；三是一般与个别是可以相互转化的，个别可以转化为一般，一般也可以转化为个别。马克思主义经典作家同时又是革命家，在阐述共性和个性关系原理的同时，并运用这一关系原理指导了大量的革命实践。

(二)金岳霖哲学与马克思主义哲学在一般与个别关系问题上的比较

1. 对二者在一般与个别相互联系问题上的比较

　　金岳霖关于共相与个体的关系的论述中体现了共相与个体是相互联系、不可分割的统一体的这一核心思想。作为一名新实在论哲学家，他非常相信常识和科学，认为这个世界是一个可以理解的世界。这个世界能够被理解的原因在于世界是有秩序的，构成世界的秩序是个体事物所包含的理，而理在金岳霖笔下是指共相或共相的关联，共相不能脱离特殊的个体，包含在个体之中。金岳霖可以说比较正确地解决了共相与个体的关系或者说一般与个别的关系。他的"共相是个体化的可能"这一哲学命题，明确指出共相存在于个体之中，这就做到了客观、辩证地处理一般与个别的关系。作为实在论者，柏拉图、罗素等人的哲学思想对他影响很深，但是他反对柏拉图所持的"分有说"②或"模仿说"③，也抛弃了罗素所认为的现实世界是共相世界的"淡淡的影子"④的说法。在金岳霖看来，不与个体相关的、毫无经验内容的、纯粹的共相是不现实的，是空的

---

① 《毛泽东选集》(第一卷)，人民出版社，1991年版，第320页。

② 北京大学哲学系外国哲学史教研室编译：《西方哲学原著选读》(上卷)，商务印书馆，1981年版，第72-73页。

③ 北京大学哲学系外国哲学史教研室编译：《西方哲学原著选读》(上卷)，商务印书馆，1981年版，第72-73页。

④ 罗素：《哲学问题》，何兆武译，商务印书馆，2007年版，第30页。

类,只是可能。而要使可能变成共相,必须有代表万事万物的质料的能进入其中,才能使可能从潜能变成现实,成为共相,并进一步具体化、分解化、多数化、时空位置化,成为特殊的个体事物。经过这一系列过程之后,可能世界、共相世界和存在世界紧密联系在一起,并能顺利过渡。

金岳霖的共相理论明确指出,当存在的某类个体完全消失后,共相就变成了可能,不再是共相,显然突出了共相对特殊个体的依赖,即对个体外壳的依赖。这点与马克思主义哲学所坚持的一般不能脱离个别而独立存在的思想观点一致。所有的个别事物同时兼具一般和个别于一身,一般不能脱离个别而单独存在,没有纯粹的一般。无个不共,无共不个,没有特殊的个体,共相不成其为共相,没有共相,特殊的个体也无从产生,因为可能需要现实才能产生特殊的个体。这样,金岳霖在共相与个体的关系问题的处理上,与马克思主义哲学做到了殊途同归。他认为,能入于某一可能,这可能就是共相,就产生某类动物或植物。他认为可能成了共相,就表示那一可能成了类,以那一类的具体的东西作为表现。个体类是与个体相对应的。共相既然是个体的类,则共相当然与个体相对应。共相与个体紧密相连,组成不可分割的统一体,共相不能脱离个体而单独存在,而是在个体事物身上载现。金岳霖说:"照本文底说法,共相当然实在,不过它没有个体那样的存在而已。一方面它是超时空与它本身底个体的,另一方面它既实在,所以它是不能脱离时空与它本身底个体的。这两方面的情形没有冲突。"这里,金岳霖虽然说共相因为其超越性可以超越时空和存在的个体,这是逻辑设定的手法,并不是指共相与个体存在于两个世界之中,真实的存在只有客观的个体世界,共相与个体都在存在世界之中。二者的区别是统一中的差异,二者相依不离。共相表现于个体事物之中,无共相,个体事物就无性质与关系。同样,无个体,也就根本没有共相。

2. 在一般与个别相互区别上对二者的比较

马克思主义经典作家在明确共性与个性相互联结的同时,又指出个别与一般有区别,二者是对立统一的关系。他们认为共性只能大致地包括一类个别事物,共性不能完全代替个性。在他们看来,共性是普遍的,个性是特殊的;共性是相对稳定的,个性是变动不居的;共性是单调的,个性是丰富多彩的。共性是对个性类特征的概括与综合,所以共性不能完全代替个性,只是对个性的共同本质或非本质类特征的提炼。认识的过程就是透过个性去发现共性,从个别上升到一般，这是一个剥离的过程，根据认识和实践的需要剥离个性中非主流和非本质的部分，而取得对主流和本质的提炼和概括。而个性却全部包含了主流与非主流、本质和非本质的东西。这样，共性只代表个性的一部分特征。同时，进行共性的概括和提炼是一个认知和实践的过程，是一个由外到内的过程，受人们认知能力、实践能力和水平的限制，只能是一个近似的概括和提炼，而永远无法做到完全吻合。就像是绝对真理是不断由相对真理发展而来，人们对事物本质与规律的把握就像双曲线，只是无限地逼近坐标轴，而永远无法与坐标轴完全在一起。

金岳霖虽然在共相与个体的关系上坚持二者的区别，但是他认为共相完全代表或代替个体，与马克思主义哲学相比呈现巨大的反差。他以"道是式—能"的模式作形上学建构，以能是构成个体物质世界的原材料。但是，作为终极本原，能是纯粹的"与料"，没有任何性质或规定性，能在任何个体事物身上都是一样的，没有区别。个体事物之所以有区别，在于可能的区别。金岳霖设置了无量多的可能，能进入可能，可能就现实为共相。共相再经过具体化、多数化、分解化和时空位置化就成为特殊的个体。在这个过程中，能只是起到促成个体事物形成、产生的质料因、动力因作用，不能给个体事物带来任何性质上的规定性。个体的性质与关系是由可能提供的，可能的集大成者是"式"。"式"在金岳霖笔下就是指逻辑，前文提及逻辑在金岳霖眼中虽然不完全是主观规则，有关于客观规律的含义，但是不具有决定性意义。这样，金岳霖实质上是将客观世界的规律用逻辑的形式来处理，"式是析取地无所不包的可能"，式通过一系列可能来展现，客观规则以可能的名义来展现事物之间的性质与关系。

马克思主义哲学径直承认客观世界的存在和法则，指出人们通过实践和认识活动去发现这些法则，从个性中去发现共性。这一点上与中国哲学相似，如孔子直言"天何言哉？四时行焉，百物生焉，天何言哉？"[①]，直接承认天下万事万物的客观存在，而不做存在的论证。金岳霖则是用逻辑构造的手法，先定好宇宙普遍法则，然后随着能的自由活动，将个体事物带到特定法则下，事物的性质和关系由这些法则先天地规定了，对个体事物形成宰制。虽然金岳霖明确逻辑是指客观规律，但是他的这种处理办法还是容易给人以先入为主的怀疑。个体事物是能和式的结合体，能没有任何规定性，事物的特征完全由式来决

---

① 《诸子集成》（1），岳麓书社，1996年版，第456页。

断，式在个体事物身上体现为可能或共相，可能或共相代表着事物的全部特征，包括性质与关系。个体事物或许拥有多个可能或共相，呈现多层性质与关系，体现为共相的关联。但是，作为受逻辑实证主义深刻影响的哲学家，逻辑已经上升到本体，金岳霖就是一个逻辑本位主义者，他的逻辑构造体现出来的就是通过一个个逻辑图案或公式来进行演算的静态、清晰的画面，一切都在逻辑家精准的可操控下展现，通过对一个个可能的把握和掌控，世界一览无遗。这样让丰富多彩的动态、有机的世界屈从于静态的画面下，金岳霖以逻辑构造的手法来演绎世界的路径诚然难以让人们理解和赞同。

3. 在一般与个别相互转化问题上对二者的比较

马克思主义哲学认为共性与个性可以在一定条件下相互转化，共性可以变为个性，个性在满足一定条件后也可以变为共性。但是，在金岳霖哲学中，共相与个体是不可以相互转化的。共相只有成虚或变为潜在的可能的问题。能从可能中跑出，或者说一类个体全部消亡，共相就不再成其为共相，而变为可能。因为共相为个体之所共，当个体都不存在时，共相没有个体与之相对应，自然就成了可能。但是，一旦后续能又跑进可能，可能还可以成为共相。能跑出去之后，共相变为潜在的共相，即可能。在能的跑出跑入过程中，作为性质和关系的决定者的可能是不变的，它只有现实或成虚的问题，没有变与不变的问题。共相与个体在金岳霖笔下有着静态的、固定的一一对应关系，它们之间的关系不是动态的量变到质变的过程，而只是能的出入所带来的顿变。从这层关系看，金岳霖在共相与个体的关系问题的处理上是呆板的、机械的，没办法让人感觉到大化流行的生机与活力。金岳霖形上学的构造是以能与式的组合来展开的，他将能规定为纯材料。但是为促成逻辑构造，又认为能具有能动性，可以自己主宰自己的跑出跑入，带动一系列概念、范畴的产生，演绎出世界上的万事万物。而对于式，他则是由以直观经验肯定可能的有而得出，可能即性质、关系、规则，是逻辑在先于个体的，具有本体、本原意义，是超越的，保持不变的性质。以式的不变来应付能的出入，就像数学家的公式，不管数字怎么变，但公式是不变的。金岳霖的这种泛逻辑的做法，将形式逻辑神圣化、无上化的处理方式，使得他不能辩证地处理好共相与个体之间的有机关系，而是人为割裂了个体向共相的转化、共相向个体的转化。

马克思主义哲学坚持辩证唯物主义，本着客观事物通过矛盾的普遍性和特殊性的既对立又统一的矛盾运动带动自身发生、发展的基本立场和原则，认为个性在条件具备时可以发展为共性，共性在条件具备时可以转化为个性，很好地遵循了物质运动的条件论，做到了对客观世界的事物实事求是的把握和理解，也便于根据变化了的条件调整通过实践来改造客观事物的方法与对策。

从以上对金岳霖关于共相与个体的关系与马克思主义哲学的比较来看，金岳霖的理论坚持了一个基本原则，即共相与个体是紧密联结在一起的统一体，共相不能脱离个体而单独存在，共相依赖个体，在个体身上得以载现。作为新实在论哲学家，他避免了老实在论者将共相看作可以独立存在的错误，做到了在根本立场上与马克思主义哲学保持一致。他也避免了像冯友兰那样将共相当成概念的错误，"一个明显的事实是，冯友兰总是把共相和概念看作是一回事。他认为共相就是概念，概念就是共相。我们获取共相的过程是等同于我们获取概念的认识过程的"[①]。金岳霖认为共相是对象，是认识者之外客观的对象，而概念是认识的内容，对象是客观的，内容则是对认识的感觉印象的概括与提炼。在这一点上，金岳霖立场非常鲜明，具有客观实在的立场。但是受逻辑本位意识的左右，他对在共相与个体关系的处理上出现了形而上学的错误，他以共相宰制个体，以静态取代动态，以单纯的顿变取代自量变而质变等，从而使他在共相与个体关系的处理上表现得较为呆板和生硬。金岳霖也感觉到自己这个逻辑体系的弊病，所以他在构造好现实世界后，并没有就此止步，而是去穷究天演的历程，接上了中国哲学宇宙论的大化流行的有机辩证性，一定程度上达到了形上学满足自己情感需要的目的。

三、对金岳霖矛盾观的评价

前文已经对金岳霖的共相与个体关系理论作了一些评价，如呆板、机械、逻辑本位主义等。为从历史的视角下再审视金岳霖的共相与个体关系理论，有必要评价一下金岳霖所持的"共相不变"的观点和"共相逻辑先于个体"的思想。

(一)对金岳霖的"共相不变"观点的评价

金岳霖的形上学本质上属于实在论，我们将他称为 20 世纪中国的新实在论代表人物，但新实在论终究还是属于实在论。新实在论的新，根本在于承认

---

① 胡军：《道与真——金岳霖哲学思想研究》，人民出版社，2002 年版，第 87 页。

独立存在的外物，而这些在老实在论者那里，如柏拉图、罗素等，则认为只有共相或理念是实在的，而现象层面的东西是变动不居、虚无缥缈的。柏拉图、罗素等人认为共相是永恒的，永恒的共相才具有绝对性。他们认为永恒的、绝对的共相不会出现在时空之中。共相在金岳霖的形上学体系中是否是永恒的呢？透过他对现实的可能(共相)的分类中可以看出，他认为有些共相是永恒的，有些则不是。如"不可以不现实的可能""老是现实的可能"就是永恒的共相。但有些可能曾经现实而现在无个体与其对应，或者有些可能以前没有个体与其对应而现在有个体与其对应，这样的共相就不是永恒的。如"恐龙"以前是共相，而现在仅是可能了。可能虽可以说是潜在的共相，但潜在的终究不等于现实的。这样，金岳霖就在无意中承认了有些共相不是永恒的。[①] 这体现出金岳霖思想上的矛盾，对共相体现出永恒、绝对还是不永恒、不绝对上游离。但是细致地考察他的形上学体系和知识论体系，不难发现，金岳霖还是认为共相是永恒的、超越的、绝对的、不变的。根据形上学逻辑构造的特点，首先要找到超越的本原，然后通过本原的逻辑演绎推导出个体的万事万物。作为本原的"式"诚然是超越的，被金岳霖称为"老是现实的可能"。因为"无无能的式"，所以能必然要落入式中，式是绝对的、永恒的。式是所有可能的综合，将可能按照排中的范式无限地析取就构成式。"无无能的式"说明式是永恒的、绝对的、不变的，这毫无疑问。那么可能呢？可能在金岳霖笔下也是绝对的、永恒的、不变的。有能在其中，可能就变为共相，能跑出可能，它还是可能。事物的性质与关系是由可能来决定的，能只是纯粹的材料，不具有任何性质与关系，能不决定事物的性质与关系。事物的性质或关系较为复杂，是因为它占有的可能比较多而已。

共相相比于可能，只是因为可能中跑入了能，而能不带有任何规定性，所以共相的特性实质上就是可能的特性。"共相与可能的帷一区别在于现实与否。而现实与否又决定于能是否出入于可能。但是，能是毫无性质的纯料，它只能以其依附的可能为其性质，所以可能与共相虽有现实与否的差别，但二者在性质上应该说并无差别。"[②]胡军的这段论述说明共相与可能具有的是一样的性质。既然可能是绝对的、永恒的、不变的，那么共相也是永恒的、绝对的、不

---

① 胡军：《道与真——金岳霖哲学思想研究》，人民出版社，2002年版，第106页。

② 刘培育主编：《金岳霖思想研究》，中国社会科学出版社，2004年版，第91页。

变的。那么金岳霖为什么认为有些共相不是永恒的呢？窃以为，这是金岳霖圆融哲学体系的需要。按照西方本体论哲学理路，进行纯粹的逻辑演绎，不容许掺杂经验性成分。而金岳霖的形上学自始至终都是坚持逻辑与经验并重的理路，他对能和可能的直下肯定其有，就是得自"宽义的经验"，明显沾染了经验的成分。后面为推进演绎体系，他还启用了"现实并行不悖"和"现实并行不费"两条先验规则。先验不同于先天，先验是指先于当下的经验，不受当下经验限制，但只要时间不打住，先验原则永真。既然融入了经验性成分进行演绎体系，自然要作出相应的处理，使得其体系是符合现实世界的。对现实世界进行历史的追溯，自然存在一些事物以前有，而现在没有了。也会有些事物以前没出现，现在出现了。共相既然是个体之所共，自然需要与个体的历史状况相匹配。所以，有些共相不是永恒的也就不难理解了。但是，共相所代表的理或者说性质或者说关系是可能带来的，就此层关系上来说，共相还是永恒的、绝对的、不变的。这是西方模式的形上学体系的通病。问题的关键在于不要人为地进行逻辑构造，而应该像中国传统哲学、马克思主义哲学那样，对于这个世界径直去承认它，然后去对世界进行分析和认识，通过总经验之大成，形成普遍性的理论或结论，虽然是不完全归纳，但也是别人很难证伪的思想体系。所以，从金岳霖的形上学的逻辑体系及他运用的构造手法看，他不得不承认有些共相不是永恒的、绝对的、不变的，而其内心认定共相就是永恒的、绝对的、不变的。虽然在处理过程中，金岳霖在共相与个体的关系上表现出一定的与马克思主义哲学相一致的因素，但是他的共相理论还是西方模式的翻版，并没有跳出西方本体论的范畴。

联系金岳霖的知识论，我们更能证明金岳霖的共相是永恒的、绝对的、不变的。在他的知识论体系下有个非常核心的范畴，那就是意念，而意念在金岳霖笔下是不变的。金岳霖认为意念代表的是事物之理，而理在本体论中是指共相或共相的关联，意念不变的根据在于理是不变的，在于共相或共相的关联是永恒的、绝对的和不变的。共相是超越的，意念是抽象的和普遍的，也是超越的。哲学既包括形而下的知识，也包括形而上的智慧即玄学。对知识的探求只需要运用"理智"即理性思维，也就是以概念为基础的名言系统。玄学则是对"性与天道"的探讨，既包括对宇宙本体、发展法则的考察，也包括对人性及如何培养自由人格的考察。这种考察不但涉及理智，也涉及情感意志，还关乎真善美。正因为如此，金岳霖说他研究知识底对象只求理智的了解；而研究玄学不但对研究底对象求理智上的了解，而且对研究底结果求情感上的满足。金岳霖的这种观点体现了将形下知识和形上智慧、科学主义和人文主义相对立的倾向，是不能成立的。实际上，知识论的探讨是考察形上玄学的基础；共相、绝对是从殊相，相对中抽象而成的，不存在绝对的、不变的共相；从而共相也不可能决定意念的不变的特性。在知识论中，金岳霖指出，意念只有取舍的可能，没有变的可能。"所谓取舍，是说我们对于一类的所与，有时用一意念去接受，有时用另一意念去接受，这就是说，我们在不同的时间，舍前一意念而取后一意念。"①取和舍都不改变意念本身，"可改变的都是具体的、个体的、特殊的，而意念是抽象的，普遍的。后者无法可改，无所谓变。我们所承认的。是意念有取舍，严格点说，是被取被舍，我们所不承认的，是意念有变更"②。可见，金岳霖还是沿袭了柏拉图的"理念"是永恒不变的东西、是事物的模本的思想。但是，我们知道，观念是可以改变的，随着认识的深化，我们的观念也在深化中得到修正和完善。金岳霖的弟子冯契先生提出了具体概念学说，对他的意念不变的观点进行了修正和批判。

(二)对金岳霖的"共相逻辑先于个体"思想的评价

虽然金岳霖认为共相存在于个体之中，形成了无个不共、无共不个的辩证思想。但是金岳霖的共相与个体的关系理论还是存在共相逻辑先于个体的问题，这也是他的理论与马克思主义哲学的一大根本区别。

金岳霖按照逻辑建构的模式，第一步设置两个本原性成分式与能，然后规定能的能动性特征，能自我进行自由流动，穿梭于可能之间，使可能得以成为现实，形成共相，共相再进行具体化、分解化、多数化和时空位置化产生存在的个体，逻辑构造任务完成，达到了对存在的世界的演绎论证。在这里形成一个推导过程：能、可能→现实(共相)→具体→个体→特殊个体(时空位置下的个体)，在这个五步曲的演绎过程中形成了三个不同层次的世界：可能界、现实界、个体界。"能和可能属于可能界，共相、具体和个体属于现实界，特殊化的个体则构成特殊化的个体界。可能界显然要大于现实界，因为现实的就是可能的，而可能的却不一定现实的。现实界就是共相界，它是具体的，是有个体的。

① 金岳霖：《知识论》，商务印书馆，2004年版，第385页。
② 金岳霖：《知识论》，商务印书馆，2000年版，第387页。

可能界和现实界均是超时空的。"①金岳霖逻辑构造的这三个世界显然具有逻辑上的先后关系,共相与个体的逻辑先后关系自然在其中。下面来具体分析一下。

从上述金岳霖形上学的推演过程中我们可以看出,可能有能就现实为共相,现实了的共相先于具体,具体又是个体的先决条件。所以,金岳霖说:"个体化底先决条件是具体化,那就是说要有具体才能有个体。无体不能'个',而个体底体就是具体所供给的体。"②那么,共相与个体之间是否是生成关系呢?是共相生成个体,还是共相只对个体有逻辑在先的关系呢?这里需要说明的是,金岳霖的本体论是一种逻辑构造论,而不是宇宙生成论。所以,在金岳霖笔下,共相对个体有在先的关系只能是逻辑在先的关系,而不能是时间在先的关系。胡军说:"可能的现实先于具体化,而具体化又先于个体化。当然,这里所说的在先不是时间上的在先,因为现实界不在时空之中,因此这里的所谓在先没有时间在先的问题发生。既然不是时间上的在先,那么这里的在先只能是逻辑上的在先。"③因此,金岳霖笔下的共相先于个体只能是逻辑上的先于,而不是时间上的先于。

了解金岳霖的共相逻辑先于个体包含什么样的立场,是我们对他的哲学进行定性的前提。现在是以他的哲学基本观点与马克思主义哲学进行对比,判断他与马克思主义哲学的同异。金岳霖《论道》的体系中重点还是回答"为什么我们会有我们所有的这样的世界",然后向前不断地溯源,追溯到终极本原,然后以终极本原进行逻辑演绎,得出存在的世界。因为往昔的历史不可追,所以逻辑思议的处理就成为必然的选择。按照逻辑进程,一定会有先后问题。金岳霖以逻辑与经验并重的手法,通过层层推进,很好地论证了何以有这样的世界的话题。他运作的思路更多还是求助于经验,只不过是按照西方本体论的套路来进行建构。前文说过,他所运用于建构的两个终极本原"能"与"式"都是得益于"宽义的经验",通过对现实的存在事物的不断剥离或不断变更来获取,所以他的哲学体系的基本立场是客观的,共相逻辑先于个体并没有改变他的客观实在的基本立场。他不像历史上的主观唯心主义哲学家那样,从心灵意识或精神

① 胡军:《金岳霖共相论剖析》,《哲学研究》,1990年第3期,第58-66页。
② 金岳霖:《论道》,中国人民大学出版社,2007年版,第50页。
③ 胡军:《金岳霖共相论剖析》,《哲学研究》,1990年第3期,第58-66页。

出发来阐释世界的形成，也不像客观唯心主义那样，以虚构的神秘力量来对世界本原性进行解释。在根本立场上，金岳霖做到了与马克思主义哲学一般无二。但是共相逻辑先于个体的思想人为地将共相与个体对立起来，本来世界上按照自然规律出现了一类事物，此类事物有它们共同的特性，而每个个体却呈现出差异。事物类一经出现，就同时具有共性与个性，不存在谁先谁后的问题，这是自然而然的规则。然而，金岳霖不是对客观世界采取径直承认的态度，而是要去穷究它究竟怎么来的，还将走到哪里去，是个什么样的过程，这样自然就得去区分先后问题。本人认为金岳霖得出共相逻辑先于个体是分析世界的方法所带来的，不是立场的问题。

马克思主义哲学与中国传统哲学对世界的存在不质疑，而是直接接受，然后去摸索它、认识它，并进而利用和改造它。它们也需要对世界进行说明，要用最大普遍性的东西来说明世界的由来，如对客观实在性的界定，也是通过总经验之大成，与金岳霖得到能和可能的方法一般无二。采取的是综合判断、假设或信仰的方式，相信其有，无法证实，也无法证伪。对共性也是如此，需要根据以往的历史经验和实践经验，断言事物中有它们的共同特性，即共性在其中，人们的任务是通过改造它、认识它来求得规律性知识，以便举一反三、触类旁通。就此而论，金岳霖关于共相逻辑先于个体的思想就没有走入邪道，他就是一个实在主义哲学家，与马克思主义哲学的辩证唯物主义具有莫大的相似性。

（三）"逻辑与经验并重"与"逻辑与历史相统一"

金岳霖宣称自己的哲学是逻辑与经验并重，尊重常识，相信科学，承认外物或者个体的独立存在性是他不同于老实在论的地方，经验在他的哲学思想中有着重要的位置。但是，受逻辑实证主义和分析哲学的影响，他对逻辑这种理性力量非常痴迷，甚至有逻辑本体主义的倾向。逻辑和经验在金岳霖的笔下呈现出矛盾，他不愿意放弃经验，但却以逻辑掩盖了经验。他重视逻辑，但却无法用逻辑阐释一切。他号称要坚持"逻辑与理性"并重的原则，但是经验主要是起到桥梁的作用，一旦架桥成功，逻辑就成为主导力量，有"过河拆桥"的嫌疑。引发他这种矛盾的根本缘由在于他继承的是西方本体论传统，而不是坚持本体论和认识论相统一的理路。哲学思想体系建构要以本体论为基础，根据认识论展开，二者相辅相成，缺一不可。在金岳霖笔下，"有推论有想象的经验""现实并行不悖""现实并行不费"等经验原则只是作为临时圆融思想体系的工具在起作用，并没有运行于思想体系建构的全过程。这样就剥离了认识的过程，剥离了与客观事物的密切联系。

"历史从哪里开始，思想进程也应当从哪里开始，而思想进程的进一步发展不过是历史过程在抽象的、理论上前后一贯的形式上的反映；这种反映是经过修正的，然而是按照现实的历史过程本身的规律修正的，这时，每一个要素可以在它完全成熟而具有典范性的发展点上加以考察。"① 逻辑以历史为基础，逻辑通过对历史的总结和提炼而超越于历史，但逻辑要与历史的进程相一致，二者具有内在统一性。马克思主义哲学坚持了如实遵循现实历史的正确立场，但不满足于对历史的现象把握，在不断丰富的历史认识中把握历史，在修正历史的过程中把握历史的脉搏，找准事物的客观规律，坚持客观辩证法、认识论和逻辑的统一。

第三节　金岳霖的概念观及与马克思主义哲学的比较

金岳霖是一个知识论大家，这是学界的共识。作为实在论哲学家，他在综合西方各派认识论理论与方法的基础上，创立了独具一格的知识论思想体系。在他的《知识论》这一鸿篇巨制中，他构架了一个庞大的体系，从知识论学科的界定、出发方式的批判、出发立场的阐明、获取知识的过程、知识必然性的担保、知识追求的目标等诸多方面都展开了富有成效的探讨，不仅照着西方哲学讲，更多的是接着西方哲学讲，将中国知识论水平提升到了一个较高的水平。在他的知识论体系下，要探究和解决的问题是认识如何把握外在的客观实在的对象，探寻客观事物之理，追求知识的客观性。他相信常识，尊重常识，注重经验，但不限于经验，强调认识要从客观事物本身出发，而不是从个人的主观感觉出发，发出了对"唯主方式"的批判。在认识过程中，他建立了"正觉""所与""意念"等一系列理论，推动认识的深化和发展。金岳霖的知识论与马克思主义哲学的客观、辩证的认识论有许多相似之处，非常值得研究与比较。

---

① 中共中央马克思恩格斯列宁斯大林著作编译局编译：《马克思恩格斯文集》（第二卷），人民出版社，2009年版，第603页。

一、金岳霖的概念观的基本内涵

谈概念观并不能直接从概念谈起，因为概念是反映和揭示对象的本质的，概念的前提是对象，对象的前提是将什么确定为对象，而将什么确定为对象则关联到以什么为出发方式的问题等。所以，我们在这里介绍金岳霖概念论的内涵，就需要相应介绍他的知识对象、出发方式、知识原则、概念的基础等一系列内容，这样方能完整地把握金岳霖概念论的全貌。

（一）知识的对象和内容

追求客观、实在的知识是金岳霖知识论的根本宗旨。他在《知识论》中强调："本书所赞成的知识论既然是理解知识底理底学问，我们对于它有两个非常之基本的要求。一个要求是理论能够维持真正感，另一个要求是理论底对象能够维持实在感。"①在西方认识论史上，有经验主义和理性主义两大知识论派别。经验主义知识论认为知识来自经验，代表人物有洛克、休谟等，他们重视感觉经验，但却忽视理性的能力和地位，导致知识达不到把握自在之物之理的应有高度。经验主义知识论具有明显的经验主观化倾向，否认经验中有不依赖主体的客观内容，无从解决知识客观性问题。理性主义知识论认为知识来源于理性，代表人物有笛卡尔、莱布尼茨和黑格尔等，他们认为理性本身所具有的主观思维范畴、规律即普遍必然性的知识。理性主义知识论强调知识只断定概念之间的关系，不以任何经验为依据，不涉及实在的东西，纯粹是思维之内的事情。知识是主观思维与客观对象之间的关系，片面站在任何一方都不构成真正的知识。所以，笔者认为经验主义知识论固然有不足，理性主义知识论则断不可取。金岳霖的知识论对西方知识论两大传统发起了批判：一方面扬弃经验主义知识论在将知识局限于感觉当下而无法达到事物之理的缺陷，同时避免将感觉经验主观化的错误倾向；另一方面为知识论从理性主义那里争得客观外物、感觉经验的地盘，同时还将理性发扬光大。金岳霖正是在这样的思路下来构架他追求知识客观性的知识论体系的。下面我们来看看他对知识客观性是如何定义和规定的。

金岳霖说："知识底对象大致说来有两种，一是普遍的，一是特殊的；前者

① 金岳霖：《知识论》，商务印书馆，2004 年版，第 86-87 页。

是普通所谓理,后者是普通所谓'事实'。"①他认为人们追求知识就是在对象上能够"达",明白事物之理或事实。但是无论"达"与"不达",都改变不了我们的知识要以理或事实为对象,知识必须向外索求,而不是在内在心理或主观思维中进行编排、演绎等。他说:"知识底对象是我们在求知上所欲达的,可是我们虽求而不一定能达,不达的理仍是对象,不达的事实也仍是对象。我们现在所谈的既是对象,无论从个人或从人类着想,理与达未达均不相干,它总是理;而从个人着想,事实与达或未达也不相干,它总是事实。"②作为知识外在对象的理或事实不以人的意志为转移地存在着,它们需要人们去与其接触,去观察它,去实验它,去改造它,将其转化为知识的内容。

金岳霖进一步指出:"知识底内容也有两种,一是普遍的理,一是特殊的事实;但是因为对象与内容不同,也许我们要称普遍的为理念或念理,特殊的为意事或事意。"③通过对知识对象的接触、观察、实验和改造等,人们能够促使知识对象向知识内容转化。他说:"我们求知有时能达,达则有所得。在普遍的方面有得实即普通所谓明理,在特殊的方面有得即普通所谓知事。知识底对象和内容底不同即前者与达或不达不相干,达是对象,不达也是;后者靠达,达然而有所得,未达的对象不是我们知识底内容,达而有所得,此所得的才是内容。假如有一美国人要研究中国建筑,他在这方面求知,他的普遍的对象即中国建筑的原理,他底特殊的对象即各处底建筑物。也许他不知道有佛光寺,果然如此,则佛光寺虽是对象然而不是内容;这就是说在他底知识中没有佛光寺这一内容。"④知识是明理和知事的统一体,是对象和内容的统一体,无对象则知识是无源之水、无本之木。金岳霖认为,面对对象无法获得感知,也无从取得知识内容。从中可以看到,金岳霖认为知识的源头是客观的事物之理和事物之状态的事实,知识的内容是对知识对象的达然后所得的东西,这些都是客观性的东西。从这里表明,金岳霖非常讲究知识的客观性。

(二)批判西方哲学的"唯主方式"

西方知识论历史上有着一股强烈的主观知识论色彩,金岳霖想要建立客观

① 金岳霖:《知识论》,商务印书馆,2004年版,第1页。
② 金岳霖:《知识论》,商务印书馆,2004年版,第1-2页。
③ 金岳霖:《知识论》,商务印书馆,2004年版,第2页。
④ 金岳霖:《知识论》,商务印书馆,2004年版,第2页。

知识论，首先要做的工作就是对这股主观知识论的出发方式进行批判。金岳霖认为，西方近代以来的知识论都以"唯主方式"为出发方式。通过批判"唯主方式"，金岳霖提出了他追求客观性知识的"有官觉""有外物"这两个重要命题和"有效原则"这一出发原则，为客观性知识的理论的创立打下基础。

金岳霖认为西方"唯主方式"贯彻"无可怀疑原则"，以无可怀疑的命题作为担保或出发命题。他认为无可怀疑的命题唯有两种：一种是逻辑上不得不承认的命题，另一种是"自明"的命题。逻辑上不得不承认的命题是消极命题，对世界既无所肯定，也无所否定，不能带来任何积极性的知识，是无积极性的命题。尽管作为推论方式，知识离不开逻辑上不得不承认的命题，但它却不能作为知识论的出发命题。在金岳霖看来，"自明"的命题要使其成为无可怀疑的命题，只能是逻辑上不得不承认的命题，否则只能是相对于某个人的主观心理而言的，对他人来说并不是自明的，更不是不可怀疑的。

在批判"无可怀疑原则"之后，金岳霖提出了自己的"有效原则"。他认为"有效原则"满足两个基本条件：一是对象的实在感；一是理论的真正感。对象的实在感是指对象不是认识者创造的，它不依赖知识者而独立存在，对象的性质也是对象所固有的，不是知识者强加的，对象自身保持绵延的同一性。理论的真正感是指理论是公的而不是私的，它是被发现而不是被发明或创作，它不随事物的变化而变化。从这点来看，金岳霖认为知识的出发原则必须以客观实在的事物为原型，从事物本身说明事物，而不能向内去获得知识。

西方"唯主方式"的出发方式包含两层意思：一是西方人发展出来的人类中心观和自我中心观；二是从人的主观感觉或思想来推论出外在的各种事物。金岳霖对此评价道："这里所提出的方式一方面把论点限制到官觉，另一方面又把官觉限制到主观的或此时此地的官觉现象。我们在这里所提出的方式我们称之为主观的或此时此地的官觉现象底出发方式。"[1]他还说道："这方式虽然包括两不同的出发题材，然而这不同的出发题材都有从主推客或从主推人底问题。就这共同底问题着想，我们称这出发方式为唯主方式。"[2]"唯主方式"将知识者和知识者的官觉视作知识的源头，否定外在事物在知识形成过程中的作用，因而具有两大致命的缺陷：一是得不到"独立存在的外物"；二是得不到真

---

① 金岳霖：《知识论》，商务印书馆，2004 年版，第 42 页。

② 金岳霖：《知识论》，商务印书馆，2004 年版，第 48 页。

正的共同客观和真假。金岳霖进而批判了"人类中心观"和"自我中心观"。他认为知识的普遍性不应该限于人类，而应该追求超越人类的普遍的理。持"自我中心观"，会导致知识只相对于自我，没法形成共同的知识，没有客观的知识。所以，"唯主方式"下的知识因为过于主观、狭隘，无法获得理论的真正感和对象的实在感，无法产生客观性知识。为获得客观性知识，满足知识者追求知识的理的目标，必须对知识的出发方式进行革命。他根据自己的"有效原则"，提出了自己从常识即从朴素实在论出发的知识论出发方式，提出了"有官觉"和"有外物"两个自己的知识论出发命题，并在此基础上提出了"所与是客观的呈现"这一著名论断。

金岳霖与西方"唯主方式"知识论者的主要区别在于，"唯主方式"知识只把感觉作为知识论的出发点，而金岳霖不仅承认感觉，而且承认感觉之外的"外物"，并且将"外物"视作感觉的内容和对象。他说："本书不采取这一方式（"唯主方式"——笔者注）；因为本书认为我们有知识，我们底知识论是理解知识底学说；我们不能把知识这一对象中任何部分抹杀下去，这一对象中有知者，有被知者，而被知者是独立存在的外物；对于此独立存在的外物，我们有共同的客观的知识。"[1]金岳霖认为独立存在的外物是被知的对象，人们通过感觉把握外物。所以，要想形成知识，必须承认外物和感觉的存在，建立客观性知识的基础。金岳霖说："'有外物'这一命题和'有官觉'这一命题至少同样地给我们以真实感。这两命题都是知识论所需要的。"[2]因为"不承认有官觉，则知识论无从说起，不承认有外物，则经验不能圆融"[3]。下面我们来看看他是如何处理官觉与外物的关系并形成他的"所与是客观的呈现"的观点及知识过程是"得自所与还治所与"的理论的。

（三）所与是正觉基础上客观的呈现

前文指出，金岳霖认为知识论谋求共同的、公的知识，反对知识之所私。官觉因人而异，而且官觉还可以分为错觉、野觉和正觉等。为此，金岳霖提出"正觉中心说"这一重要理论。他指出："正常的官能者在官能活动中正常地官

---

① 金岳霖：《知识论》，商务印书馆，2004 年版，第 72 页。
② 金岳霖：《知识论》，商务印书馆，2004 年版，第 76 页。
③ 金岳霖：《知识论》，商务印书馆，2004 年版，第 76 页。

能到外物或外物底一部分即为正觉。"①他认为，在这种正觉关系中，正常呈现是客观的，是类型的呈现，说明正觉呈现不是私的、个体官能者所独有的，而是同种官能者的公共呈现，即客观呈现。金岳霖对自己的正觉论颇为自负，他说："这一整本书(《知识论》——笔者注)可以说是正觉底分析……本书可以说是始于正觉，终于正觉。"②这样，金岳霖通过"有官觉"并发展到"有正觉"，从而建立起获得客观性知识的基础和桥梁。为解决正觉与外物的关系，他建立了他的所与理论，认为所与是正常的官觉所获得的客观的呈现。他说："所与有两方面的位置，它是内容，同时也是对象；就内容说，它是呈现，就对象说，它是具有对象性的外物或外物底一部分。内容和对象在正觉底所与上合一；在别的活动上这二者不必能够合一，例如我想象在伦敦底朋友时，内容是一事，对象是另一件事。"③金岳霖在这里表达了一个极其重要的思想，即在正觉这种特殊的、合乎类观的感觉活动下，所获得的呈现——所与一方面作为内容是合乎类观的感觉呈现，另一方面作为对象本身又是外物或外物的一部分；一方面客观外物的形色状态被合乎类观的正觉所呈现而成为在"我"、在"内"的感觉内容，另一方面外物的形色状态又不是感觉者所能创造的客观存在。概言之，内容与对象、内与外、主与客并不是两个项目、两个个体，它们在正觉的所与上合二为一。金岳霖对所与的这种处理办法，是对中国传统哲学"体用不二"模式的传承，对象是体，内容为用，外是体，内是用，客是体，主是用，体与用在所与身上同时体现。

(四)得自所与还治所与

正觉说和所与理论的提出，还只是为知识的形成搭好桥梁，对于如何求得普遍必然性的科学知识，金岳霖在所与的基础上阐述了对所与的抽象与收容，提出了"意念"这个核心概念，并提出"意念得自所与还治所与"这一著名论断，阐释了意念的摹状与规律作用、意念的先验性与后验性等问题。下面我们来具体了解一下他这个概念观的具体内容。

所与还只是知识的材料，还不能保证知识的普遍必然性。金岳霖说："所

---

① 金岳霖：《知识论》，商务印书馆，2004 年版，第 125 页。

② 金岳霖：《知识论》，商务印书馆，2004 年版，第 952–953 页。

③ 金岳霖：《知识论》，商务印书馆，2004 年版，第 130–131 页。

谓知识,就是以抽自所与的意念还治所与。"①知识要在正觉形成的所与的基础上进行"收容与应付",提升为意念。他说:"收容是把一时官能之所得保留起来,间接地保留起来。"②为什么是间接地保留起来呢?因为金岳霖认为官能之所得,是具体的、特殊的,无法直接保留,只能保留类似特殊的所与,这种类似的特殊的所与,金岳霖称为"意象",类似于马克思主义哲学的"表象"。如何使意象上升为抽象的意念,是金岳霖接下来要论述的。他从"抽象"与"抽象的"的区分来阐释抽象这个过程。他说:"抽象的既是抽象之所得,抽象就是得抽象的底工具或趋势或程序。它一方面是执一以范多,另一方面执型以范实。"③"抽象的"是"抽象"的结果,"抽象"是获得"抽象的"的工具或手段。抽象的功夫最初在于将所与"典型化、符号化"为类似的具体、类似的特殊,就是对着一个特殊的事物来概括这类事物的一般特征,用符号或图案表述出来,即"执一以范多"。这种典型化、符号化的类似具体、类似特殊的东西,金岳霖称为"意象","意象"还不是知识的完备形态。金岳霖进而提出对意象进行"执型以范实"的功夫,即用一连串的语言文字对事物进行描绘并定义。金岳霖认为,在"执型以范实"的过程中有着思维上的跳跃。他说:"原来所执的一由意象跳到意念,抽象的程序才能算是达到主要点。这一跳是由类似具体的跳到完全抽象的。在这一跳之后,所执的一已经成为思议的内容。"④金岳霖对逻辑分析法乐此不疲,善于对概念作多层次、多方位的分析。他区分了思议和想象,认为想象对应的是特殊的事体,思议对应的是抽象的概念。这些思想与马克思主义哲学的感性认识和理性认识很类似。意念是思议的内容,是高度抽象的,是超越于特殊的事物的。但是,金岳霖对于意象向意念的跳跃解释得不清楚,显得过于神秘。虽然是比较神秘的解释,但也足以说明他已经非常清楚地意识到,要想形成普遍必然的知识,必须从感性的、形象的、直观的感觉向理性的、抽象的、间接的意念进行超越,否则就达不到抽象的所具有的普遍性,这种思路诚然是对的。

金岳霖认为将意象发展到意念是知识论上的跨越式飞跃,认为休谟之所以

---

① 金岳霖:《知识论》,商务印书馆,2004 年版,第 185 页。

② 金岳霖:《知识论》,商务印书馆,2004 年版,第 187 页。

③ 金岳霖:《知识论》,商务印书馆,2004 年版,第 229 页。

④ 金岳霖:《知识论》,商务印书馆,2004 年版,第 230 页。

陷于不可知论,认为普遍必然性的科学性知识不可能,最根本的原因是休谟只承认意象,而不承认意念,以至于休谟的认识论达不到应有的认识高度,最终流于不可知论。他说:"他(休谟——笔者注)底最大问题就在这一点上。我以前曾把他所谓'idea'译成意像,因为他在理论上没有我们这里所说的意念。意像是类似具体的,前此我们已说过。休谟既只承认意像,当然不能承认有抽象的意念。"①金岳霖认为意象无法代替意念,只有上升到意念才具有足够的普遍性,才能"执型以范实",才能真正被保留下来,并在人们之间进行传递。在金岳霖看来,特殊、具体的所与只有在抽象过程中被提升为具有普遍性的意念,才能真正被保留下来,并意味着主体获得了知识。同时,金岳霖还指出,知识的形成就是一个不断地得自所与的意念还治所与的过程。金岳霖是用意念的"摹状"和"规律"双重作用来表达意念的得自所与还治所与的过程。

金岳霖指出:"所谓摹状,是把所与之所呈现,符号化地安排于意念图案中,使此所呈现的得以保存或传达。"②可见,摹状就是对所与进行一种抽象化的安排、符号化的安排,安排在意念的结构之中,从而使所与被提升为普遍性的意念,具备主体间性,可以在不同的主体之间进行传达。在金岳霖看来,摹状作为符号化安排所与的过程,实质上是与从具体的所与到抽象的意念的飞跃过程是一致的,摹状是由具体上升到一般的过程,即由具体而抽象的过程。

意念对所与的另一重要作用是"规律"。金岳霖说:"所谓规律,是以意念上的安排,去等候或接受新的所与。"③这是说意念作为所与的规矩、尺度,可以反过来治理所与,规范所与,接受所与。"每一意念是一抓住所与的办法。它实在是说,凡合乎某某条件者,我们以某意念去安排,去接受,去收容。每一意念都是一条章程,或者一条法律,凡所与之呈现某某形色者,我们都以某某章程或法律去应付。"④规律的作用是充当一种接受方式,它实际上是一种带普遍性的范式。如果所与之中有满足这一范式的,主体就以某一范式去接受。从这个层面说,意念规律所与是以先验的范式去主动接受所与,不随所与的变化而变化,具有先验性。这同时也说明,主体借助于摹状,形成意念,便能将

① 金岳霖:《知识论》,商务印书馆,2004 年版,第 298 页。
② 金岳霖:《知识论》,商务印书馆,2004 年版,第 356 页。
③ 金岳霖:《知识论》,商务印书馆,2004 年版,第 364 页。
④ 金岳霖:《知识论》,商务印书馆,2004 年版,第 366 页。

其作为手中的工具，用以作为规矩、尺度来规范所与，实现对感性材料的归类。

金岳霖认为摹状与规律是彼此的充分必要条件，无摹状不能规律，无规律不能摹状。摹状是规律的前提，不经摹状，规律只能是无源之水、无本之木。意念的规律作用是运用一套章程、规则、范式去接受所与，而这些章程、规则、范式只有通过意念的摹状才能获得。通过摹状，意念把握了事物之所谓和事物之所指。从逻辑的观点来看，意念把握了事物之所谓和事物之所指就是确定了概念内涵和外延。一个概念，只有内涵和外延明确，或者说所谓和所指明确，才是确定的概念，才具有普遍的意义，才能有效地去规范感性材料。意念的摹状是规律的必要前提，而且意念越是正确、丰富地摹状感性材料，越能有效地规律所与。无规律不能摹状。在金岳霖看来，意念本身如果无规律成分，是不能摹状所与的。因为摹状作为意念上的安排，起到保留和传达所与之所呈现。这种意念上的安排即摹状，不能不同时是规律。意念对所与的摹状也就是概念对对象本质或规律的反映和概括，而概念也正是以这种反映和概括为准绳识别和接受所与，即规律所的。意念规律所与是否正确、有效，直接检验着、衡量着作为规律的准绳的意念。这就是说，意念摹状所与的正确性也依赖于意念规律所与的准绳的正确性。意念用以规律所与的准绳越正确，就越能有效地规律所与，而该意念也就越能正确地摹状所与。事实上，知识主体总是在规律所与的同时摹状所与。

金岳霖还用意念的后验性与先验性的统一来说明摹状与规律的不可分割。意念的摹状与规律作用的统一，实际上是意念的后验性和先验性的统一。金岳霖认为，意念就摹状作用说，它得自所与之所呈现，具有后验性。意念就规律作用说，它作为接受所与的办法，并不随所与的变更而变更，具有先验性。金岳霖说："摹状与规律既然是二者不能分开的，后验性与先验性也是二者不能分开的。"①金岳霖对意念先验性与后验性辩证关系的处理具有较强的合理性，也是对以往知识论在经验与理性关系上的综合和批判。他总结说："摹状与规律根本不是部分，而只是成分。……如果我们真正得到一意念，摹状与规律都有了。"②可见，金岳霖关于意念的摹状与规律既对立又统一的理论揭示了人类认识在由感性认识上升到理性认识的过程中感性与理性、后验性与先验性的辩

---

① 金岳霖：《知识论》，商务印书馆，2004 年版，第 402 页。

② 金岳霖：《知识论》，商务印书馆，2004 年版，第 383-384 页。

证统一关系。

　　意念的摹状与规律的统一同时也是知事与明理的统一。在金岳霖看来，得自所与还治所与视作历程，就是化所与为事实的过程。一方面，化所与为事实是主体对当前所与的接受与安排，这种接受与安排实质上就是意念的摹状与规律作用的体现。所以，所与在被安排和接受亦即化所与为事实后，本身已经包含了"理"的成分。另一方面，"理"是事物所固有的，所与作为外物的客观呈现，所与之中本来是有秩序的，所与的秩序也就是现实历程或者自然界的秩序，而这秩序总是共相与殊相的统一。因此，化所与为事实，反过来说，就是事实表现所与所呈现的事物之理的过程。"事实底秩序也不是凭空的，这秩序底根据也是所与之所呈现。表现于所与的是共相底关联或固然的理，此理也呈现于事实之中。这实在就是说特殊的事实表现普遍的理。事实底相继发生就是所与源源而来，知识者继续接受。此源源而来的所与也表现固然的理。"①因此，对所与的摹状与规律，即以得自所与的意念还治所与的过程，就不仅是化所与为事实的过程，而且是进而把握共相关联之理的过程，即知事与明理相统一的过程。所与源源而来，主体不断化所与为事实，意念的结构或图案也随之越来越丰富，这表现为事中求理的归纳过程。同时，事中求理越充分，意念也就越精细、完善，认识也就越深入，逐步形成系统的知识；主体运用这种系统的知识就越能规律所与，这表现为理中求事的演绎过程。通过"事中求理"和"理中求事"，主体对对象的认识不断深化和丰富，知识也越来越完善和系统化。

　　这样，我们用了较长的篇幅介绍了金岳霖的概念论。意念是金岳霖概念论的核心范畴，是整个知识论的核心，是把握金岳霖知识论的关键。这里需要说明一下，金岳霖的"意念"相当于我们今天所说的概念。就金岳霖个人而言，他没有对意念与概念作明确的区分，他认为概念就是没有矛盾的意念，而矛盾就是指逻辑错误。他认为，"方的圆""曲的直"这样的意念就不是概念。概言之，金岳霖认为概念必然是意念，而无矛盾的意念本身就是概念。从金岳霖批判西方"唯主方式"的出发原则和出发方式出发，确立自己的"非唯主方式"，肯定"有官觉"和"有外物"，建立有效原则。他将知识建立在客观实在的立场上，坚持了反映论原则，提出了"所与是客观的呈现"，较好地回答了"感觉经验能否

---

① 金岳霖：《知识论》，商务印书馆，2004 年版，第 469 页。

给予客观实在?"这一知识论难题。金岳霖给予感觉经验应有的地位,并注重将感性经验上升到理性层次,提出"意念得自所与还治所与",揭示了意念既摹状又规律的辩证统一过程,为"普遍必然性的科学知识如何可能?"这一知识论核心话题提供了富有启发性的解答思路。整个意念论内容丰富,论证严密,分析细致,眼界高阔,填补了中国概念观的发展许多空白,也极大提升了我国概念观的水平。童世骏发文对金岳霖的意念论给予高度评价:"如果说康德用规范现实的问题取消了摹状现实的问题,刘易斯把经验科学中的规范现实的全称命题区别于摹状现实的全称命题,派普指出这两类命题只是功能上的区分,并指出两者在起源上的联系(前者是由后者转化而来的),那么金岳霖的贡献则在于强调构成科学知识的概念同时具有摹状与规范、后验性与先验性两个方面,从而证明了科学知识确实既具有客观性(所以它被叫作知识),又具有有效性(也就是普遍必然性)。……由于金岳霖的这个观点,我们有更充分的理由相信,20世纪40年代,中国哲学家对于西方哲学已经告别了仅仅'照着讲'的历史,已经能够富有成效地'接着讲'了。"[1]金岳霖意念论对认识论、概念论的贡献诚然是非常大的,但是作为实在论哲学家,一定程度上还是没有摆脱实在论的限制,他的概念论还是存在一定程度的缺失。对于金岳霖意念论的合理之处及不足,留在与马克思主义哲学进行比较中再细致地进行述说。

二、金岳霖的概念观与马克思主义哲学的比较

马克思主义坚持物质世界是不以人的意志为转移的客观存在,意识是对物质世界的主观映象,物质是意识的原型,意识是对客观物质世界的主观反映。马克思主义哲学从唯物主义反映论立场出发,坚持认识是从外在客观事物出发形成感觉和思想的反映论认识路线,认为客观事物是认识的对象,感觉是对客观事物的反映。马克思主义哲学认识论将认识的过程视作一个由简单到复杂、由片面到全面、由部分到整体、由直观到抽象再到生动的、实践的不断上升的过程,依次经历感性认识、理性认识再到实践的飞跃,而且认为认识过程不是一次完成的,是一个反反复复的过程。马克思主义认识论最大的特点是克服旧唯物主义的直观反映论,将实践的观点引入认识论,坚持以实践为基础的能动

---

[1]　童世骏:《普遍必然的科学知识何以可能——从洛克到金岳霖》,《哲学研究》,1992年第3期,第38-45页。

反映论，认为认识不是一次完成的，而是一个不断发展的过程，在这个过程中交织着丰富的辩证矛盾，比如主观与客观、真理与谬误、成功与失败、相对与绝对等方面的关系。

马克思主义认识论从人与现实世界的关系出发，在接受认识客体客观性的基础上，着重强调实践的意义和作用，突出实践在认识中的决定地位。"从前的一切唯物主义（包括费尔巴哈的唯物主义）的主要缺点是：对事物、现实、感性，只是从客体的或直观的形式去理解，而不是把它们当作感性的人的活动，当作实践去理解，不是从主体方面去理解。"[1]"人的思维是否具有客观的真理性，这并不是一个理论的问题，而是一个实践的问题。人应该在实践中证明自己思维的真理性，即自己思维的现实性和力量，亦即自己思维的此岸性。"[2]在认识过程中，人自立为实践和认识的主体，投入自身的智力、情感、意志等，在认识过程中进行积极的选择和创造。马克思主义哲学认为，认识不是照镜子式的原物映现，而是能动的思维创造活动。"马克思主义认识论认为，认识不是客体向主体靠拢，而是主体向客体逼近，客体向主体靠拢是消极的、形而上学的反映论，主体向客体逼近才是积极的、能动的反映论，不是自然界向我们走来，而是我们在实践中去观察自然，去人化自然。"[3]

综上可见，马克思主义实践能动反映论以客观事物为认识与改造的对象，遵循事物的客观实在的本来面貌。认识过程中，主体凭借自己的能动性，将客观事物纳入自己的实践改造过程中，致使客观事物的特征和矛盾不断暴露出来。认识主体还借助于自身的感官能力和主体选择，获取感性认识。认识主体对感性认识不断加工处理，并进行选择和创造，形成把握事物本质或规律的理性认识，最终回归实践中去检验。马克思主义认识论认为获得认识的过程不是一次性完成的，而是随着实践而展开的反反复复的过程。在认识过程中，人作为认识主体投入了个人的能动性，包括选择、意志、情感、创造等。

概念观是认识论的一个重要环节，考察概念观必然要兼及感觉观。我们考

① 中共中央马克思恩格斯列宁斯大林著作编译局编译：《马克思恩格斯选集》（第一卷），人民出版社，2012年版，第133页。
② 中共中央马克思恩格斯列宁斯大林著作编译局编译：《马克思恩格斯选集》（第一卷），人民出版社，2012年版，第134页。
③ 洪向华、吕瑛：《走进马克思主义认识论》，《延边大学学报》（社会科学版），2002年第35卷第3期，第13-15页。

察金岳霖的概念观时也考察了金岳霖的"非唯主方式"的出发点和有效原则，考察了他的正觉论、所与论、意念论等。下面我们来对比一下金岳霖的概念观与马克思主义认识论的异同，并对金岳霖的概念观以马克思主义哲学为视角来进行定位。

(一)二者在概念观的出发点上一致

金岳霖的认识出发方式坚持了实在论立场，肯定外物的客观存在，肯定常识，肯定人的主观感受能力，与马克思主义哲学的出发点是一致的。金岳霖在论证对象的真实感时说："因为本书认为我们有知识，我们底知识论是理解知识底学说；我们不能把知识这一对象中任何部分抹杀下去，这一对象中有知者，有被知者，而被知者是独立存在的外物；对于此独立存在的外物，我们有共同的客观的知识。"因为受实在论思想影响，西方哲学家普遍认为理念才是客观的，而现象是变动不居、虚无缥缈的，外在事物没有被给予足够的认可。金岳霖"有外物"观点的提出，对西方认识论来讲不能被普遍接受。金岳霖指出，外物的客观实在性并不是抽象的，表现为对于知识及感觉的独立性。他认为，外物作为"被知的存在"，总是独立于知识及感觉之外，它既不是知识及感觉的产物，也不随知识及感觉的存在而存在。他说："如果知识可以创造被知的，则被知的底实在感就取消了。被知的果然可以为知识所创造，我们可以认'情感'为事实，认'理想'为实在，而知识底实在感也就取消了。"[1]"存在和知道存在是两件事。即令我们不知道 X 存在的时候，我们不能说 X 存在，然而 X 底存在既不靠我们知道也不靠我们说。"[2]外物是独立存在的，它并不依赖人们的认识与感觉是金岳霖的鲜明观点。"金岳霖对外物实在性的如上分析，无疑已远远超出一般实在论(包括旧唯物论)把外物'实体化'的倾向，而接近于辩证唯物主义的'物质'范畴。同时，金岳霖以这样的'外物'作为自己知识论的出发命题，就意味着其知识论在整体上已经非常接近列宁所概括的，关于辩证唯物主义认识论的第一个主要结论：'物是不依赖于我们的意识、我们的感觉而在我们之外存在着的。'"[3]此外，金岳霖还分析了外物的性质与关系的实在性，指出

---

① 金岳霖：《知识论》，商务印书馆，2004 年版，第 99 页。
② 金岳霖：《知识论》，商务印书馆，2004 年版，第 100 页。
③ 陈晓龙：《知识与智慧：金岳霖哲学研究》，高等教育出版社，1997 年版，第 80 页。

外物的性质与关系也是外物所固有的、客观的、独立的，不是人们主观创造出来的，也不是感觉所能改变的。他说："性质虽然是相对于关系网的，虽然是相对于官觉类的，然而它不是任何类型的官觉者之所创造的……性质底相对性是遵守法则的，不是乱来的。……性质虽有相对性然而这相对性是普遍的，不是拘于一时一地的；它是守法则的，所以不是主观官觉者凭他底心思意志去所能改变的。"①金岳霖从多角度说明外物是不以人的意志为转移的客观存在，对外物的知识建立在人们的官觉反映上。这样，金岳霖建立起以客观实在为基本特征的知识论基本立场，与马克思主义的唯物主义反映论立场基本一致。知识或认识的出发点是一切认识的基础，金岳霖的概念论在出发方式上正确的立场促使他能在获取客观性的知识上体现出较大的合理性和正确性，为他在知识论领域许多重大问题上作出杰出的贡献提供了根本性的前提。

（二）二者在对外在客观事物的实践求证上有某种程度的一致

金岳霖在论证"有外物"这一命题时，提到了一系列求证外物的实在感的办法，这体现出他的实践观念的萌芽。他举了看见和抓住小球的例子说，这种"看见"和"抓住"小球不仅证实一个如何的感觉内容，也证实一个如何的外物。他说，这种"证实"似乎粗疏，但是"粗疏的证实依然是证实"。他还以"那间房子里有桌子"这一命题为例说，我们一去"看"这一命题就得到了证实。他说："就知识说在本阶段的知识论上，我们根本谈不到精确复杂的证实，我们只能以经验上的实在感为依归。就经验说，以上的证实毫无问题。"②在此，金岳霖虽然没有明确提出"实践检验"这样的思想观念，但他的论证却包含有这一思想的萌芽。

于实践而言，马克思主义有过对历史的批判，将实践活动规定为劳动生产实践、社会实践和文化实践，认为劳动生产实践是最根本的实践形式。马克思主义哲学认为，用于检验认识正确性或真理性的实践应当不是人简单的、生物意义上的活动，而是客观、能动性的活动。费尔巴哈对人作生物意义上的理解，他将日常生活的基本活动当作实践，导致消极直观的反映论，马克思主义以实践的能动性对费尔巴哈进行了批判。金岳霖在此处对外物和感觉实在感的

---

① 金岳霖：《知识论》，商务印书馆，2004 年版，第 103–104 页。
② 金岳霖：《知识论》，商务印书馆，2004 年版，第 138 页。

求证，所用求证手段是简单的"看见""抓住"，容易给人以日常生活简单活动的嫌疑，难以体现实践的能动色彩。但是，我们需要说明的是，金岳霖是一个非常注重逻辑分析的哲学家，他非常重视理性的演绎能力，在他眼里逻辑分析与演绎是哲学的全部。在这里，他能从圆融思想的角度出发，提出证实问题，用人的活动去证实，说明他已经从纯粹的哲学分析中走出来了。他所讲的"看见""抓住"就不是简单的日常生活行为，而是有意识的检验行为，具有"实践检验"的意蕴。虽然我们知道金岳霖在此时没有明确的实践观念，但是研究知识论问题，需要依赖经验。对经验中的现象的验证并不是单纯靠想象、思议等可以完成的，这就隐含着他后面在适当的场合不得不求助于实践来验证，这也为他新中国成立后很自觉地接受马克思主义的实践观点做好了铺垫。就这一点而言，金岳霖的知识论与马克思主义哲学的认识论也具有一定的契合性。只不过马克思主义哲学的认识论是严格建立在实践和认识辩证统一的基础之上的，高度重视实践对认识的决定性作用，认为认识是在实践中展开的，并在实践中达到完备形态。这样而言，金岳霖所萌发的"实践检验"相比于马克思主义哲学的实践认识论无法同日而语。但是，对于一个分析哲学家，一个梦想坐在家里写公式而自然界的各现象都不能逃脱公式的哲学家而言，能有"实践检验"的思想萌芽已经非常难能可贵了。

（三）二者在概念是内容和形式的统一上具有一致性

金岳霖对"所与"的解释与马克思主义哲学中的观念是客观内容和主观形式的统一的思想具有一致性。金岳霖认为所与是客观的呈现，所与的地位是双重的：既是感觉的内容，又是感觉的对象。就内容来说，它是呈现；就对象来说，它是具有对象性的外物和外物的一部分。所与双重地位的规定是金岳霖的一大创举，较好地解决了内容和对象、内和外、主观与客观的辩证关系问题，破除了旧唯物主义通常所持的"因果说"和"代表说"，在认识论史上都具有重要意义。对于感觉与外物的关系，马克思主义哲学对于认识活动中所形成的感觉、知觉、表象，采取基于实践基础上的客观内容和主观形式相统一的手法来进行说明，指出对象的实在感首先是由实践提供的，这里的实践就是一种类似于金岳霖所说的正觉。金岳霖的所与是感觉内容和感觉对象的合一，二者统一于正觉，对外在事物的特性向知识主体的内化进行了较为合理的说明。这一思想也可以给马克思主义哲学对认识和实践中的主客体关系进行科学的解释提供参考。从某种意义上说，金岳霖的所与是感觉内容与感觉对象的合一与马克思主义哲学中的观念是客观内容与主观形式的统一表达的是同一内涵，但是金岳霖的论证更为细致，更为细腻。可见，在一些范畴的界定和论证上，其他哲学家的理论可以为马克思主义哲学提供一定的借鉴，推动马克思主义哲学形成更严谨、更完善的思想。胡伟希先生认为，"所与是客观的呈现"这一思想毕竟是唯物论的。他对感觉问题的考察比起旧唯物论者和实证论者来说，都大大前进了一步。①

（四）二者在感性认识与理性认识的辩证关系的处理上一致

金岳霖关于意念的摹状与规律相统一的思想具有丰富的辩证性，与马克思主义认识论对感性认识与理性认识的论述在学理上具有一致性。金岳霖的摹状相当于获取感性认识的过程，他的规律类似于马克思主义哲学的理性认识。金岳霖的意念论指出，知识的形成是一个得自所与还治所与的辩证过程，意念具有摹状和规律双重作用。摹状是得自所与的过程，规律是还治所与的过程，意念是摹状与规律的统一，意念既摹状又规律，推动知识者不断从外物那里获得知识，同时又不断地对外在事物进行分类管理，体现为一个双向的辩证过程。这个辩证过程体现了意念的后验性和先验性的辩证统一、知事和明理的辩证统一。金岳霖对摹状以形成意念的过程有着丰富的阐释，这实质上就是一个对所与的抽象的过程，表现为"执一以范多""执型以范实"。将摹状过程与马克思主义认识论中感性认识向理性认识的飞跃相比较，金岳霖论证得更为细致。毛泽东所说的"去粗取精、去伪存真、由此及彼、由表及里"是马克思主义认识论对感性认识向理性认识飞跃的阐述的标志性成果。金岳霖在谈及抽象时运用了习惯、记忆、想象、意志、注意、语言等众多工具，详细揭示了抽象过程中对所与的加工与处理，最终达到对事物类本质特征的把握。

综上所述，在追求客观必然性的知识上，金岳霖做到了以客观事物为求知对象，以感官对客观事物的信息的获取为基础，通过对感性材料的"收容与应付"，实现由意象向意念的质变，获得必然性的理性认识。在这个认识的过程中，特殊的、个别的事物向普遍的、共性的知识进行转变，理性的意念反过来能对特殊的、感性的事物进行归类和整理，达到了得自所与还治所与。这个过

---

① 中国社会科学院哲学研究所编：《金岳霖学术思想研究》，四川人民出版社，1987年版，第111页。

程是一个从现实世界的个体事物中提取它们的共同的本质特征，然后又返回指导现实世界的过程。这个过程是对认识的一种客观、辩证的合理揭示，超越了西方经验论认识论和唯理论认识论的局限，较好地阐释了认识的过程和机理，而且体现出明显的唯物论倾向，是知识论领域的重要突破，对马克思主义认识论也具有一定的参考和借鉴意义。虽然金岳霖没有明确的实践观念，不知道认识是一个基于实践的辩证发展的过程，但是他所作出的尝试，他所构架的知识论体系在哲学历史上具有不可磨灭的历史贡献。当然，作为一个分析哲学家，作为一名实在论哲学家，金岳霖的知识论在概念论上还有许多矛盾、不彻底和神秘的成分，需要我们加以理性的分辨和批判。

三、金岳霖概念观的缺憾

囿于实在论立场的、分析哲学的手法限制及尚未形成实践观点，金岳霖的概念论存在拘泥于静态分析、出发点狭窄、直观反映、主体地位弱化和形而上学倾向等诸多不足。

（一）存在静态分析的局限

金岳霖的意念论虽然论证了一个得自所与、还治所与的知识形成的双向辩证过程，但是他是进行了静态的分析。他把意念视作固定的认知模式，对概念的理解有些僵化，从而导致先验论和形而上学倾向。他脱离了认识基于实践基础上的动态过程。他的意念论是从一些预设的前提出发的，包括预设事物的各特性都是已知的，各个体都是虽小异而大同的。这样，他便能很顺利地利用分析的方法完成对事物呈现的抽象，从理论上看，他实施抽象所得的意念的正确性是成立的。但他脱离了对个体事物特征的反反复复、由浅入深、由片面到全面、由现象到本质的实践认识过程。他对抽象作了理想化、简单化的处理。由于本体论支撑的缘由，他在本体论中预设了"理"的存在，理是所与中固有的秩序，他将普遍性、抽象性的意念当作对理的揭示，但是没有去证实这种对应关系，而只是从理论上分析这一过程就肯定地表明意念是标识理的。他的意念的摹状、规律作用无非是将共相抽象出来，并以之作为恒定的公式去套新的所与，不能整治新的所与，就再摹状一个，因而意念总不至于没有办法抓住所与。这一切在金岳霖那里都只能在分析的前提下产生，只能在理论上成立，它能否在实践中有效在金岳霖考虑之外。金岳霖没有明确的实践的观念，实践的观念应该说还在他的视野之外，他本质上是一个纯粹的分析哲学家，一个醉心于逻辑分析、演算的哲学家。

(二)呈现出过于简单化处置意念的局限

从分析的理路出发，金岳霖对意念的把握是一次性的、静态的、终极性的。他认为意念是不变的，经过对所与的抽象所获得的意念就代表了事物之理，这类似于旧唯物主义的直观反映论，将复杂的认识过程简单化。抽象是收容与应付所与的过程，在这个过程中具体的、特殊的上升为抽象的、普遍的。但是由抽象得到的意念的抽象程度究竟如何，金岳霖没办法作出解释。而且，由意象向意念的神秘一跳之后，意念就产生了，个中缘由金岳霖也无法解释清楚，这样所获得的意念难免给人以敷衍应付之嫌，这种处理方式太过于简单和武断了。马克思主义辩证认识论告诉我们："概念作为客观现实的反映，作为标志认识发展的一定阶段和环节，其形成和发展都离不开人的认识过程，而人的一切认识活动的基础在于变革现实的实践。"①毛泽东指出："通过实践而发现真理，又通过实践而证实真理和发展真理。从感性认识而能动地发展到理性认识，又从理性认识而能动地指导实践，改造主观世界和客观世界。"②正确的认识要经过实践、认识、再实践、再认识多次的反复，才能够完成。如此"实践、认识、再实践、再认识，这种形式，循环往复以至无穷，而实践和认识之每一循环的内容，都比较地进到了高一级的程度。这就是辩证唯物论的全部认识论，这就是辩证唯物论的知行统一观。"③而且，这个活动不是单向的、一次完成的，而是一个反反复复的实践检验和逻辑论证的过程。因为出现在个体面前的都是复杂多变的现实事物，是矛盾发展变化的个体，而不是静止不变的现存物。主体只有在不断的实践活动中才能把握其更多变化的现象，掌握其发展的态势，从而把握其复杂深刻的本质，这是金岳霖的静态分析的工作所远不能至的。金岳霖后期转变了自己的思想，接受了马克思主义实践唯物主义，在《罗素哲学》中着力强调实践对认识的重要作用，修正了自己前期认识中的许多不足。

---

① 彭漪涟：《概念论》，学林出版社，1991 年版，第 143 页。
② 《毛泽东选集》(第一卷)，人民出版社，1991 年版，第 296 页。
③ 《毛泽东选集》(第一卷)，人民出版社，1991 年版，第 296-297 页。

(三)存在出发点太窄的不足

金岳霖概念论出发点的狭窄首先表现为他对常识的过分强调,将自己的知识厘定为单单关于外物的知识,从而强调意念的经验来源,抛弃了主体的心理状态对认识的影响。这样的处理影响到他在认识论上只求认识世界,而不追求认识世界和认识自己的统一。反映到意念论上就是,以为意念只为求知,而远离了对概念理想形态的追求。他只愿意谈抽象的意念,不愿意多谈意象,否定意念的社会性等,只能让他获取抽象的事体,而没法得到具体概念,无法获取具体真理。金岳霖对意念只做形式化的处理,剔除了意念丰富的情感、意志、评价等意义和意味。金岳霖认为意念只有意义,而没有意味,认为知识论只为求知,而不追求评价和审美意义,也不体现人的本质力量。金岳霖的学生冯契将他的抽象的意念发展为具体概念,认为具体概念是知、情、意的统一体,追求真、善、美和谐统一的境界。冯契指出:"概念不仅反映事物的属性,有认知意义,而且反映人的需要与事物属性之间的关系,有评价意义。"[1]冯契认为具体概念和理论思维都明显地表现出人的意向,表达一种主体选择,一种价值取向。冯契认为,事物有相对于人的需要而表现的功能,这种功能往往被看作是事物的属性,包含于概念之中。人们对概念下定义时,总是包含了这种事物所体现的满足人们需要的功能的含义。同时,冯契还指出,任何科学都追求美,都追求自身的意味和情调,高严的哲学也同样反映美,给人以"动力性质的意向",给人美的享受和追求的动力,作为其核心范畴的具体概念也是具有美的情趣和意蕴的。当然,金岳霖对意念的过于抽象、单调的处理与他所标榜的在知识论上他只求理智的理解,而不求情感的满足的态度密切相关。金岳霖认为所求的意念是抽象的、超越的,它就应该是纯粹理性的,而不应该拖泥带水。他在知识和智慧上采取划界处理的立场,使得他的意念和知识论缺乏了知识主体应该拥有的意味和情趣,不能不说是冷峻的,令人不太好接受。

(四)存在弱化知识主体地位的不足

金岳霖否认了洛克认为观念有经验和内省两个来源的说法,认为意念唯有来自经验,抛弃了洛克的内省说。他认为知识论只是关于外物的理论,内省则

---

① 冯契:《认识世界和认识自己》,华东师范大学出版社,1996年版,第169页。

要牵涉到主体的"心"，而他的知识论是要避开"心物之争"这个传统的。由此，金岳霖提出意念完全得自"所与"的理论。这种"意念得自'所与'的理论只是一种狭隘的经验主义的理论"①。它不能充分说明人类复杂的思维活动，也不能说明知觉、怀疑、信仰、推理等意念的形成，认识应该是"主体对自身及外在世界的认识。主体对于自身的表象、情感、信仰、欲望、知觉、行为、怀疑等在内的这一切，如不能有清晰的认识，那么客体也必定陷于一片混沌迷雾之中"②。原始人对自身缺乏科学的知识，决定了他们不可能对自身生活于其中的自然界形成科学的知识。因此，可以说，正是随着人类对自身内在世界认识的不断深入，我们对外在世界的理解也逐步加深。当然，我们对外在世界的深入探讨，反过来也有助于对人类自身内在世界的认识。对两个世界的认识是相互影响、相互促进的。但是两者不能互相代替或者将其归结为一个，认识世界与认识自己是内在统一的。

从根本上说，没有认识主体就不可能有认识活动，也就不可能形成客观的知识。这就充分说明了主体认识应是认识论的一个重要任务。相应地，对知识论的研究，对概念论的研究，应重视对人的探讨，对主体的复杂心理活动的探讨。对主体自身的认识，无疑是概念论的一个重要内容，但金岳霖的意念得自所与的理论恰恰忽视了这一点。可以断言，金岳霖即使能够形成关于外在世界的知识体系，这个体系也必定是残缺的，因为他的知识论的出发题材过于狭窄。

对主体自身因素的抛弃同时也使金岳霖在意念论研究上抛开了主体的情感、意志等成分。马克思主义认为，认识是一个复杂的运动过程，非理性因素渗透在感性认识中和理性认识之中。人作为认识主体，是知、情、意的统一整体，不仅有认知能力，还有情感和意志。金岳霖认定意念论只探求外在世界的知识，这导致他的知识论的狭义性。他只探求了感觉能否给予客观实在和理论思维能否把握普遍有效的规律性知识这两层知识论问题，将逻辑思维能否把握具体真理，自由人格或理想人格如何培养等这些他的学生认为属于智慧的内容抛在研究之外。冯契用广义的认识论完善了金岳霖的狭义的认识论，认为认识活动是知识和智慧的统一，是认识世界和认识自己的统一。反映到概念层面，

---

① 胡军：《道与真——金岳霖哲学思想研究》，人民出版社，2002年版，第244页。

② 胡军：《道与真——金岳霖哲学思想研究》，人民出版社，2002年版，第245-246页。

冯契指出了金岳霖抽象概念的片面性和狭隘性，用具有"理想形态"的具体概念超越了金岳霖的抽象意念。冯契指出："抽象概念是科学发展的初级阶段的概念，也就是黑格尔讲的知性逻辑的概念。而具体概念，是科学发展的高级阶段的概念，亦即黑格尔所讲的理性逻辑的概念。具体概念把握了一定领域中的知性概念的有机联系，把握了对象本质的矛盾，揭示了对象的有机整体。"①具体概念是具体真理的思维形式，它"体现了对象发展的规律性和人的目的、意愿的有机结合，体现了人的本质力量，渗透了人的情感，并且或多或少形象化地勾勒出了对象发展的图景"②。具体概念体现了主体知、情、意的统一，从而具有理想形态。而如前所述，金岳霖的意念因其抽象而超越了当下的直观，超越了特殊的时空，因而不受社会性的约束，也不打上人的意志的烙印。两相比较，我们不难发现金岳霖的意念的狭隘性，意念只有"逻各斯"的冷峻，而无关主体的需要和追求等。这也符合金岳霖自身的追求，在知识论领域他只求理智的了解，不求情感的满足，所以知识越理智越好，排除非理性的情感、意志等因素的干扰。

(五)有形而上学化的倾向

金岳霖认为意念是不变的，意念只有取舍问题，没有变与不变的情形，只有舍一意念而取另一意念的情形。他认为，意念被取被舍是一回事，变与不变是另一回事，但意念根本是不变的。他认为，任何个体都处在变更之中，所与也在变化，而意念作为一"抓住所与底办法"，其妙用应以不变治变。他认为意念不变是因为意念是抽象的、普遍的、超时空的，而变化只能发生在特殊的、具体的事物身上。我们知道，概念虽然是人们从个体事物上抽象而来，但概念并不脱离个体事物，就像前面论述共相与个体的关系一样。个体诚然随时都处在变动当中，但与个体密切相关的概念是同样变动的，是逐渐丰富起来的，人们对概念的获取也就是一个动态过程。金岳霖对意念不变的处理，是因为他认为意念代表所与中的"共相"或"理"。他对此也有明确的说法："不变的意念当然是有根据的。它底根据是共相的关联，是理。大化流行本来是有理的。"③对

---

① 冯契:《冯契文集》(第二卷)，华东师范大学出版社，2016年版，第86页。
② 彭漪涟:《概念论》，学林出版社，1991年版，第227页。
③ 金岳霖:《知识论》，商务印书馆，2004年版，第395页。

普遍性知识的追求，导致他在知识论问题上求助于本体论的支持，实际上是承认在变动不居的个体的世界后面还有一个静止的不变的理的世界。这样，他进一步试图为意念的不变性寻找本体论根据时，就陷入了形而上学。

第四节　金岳霖的真理观及与马克思主义哲学的比较

众所周知，认识以追求达到对事物本质与规律进行揭示的真理为目标，然后运用掌握的真理性认识或思想来对实践进行指导。但是，金岳霖的真理观与众不同，他认为真理以"通"为特征，非知识这种名言领域所能达到。知识所获得的概念与命题以真为目标，真理则是真命题的总结构，永远都达不到。人们在现实生活中获取知识就是要尽可能多地获取真命题。但是，对真命题的重视同样是金岳霖真理观的重要内容。下面我们来看一下金岳霖对真假的分析、对真理的界定，并将他的真理观与马克思主义哲学进行比较，探讨一下金岳霖求"通"的大写的真理是否可能。

一、金岳霖真理观的基本内涵

哲学界普遍以真理作为认识论探究的目标。真理究竟是什么？不同的哲学家的看法有分歧。分歧的产生除了由于哲学家们观察问题的角度、哲学立场不同之外，还有很重要的一个原因，在于对"真理"一词的内涵有不同的理解，而将真理等同于真命题是其共同点。但是，金岳霖在知识论领域只讨论真假问题而不论真理。他认为，命题只有真假，概念或命题的总结构才构成真理，真理反映的是概念和命题范围之外的整个客观的实在，是得不到的，它只能为知识提供求知的最基本的原动力。但是，真命题可以得到，真命题是分开来说的，是一丝一条的，是能够得到的。这种思路下，人们求知就体现为获得真命题。他说："所谓有知识就是能够断定真命题。知识少的就是能够断定的真命题少，知识多的就是能够断定的真命题多。知识论总同时是一关于真假底学说。"[①]所以，金岳霖认为知识论就是一套关于真假的学说而不是关于真理的学说。探讨金岳霖的真理观主要是从他对真假学说的评价与批判各种形式的真假评价标准

---

① 　金岳霖：《知识论》，商务印书馆，2004 年版，第 950 页。

这些方面来展开。

（一）金岳霖关于对真理和真假的界说

金岳霖认为真假与真理是不同的，真假是针对命题而言，属于名言领域。而真理是针对整个世界而言，属于超名言领域。他将世界分为形上领域和形下领域、超名言之域和名言之域，认为形上重合，形下重分。对于分能说的话，对于合也许不能说；对于合能说的话，对于分也许不能说。金岳霖认为知识论讨论的是形下的真假，是分开来说的真假。他说："平平常常的知识所发生兴趣的总是名言世界，而名言世界是能以名言去区别的世界。它所注重的不是宇宙底整体或大全，而是彼此有分别的这这那那种种等等。对于这些有所知道总是分开来有所知道，对于这些有所表示总是分开来有所表示。分开来有所表示的真假才是本书所发生兴趣的真假。这真假当然不是形上说法所论的真假。"①而在形上领域、超名言之域，注重的是合，是把握整体、大全，整体或大全是不能言说的，只能用本然陈述的方式，本然陈述非普通命题所能表述。因为，名言领域都是逻辑地说，逻辑必然牵涉到下定义，一下定义就会制约终极的普遍性。逻辑命题是表述事实的，而形上的终极根本不是事实本身。那么本然陈述是一种什么样的语言表达呢？

金岳霖认为："从对象说，本然陈述陈述元理。本人认为理的种类不一。有必然的理，此即逻辑学的对象。有固然的理，此即自然律之所表示。但是，还有本然的理，此即本然陈述或先验命题之所表示。……本然陈述之所表示既不是必然的理也不是固然的理。它既不是逻辑命题，也不是自然律。它非常之基本。它是治哲学者最后所要得到的话，也是哲学思想结构中最初所要承认的话。"②本然陈述实质上是对整个客观世界的整体、大全或形上本原进行总经验之大成而达到的综合的说辞，它不指向任何一个个体，不针对任何一件事实，但是却适用于任何个体、任何事实。金岳霖认为本然陈述是对整体、大全的最后实质进行表达，他说："从个别的事或个别的理着想，因为它无所取，它的确什么话都没有说；可是，从各事之所同，各理之所共这一方面着想，因为它无

① 金岳霖：《知识论》，商务印书馆，2004年版，第898-899页。
② 金岳霖学术基金会学术委员会编：《金岳霖文集》（第二卷），甘肃人民出版社，1995年版，第413页。

所舍，它的确什么话都说了。"①可以说，本然陈述阐释的是宇宙最根本的原理，实质上就是对宇宙整体、大全的揭示，因而是真理，不是真命题。金岳霖虽然认为真理不在知识论、名言领域发生，但是他并不否定形上世界可以有真理，本然陈述是把握形上世界的真理的根本方式。我们上面说到了本然陈述是总经验之大成，是认识世界到最后对其实质进行表述，它实质上就是一种预设，一种基于宽义经验的预设，是一种创造性的综合表述。

金岳霖区分了形上世界和形下世界，认为形下世界是名言世界，对形下世界的把握通过真命题来实现，而形上世界是超名言世界，不能用逻辑命题的真假来判断。之所以在金岳霖这里形成形上与形下、名言与超名言的区分，与西方哲学的近代认识论转向密切相关。金岳霖对"真理"和"真命题"的区分，实际上是现代西方哲学知识论所谓的"语言转向"的折射。哲学研究专注于认识论问题，本体论(形上学)被悬置起来。与此同时，知识论也在发生转向，由以主、客体关系及主体认识能力为核心问题向以语言论证进行转化。这种转向导致科学理论的逻辑结构成为知识论研究的主要对象，命题的意义和证实问题成为知识论的核心问题。受此影响和制约，金岳霖在他的《知识论》中，不仅专章论述了命题的证实和证明问题，而且明确将他的真理问题的研究定位于在对形而下的命题真假问题的探索上。哲学家脱离不了他所处的时代，自西方由康德在现象与"物自体"之间划下鸿沟开始，西方哲学按照科学主义和人本主义两条路径进行发展。较长一段时间，科学主义，尤其是逻辑实证主义笼罩一切，在哲学上拒斥形而上学，认为形上学探讨的是无意义的问题而应当加以"悬置"。哲学被纳入专注于进行枯燥逻辑分析、论证之中，失去了它关注现实、关注终极应有的活力与魅力。金岳霖有感于科学主义和人本主义所带来的二元紧张压力，采取将元学和知识论分界划疆的方式来处理。他以知识论来求得理智的理解，追求命题的真假，以形上学来满足情感、意义的需求，追求穷通，谋求真理。所以，金岳霖认为知识所在的名言领域只有命题的真假，而真理则在超名言之域的形上世界中被蕴含，需要通过长期、深刻的体验、洞察并以综合或信仰的方式才能达到。

了解了这些之后，我们不难理解在知识论当中，金岳霖只谈真假，只谈命

①　金岳霖学术基金会学术委员会编：《金岳霖文集》(第二卷)，甘肃人民出版社，1995 年版，第 413 页。

题的真假。既然我们在这里是分析金岳霖的真理观，那么自然要了解他对真理的理解。由于后文还要专门谈到他对大写的真理的论述和观点，此段仅就他在知识论上的真理观进行阐述和评价，即只就他对不同的真假说的评判和对真假的标准问题进行评析。

(二)金岳霖对各种真假学说的分析与评价

金岳霖真假学说的思想观念，是在批判性地总结了西方近代以来的各种关于典型的真理学说的基础上提出来的。"融洽说""有效说""一致说"和"符合说"是西方近代以来关于真理学说的典型代表。金岳霖对这四种真理学说都有所批判，同时也有所继承，最终采取符合说的主张而加以改进。下面我们简要地逐一介绍他对四种真理学说的批判和继承。

1. 对"融洽说"的批判

新黑格尔主义者布拉德雷是"融洽说"的典型代表，他将真理定义为融洽。他认为，真理就是对整体的把握，即对绝对的认识。他认为绝对是系统的、单一的、无所不包的经验，体现为各种局部和谐相处。所以，布拉德雷认为真理的最终目标是以概念的形式成为并占有实在，达到包容一切并成为唯一。金岳霖认为布拉德雷为代表的"融洽说"的真理观，追求真的完整性、全体性，明显不是从经验上来谈融洽，而是说命题与某一最高的理念的融洽，这个最高的理念就是所谓的绝对或大全。金岳霖认为这种关于真理的说法玄学气味太重，而"融洽说"的真理显然不属于名言世界，而是形上的真理。金岳霖不赞成在知识论领域谈论"融洽说"这种形上的真理。他说："本书既是论日常知识的书，所发生兴趣的所谓真假是命题底真。融洽说底玄学趣味重，对于本书底主旨不免扞格不通。"①"融洽说"只承认整体的、完全的真，否认局部的、部分的真，把真理看作是有程度区分的。金岳霖认为，就形下、名言之域的真而言，"命题或者真或者不真。如果它是真的，它就是真的，它不能够百分之六十或七十是真的；它不能够非常之真或不那么真，它没有程度问题"②。可见，对求整体、大全的真理的"融洽说"真理观，金岳霖是持完全批判的态度的。

---

① 金岳霖：《知识论》，商务印书馆，2004 年版，第889 页。
② 金岳霖：《知识论》，商务印书馆，2004 年版，第899 页。

2. 对"有效说"的批判

"融洽说"真理观在西方唯理论哲学中非常盛行，而与之相对应的经验论哲学则信奉"有效说"和"一致说"。"有效说"的典型代表是实用主义，典型代表是美国哲学家詹姆士。詹姆士表示，真理之所以真，就在于它有效。他认为掌握真实的思想就意味着随便到什么地方都具有极其宝贵的行动工具，真的就是有用的，有用的就是真的。金岳霖认为实用主义"有效说"真理论有降"真"为"用"的嫌疑，抹杀了"真"的普遍性、绝对性。他认为，"用"是相对于特殊事体的，没有普遍性、绝对性。把"真"和"用"联系起来，"真"总得受"用"的影响，"真"与"用"相混淆，"真"受"用"的影响，必然使"真"受制于时间。这样，"真"就成了相对性或然性的东西，因为在某一时间下为"真"，在另一时间下可能不为"真"。当然，金岳霖并不否认"真"与"用"的联系，只不过是，针对实用主义的"有效说"，金岳霖更强调"真"与"用"的区别，强调"真"的绝对性、普遍性、必然性。金岳霖对实用主义"有效说"的批判击中了其要害，而且对"真"与"用"的关系也有相对正确的理解。

金岳霖还指出了实用主义"有效说"真理观的根源，认为其产生的土壤就是人类中心主义或自我中心主义，而前面我们在剖析金岳霖的概念论时就指出过他批判了资方"唯主方式"，指出"唯主方式"实质上就是西方的人类中心主义和自我中心主义在作祟。他说："实验主义或类似的主义大致是以自我或人类为中心的，它似乎特别地注重生活，及生活中的要求和它们底满足。它注重尝试，注重试验。这试验不求之于离我或离人的实，而求之于相对于要求的有效或无效。"[1]金岳霖指出，实用主义以对人是否实际有用作为判断真假的标准就是以人类或自我为中心，"有效说似乎特别地注重用。……重用也免不了以人类为中心或以自我为中心；以这二者为中心，免不了特别地注重意志。把意志和真联系起来，真又和我们底意志相对待"[2]。这样，"顺于意志的信仰是不是真的呢？逆于意志的命题是不是假的呢？特别地注重意志也就免不了要注重选择。真假是不是相待于选择呢？"[3]金岳霖批判了实用主义将真看作是相对于人

[1] 金岳霖：《知识论》，商务印书馆，2004年版，第889页。
[2] 金岳霖：《知识论》，商务印书馆，2004年版，第890页。
[3] 金岳霖：《知识论》，商务印书馆，2004年版，第890页。

需要的一致、选择的主观随意性的处理办法，认为这样就是取消或否认真理的客观性。实际上，"有效说"非常容易导致个人主义和相对主义，导致真理问题上的客观标准被排斥，这对追求客观实在的知识和真的知识是一大障碍，金岳霖绝对不赞成"有效说"的观点，并且认为实用主义的"有效说"真理观显然是荒诞的。

3. 对"一致说"的批判

真理的"一致说"在逻辑实证主义者中非常盛行，他们继承了康德对命题作"综合"与"分析"的两分法的观点，认为综合命题来源于经验，要对事实作积极的肯定或否定，因此难免被后来的经验所推翻。分析命题都是重言式的命题，这种命题不对事实作任何肯定或否定，不与经验事实产生瓜葛，因而不存在被经验事实推翻的问题，具有永真性。在逻辑分析哲学家看来，分析命题这种永真性也就是命题之间或命题系统的"一致性"或"无矛盾性"。问题在于，综合命题或经验命题不同于分析命题，它们不是重言式的，因此"一致性"或"无矛盾性"的真假、有效与否的标准，对于经验命题来说，显然是不够的。逻辑实证主义代表人物艾耶尔是通过"约定论"来解决这一问题的。他认为经验命题与分析命题一样，都是定义的。换言之，组成自然律的语言与语言之间、概念与概念之间的关系是约定的。在艾耶尔看来，经验命题与分析命题一样，都是定义的，普遍命题既是综合的，又是必然的，是因为它们之间有合适的约定关系。因此，经验命题尽管就其正式的方法而言不同于分析命题，但是经验命题与分析命题各自的证实方式并无二致。换言之，分析命题与经验命题的证实方式是相同的。检验经验命题的标准同样是看命题是一致还是矛盾。

金岳霖对"一致说"进行批判的武器是逻辑学理论。他首先对命题之间的"一致"和"不一致"所产生的影响作了分析。他认为如果两个命题之间不一致，一般来说有两种情况：其一，如果两个不一致的命题分属于不同的系统，我们不能就其真假作出判定，也就是说我们不能说一命题为真，而另一命题为假；其二，如果两个命题虽不一致但属于同一系统，由于"它们彼此相排除，二者之中总得有所取舍才行"①，因此，它们之中如果有一命题是真的，则另一命题必

---

① 金岳霖：《知识论》，商务印书馆，2004年版，第893页。

是假的。既然不一致的命题之间有真假，那么可见，"不一致的确有坚决的影响"①。与命题之间的不一致不同，命题之间的一致并没有积极的影响或意义。因为真命题可以是一致的，但一致并不是命题为真的保证，假的命题之间也可能具有一致性，可能一致地假。把"真"与"一致"相等同，是违反形式逻辑基本规则的。

金岳霖认为，尽管逻辑实证主义者对"一致"进行了多样的论证，但他的主张是"所谓真是命题与命题底一致，而不是命题与'事实'或'实在'或'究竟'底符合"②。"一致说"撇开事实来谈命题一致与真的关系，这种一致"也没有积极的影响或意义"③。一致并不保障命题为真，命题还是可以一致地假，尤其是对综合命题来说，因为它们在逻辑上的关系不靠它们的真或假。既然真的命题固然一致，假的命题也可以一致，那么逻辑实证主义者将一致与真等同起来的做法是错误的。金岳霖指出，"一致说"实质上是实证主义者绕开经验命题与"实在"是否相符合的论证困难而采取的应对之策。逻辑实证主义者认为，实在既然是感觉经验无法达到的，那么最好采取不牵扯到实在的办法来讨论真理问题。在命题的证实上，尽管逻辑实证主义者仍然标榜经验证实的原则，但他们的确证却是经验的可证实性，是一种逻辑的可能性。石里克说："可证实性是意义的充足而必要的条件，是一种逻辑上的可能性，是按照那些给句子中语词下定义的规则构造句子时创造出来的。"④这样，经验命题的真假就被归结为是否符合逻辑规则和语法规则。所谓真命题，就是符合句法规则的陈述；假命题，就是不符合句法规则的陈述。卡尔那普断言："如果语法句法准确地符合逻辑句法，假陈述就不会产生了。"⑤金岳霖认为逻辑实证主义者觉得"客观的实在问题麻烦"，用"所谓真最好不牵扯到实在"来逃避，可是"不牵扯到实在的真虽有便利的地方，然而仍逃不了难于立说底困难"⑥。可见，金岳霖虽然受逻辑实证主义、分析哲学的影响，但是在真的问题上，让他认同脱离客观实在的外物，脱离经验事实，是强他之所难。他所追求的知识是揭示外在事物的知

---

① 金岳霖：《知识论》，商务印书馆，2004年版，第893页。

② 金岳霖：《知识论》，商务印书馆，2004年版，第892页。

③ 金岳霖：《知识论》，商务印书馆，2004年版，第893页。

④ 洪谦主编：《逻辑经验主义》（上卷），商务印书馆，1982年版，第49页。

⑤ 洪谦主编：《逻辑经验主义》（上卷），商务印书馆，1982年版，第22页。

⑥ 金岳霖：《知识论》，商务印书馆，2004年版，第892页。

识，他所追求的真是向外求索的真。因此，"一致说"将真的问题转向单纯求助于逻辑法则，金岳霖是不能接受和认同的。

4.对"符合说"的批判与继承

"符合说"的起源历史相对比较长，但自近代以来，却逐渐被其他几种真理学说所取代。个中原因在于，西方传统的"符合说"所谓的符合实质上是一种照像式的符合。金岳霖对这种照像式的"符合说"提出了批判，认为"符合"一样要用命题来说明事实，命题是普遍的，而事实则是特殊的，命题既然是普遍的，它就绝不是照像式的。世界上没有照像式的命题。正因为旧的"符合说"将符合理解为照像式的符合，它遭到来自持其他不同的真理观的人的各种批判与责难。金岳霖说："假如符合是照像式的符合，当然有照片和底本彼此对照底问题。要在实际上或行动上彼此对照，最基本的条件就是要照片和底本或原物同在经验中。这一条件不满足，对照根本不可能；对照既不可能，符合与否无从知道。"①金岳霖指出，就真假说，原物或底本就是事实或实在。"问题是'事实'或'实在'和命题是不是同样地或平行地在经验中。如果它们是的，则二者都在主或都在人，不在客或不在物，而符合只是主或人方面的情形，或者说只是我们这一方面的情形。如果'事实'与命题不是同样的或平行地在经验中，这就是说，命题在'内'，'事实'在外；那么我们怎样知道在'内'的命题和在'外'的'事实'符合不符合呢？我们没有法子把它们对照，因为相当于原物或底本的'事实'是在'外'的。"②显然，假如说坚持符合是一种照像式的符合，那么"符合说"的确有以上所说的这种理论上的困难。这些困难无法解决，这也是为什么近代以后人们逐渐转而提倡"一致说""有效说"或"融洽说"。

但是金岳霖认为"符合说"作为一种关于真假的学说，依然应该被接受。他说："本书认为符合说不容易放弃，而在本书底立场上说，不应放弃。"③他认为理由有二：第一，"符合说"建立的基础是常识。前文提及，金岳霖的知识论的出发点是常识。从常识出发，就要承认常识中包含知识，常识就是知识的大本营。他说："常识底任何部分都是可以批评的，一大部分也许是可以放弃的，但

① 金岳霖：《知识论》，商务印书馆，2004年版，第894页。
② 金岳霖：《知识论》，商务印书馆，2004年版，第894-895页。
③ 金岳霖：《知识论》，商务印书馆，2004年版，第895页。

是它决不是可以完全推翻的。常识完全推翻,任何学问都无从开始。"①他认为哲学(包括知识论)不能抛开常识,尤其不能抛开最基本的常识。哲学家可以或者需要修改常识中的部分知识,但仍然要承认常识,因为常识是科学知识或者哲学知识的最原始的基础。这样,哲学家们用来修改部分常识的依据还是常识。而按照"符合说"关于真假的定义,真就是命题和事实或实在相符合。在金岳霖看来,这种说法最接近常识,是一种最普通的,也是最原始的真假说法。

第二,金岳霖认为,"符合说"作为最原始的真假说法,无论是在缺乏足够丰富的思想和发达的工具的时候对真假作出判断,还是在思想丰富和工具发达之后形成的各种真假判断学说,都必须根据"符合说"。他特别指出,那些持"有效说"或"一致说"的人,虽然明面上放弃或者指责"符合说",暗地仍是以符合作为真假的标准。他说:"大致说来,一个人不至于承认他自己没有放弃的主张是'假'的,或无所谓'真或假'的。在某一层次上,一个人也许放弃符合说,可是在另一层次上,无形之中,他也许又回到符合说。理论上他不必如此,事实上他不容易不如此。"②金岳霖指出批判"符合说"的其他学说容不下符合,但却在不时地"偷运"符合这一工具,这实质上说明符合是知识为真的充分必要条件,舍弃符合则知识的真无从讨论下去。这点非常类似西方唯理论哲学家,他们鄙视经验,但是为了建立"自明"的演绎前提,又不得不启用经验,但是他们内心不愿意承认这些"自明"的前提就是长期的经验的总结。

可见,金岳霖之所以赞成"符合说",在于他的实在主义的根本立场。从客观实在的立场出发,他必须承认外在世界的客观实在。他要建立起知识,就必须借助命题来对外界进行陈述或断定,命题的真假取决于其是否符合客观外在的世界或事物;知识者只能追求自己的命题与客观实在情形相符,不能强求客观实在来迎合自己的命题。他认为命题与客观实在相符是一一对应的相符,认为命题的真即命题与实在相符。他说:"一命题与它所断定的实在符合就是一命题有它底相应的实在,而该命题底命题图案有和它一一相应的实在。"③他分别用普遍命题、特殊命题和历史总结三个方面来论证命题与实在相符合的情形。他说:"普遍命题底相应的实在是固然的理,它底真是和固然的理符合;就

---

① 金岳霖:《知识论》,商务印书馆,2004 年版,第 896 页。

② 金岳霖:《知识论》,商务印书馆,2004 年版,第 895−896 页。

③ 金岳霖:《知识论》,商务印书馆,2004 年版,第 917 页。

我们底经验说，它直接地和某一固然的理之下的事实符合，它是可以证实的；它间接地和固然的理符合，它是可以证明的。真的特殊的命题和它所断定的事实符合；任何一件事实都在一事实网中，而它本身也是许多事实结合起来的结构；特殊命题和特殊事实底符合牵扯到一事实网中有相应于一命题的事实，而该事实本身底结构相应于该命题底分析。真的历史总结和一限于时或地的普通情形相符合。这里的符合情形复杂，一方面它牵扯到限于某一时或某一地的许多的同样的特殊事实，另一方面又不牵扯到固然的理；可是，情形虽复杂，而所谓符合仍然一样。"①

可见，金岳霖之所以认为"符合说"正确，根本点在于他是以承认客观实在为前提的。而"有效说""一致说"之所以反对"符合说"，根本上是由它们"唯主方式"的出发点所致，在在我、在内的命题与在客、在外的事实之间设置了鸿沟。金岳霖驳斥说，"符合说"前提下，事实在客、在外，命题在我、在内。如果事实与命题一样同时在我、在内，而不是在客、在外，则两者的关系是融洽或一致，根本不需要谈符合。那么符合究竟该怎样进行呢？金岳霖认为，抛弃"唯主方式"，从承认客观实在和"正觉"出发，正觉所得到的"所与"是客观的呈现，意念接受所与构成事实。作为客观的呈现，所与是在客、在外的；对所与收容与应付的意念是在我、在内的。所与的在客、在外对应着事实，所与的在我、在内对应着意念及其展开的命题。所以，命题与事实之间以正觉基础上的所与为中介连通着，它们之间没有鸿沟，命题可以与事实或实在符合。相反，假如我们采取"唯主方式"，"只从官觉内容出发，根本得不到货真价实的对象，我们虽可以在内容中建立客观的对象或事实，然而所建立的对象或事实仍只是内容而已。在此情形下，客观的事实老在我们的经验范围之外，命题过不去，事实过不来，命题与事实之间当然有不可渡过的鸿沟"②。他认为，产生鸿沟是"唯主方式"这种出发方式自身带来的困难，不是"符合说"本身的困难。他说："有效说是求之于主的说法，一致说也是。"③因为"有效说"和"一致说"都是从"唯主方式"出发的，发现用自身在我、在内的命题无法揭示在客、在外的事实，所以在难以在内外主客之间求得真的情形之下，转而舍弃向客、向外

---

① 金岳霖：《知识论》，商务印书馆，2004 年版，第 917 页。

② 胡伟希：《金岳霖哲学思想》，湖北人民出版社，1994 年版，第 315-316 页。

③ 金岳霖：《知识论》，商务印书馆，2004 年版，第 892 页。

求真,而只向我、向内求真。

这样,金岳霖对"融洽说""有效说"和"一致说"都进行了点评和批判,也指出了"符合说"的缺陷。他认为"符合说"之所以正确,最根本的一条是它以承认客观事实为前提。而"有效说"与"一致说"的错误在于它们的"唯主方式"出发点的错误,舍弃了客观实在,找不到真正的外物。对于"融洽说",他认为其形上的气味太浓,不符合他在知识论上讨论真假的风格。但是金岳霖对以上四种真理学说都予以承认,当然他最根本的是承认"符合说",同时将融洽、有效和一致都当作符合的标准。下面,我们来看看他关于真假的标准的观点。

(三)关于真假的标准

金岳霖在真假问题上坚持"符合说",但认为对于真假的标准,仅凭符合还不够。"符合本身不一定是一下子就可以经验得到的,要经验到符合,我们也许要利用许多标准,融洽有效和一致都是符合底标准,当然也是真底标准。"[①]这表明,融洽、有效和一致都被金岳霖当成是符合的标准,作为辅助性的标准。

对于融洽作为真假的标准而不是定义,它是被当作是普通的融洽。金岳霖说:"本段所论的融洽不是申引到极端的融洽,它是形下的,不是形上的;它是平平常常的,不是特别的;它是在一时一地的,不是整个的超时空的;它是日常生活所能经验得到的,不是一定要在经验之大成中才能有的。"[②]融洽与否只是一时一地感觉上的标准。比如,两个人在太阳底下辩论,都感觉到热起来了,于是都说"进去吧,外面太热",这就是融洽,即命题与所感觉到的事实相符合。但是,金岳霖是将融洽视作命题为真的必要条件,意味着融洽这一条件虽满足,但命题不必就真。融洽作为感觉上一时一地的标准,无疑带有很强的主观性。因此,他还必须寻找和选择别的条件和标准。金岳霖认为有效和一致是他所需要的另外两个标准。

把有效视为符合的标准,是金岳霖基于有些命题"没有当断定时的融洽问题"而提出来的,这些命题被金岳霖称为"假设"。金岳霖以普遍的假设、限于时地的普通假设和特殊假设对这些命题进行了区分。这些假设的命题所对应的

---

① 金岳霖:《知识论》,商务印书馆,2004 年版,第 918 页。

② 金岳霖:《知识论》,商务印书馆,2004 年版,第 918 页。

事实不在当下，即使断定这些命题为真，可没有事实保证它们的确为真。因为假设的命题所断定的实际情形还没有到来，或者说还没发生、属于将来，所以命题与实际情形是否融洽是无法断定的。金岳霖说："断定者也许有在假设之下所应有的行为或思想。如果这行为没有事实上的障碍，或思想没有不一致的情形，这假设就暂时地或局部地有效。"①可见，金岳霖对一致的情形考察得很细腻，指出一致只能是真的必要条件，而不能构成充分条件。

有效作为标准也是限于时地的，也是真的必要条件。金岳霖说："命题虽可以单独地提出或单独地断定，然而它决不能单独地有。一命题总牵扯到别的命题，它总逃不了它和别的命题底关系。"②所以，命题之间的一致就必须好好考虑，一致作为标准就是非常明显的。金岳霖认为："所谓一致就是多数命题底彼此无矛盾。"③他从宽义和狭义两个方面对一致进行了区分，指出"宽义的一致是命题（多数）底无矛盾，狭义的一致是相干的命题底无矛盾"④。金岳霖认为，作为标准意义上的一致，只能是狭义的一致。狭义的一致作为标准，区别于融洽、有效这两种标准。首先，融洽检验命题与对象在感觉上是否融洽，有效检验命题表述在行为、动作或结果上是否有效，二者所涉及的是命题与命题范围之外的对象是否融洽或者命题在命题范围之外的使用中是否有效，而一致则只是就命题与命题之间的关系而言的。其次，融洽、有效作为标准，都是与一时一地的实际情形相对的，是一时一地的感觉上的标准，但一致则不是。因为一致所涉及的只是命题，"命题总是样型；命题显现虽在时间中出现，而命题不在时间中演变"⑤。所以，一致不相对于一时一地。最后，融洽与有效都随知识的进步而有"后来居上"情形，但"一致不然，它是样型，它不在时间演变中，它没有后来居上的情形"⑥。因为金岳霖认识到，命题可以一致地真、假。因而，一致作为命题真的标准的前提是有已知的真命题，可是这样的真命题的检验不能用一致标准来判定。可见，一致也不是命题真的充分条件，而只是必要条件。现在已经列举完融洽、有效和一致三个标准，但都是命题为真的必要

---

① 金岳霖：《知识论》，商务印书馆，2004 年版，第 925 页。
② 金岳霖：《知识论》，商务印书馆，2004 年版，第 927-928 页。
③ 金岳霖：《知识论》，商务印书馆，2004 年版，第 928 页。
④ 金岳霖：《知识论》，商务印书馆，2004 年版，第 928 页。
⑤ 金岳霖：《知识论》，商务印书馆，2004 年版，第 930 页。
⑥ 金岳霖：《知识论》，商务印书馆，2004 年版，第 930 页。

条件，那么充分条件在哪里呢？金岳霖认为，三个标准都是符合在经验上的分析成分，其中任何一个标准都是必要的，但没有一个标准是充分的。

虽然上述金岳霖将融洽、有效和一致这三个标准看作是命题为真的必要条件，也是符合的必要条件，但是他认为这三个标准合起来则构成符合的充分条件。那么，这三者合起来能否保证真命题为真呢？金岳霖认为这还需要区分"符合"与"符合感"。符合感是对判断者说的，符合是对事实而说的。因为它的融洽、有效和一致都是感觉到的融洽、有效和一致，仍不能断定是否是实际上的融洽、有效和一致。于是，问题变为符合感与符合能否一致，亦即"对"与"真"能否合一和如何合一。为解决符合感与符合是否一致的问题，金岳霖又引入了"超标准时空化"，即"后来居上"。"后来居上"就是用后来的融洽、有效和一致去检验和校正以前的融洽、有效和一致，即以纵的时间为标准时间。用纵的时间为标准时间是因为知识在进步，真的命题的数目在增加，导致出现在思议中的有效和融洽的数目肯定也增加。命题数目的增加和一致感密切相关，一致感随融洽和有效的命题数目的增加成正比例关系，而一致感本身是超时空的，愈接近一致的一致感愈超时空化，符合感也就愈强。

金岳霖的真的标准理论虽然很啰唆，且缺乏可操作性和检验性，但是，他对真理问题的探索，对真理相关问题的探索之深刻也是前所未有的。因此，我们认为金岳霖的真理观具有重要的启发意义，可以构成中国现代哲学在真理问题上探讨的一个重要环节。

二、金岳霖的真理观与马克思主义哲学的比较

（一）马克思主义哲学的真理观的基本内容

马克思主义哲学立足辩证唯物主义和历史唯物主义，突出实践在认识中的作用，建立起实践和认识辩证统一的真理观。马克思主义真理观认为，真理的取得建立在主体实践的基础之上，是主体对客体的本质和规律的揭示。真理属于思想意识的主观范畴，但真理包含客观内容，是客观内容和主观形式的统一。

马克思主义真理观认为真理的客观性在于它有着不依赖主体的客观内容。真理虽然是主观形态的，以概念、判断、推理、知识、理论等主观形式作为表现，但这些主观形式的东西之所以能够成为真理，根本原因不在于这些形

式，而在于它们的客观内容。人们可以用不同的主观形式来反映与表达这些客观内容，但这些客观内容并不随之而改变。科学的理论之所以是真理，根本之处在于其揭示了客观存在及其运动的真实情况，达到了与客观实际相符合。可见，马克思主义哲学也是坚持符合论的。这种符合所指向的对象是客观存在的事物，客观事物的客观性决定了真理的客观性。决定真理客观性的另一个要素是真理检验标准的实践具有客观性，主体在实践的基础上揭示、检验真理。实践是客观的人作为主体，运用客观的工具、手段等客观物质力量，对客观的事物进行改造从而获取对事物的本质或规律的认识的过程。实践是客观的，以实践为基础的真理性认识具有客观性。

客观性的真理还包含绝对性和相对性，是二者的统一。"真理的绝对性是指真理主客观统一的确定性和发展的无限性。"①任何真理都体现为主客观具体的统一，都是主观向客观无限地逼近。就人类的本性来说，能够认识无限发展的世界。真理的相对性是指人们对世界的把握是具体的、近似的，真理是有条件的、有限的，表现为：在认识的广度上是有限的，只能对无限世界中的一部分或一些局部的事物进行概括和总结，无法涵盖所有的全体的事物；在认识的深度上也是有限的，只是对事物的一定方面、一定程度和水平上达到符合，这意味着真理性的认识总是可以再发展的，认识有待深化。真理的绝对性和相对性是每一客观真理都必然具有的普遍特征，即任何真理既是绝对的，又是相对的。只承认真理的绝对性而否定相对性就会犯绝对主义的错误，而单纯承认真理的相对性却否定绝对性就会犯相对主义的错误。绝对主义只承认真理的绝对性而否定真理具有相对性，认为真理既然具有绝对性，就是一劳永逸的，是牢不可破的，是不可超越的，这样就会导致认识上的自我封闭、自我僵化，同时会犯唯理论、教条主义的错误，从而钳制思想的发展，导致思想的闭环，阻止思想前进和发展的道路，是专制、独裁的思想根源。相对主义片面夸大真理的相对性，否定真理的绝对性，认为没有哪种认识可以达到与事物的完全相符，认识都只能是近似的，没有确定性，从而否定真理的客观性及统一标准，容易发展成为主观主义和诡辩论，模糊真理与谬误的界限，最终导致自我中心论和唯意志论，在现实生活中表现为无政府主义。

确立实践作为检验认识真理性的唯一标准是基于真理的本性和实践的特点

---

① 本书编写组：《马克思主义基本原理》，高等教育出版社，2023年版，第95页。

这两重因素。主观与客观相符不相符是真理作为哲学范畴的标志，真理事关主观与客观两方面，必须在主观方面与客观方面的关系中来判定二者是否相符，任何单方面都无力解决二者相符与否问题。俗话说，一个巴掌打不响。如果单纯在主观领域兜圈子，那么无论主观论证得多严密、细致、精准，但主观单方面说了不算。而客观不可能跳出来说主观是符合自己的。唯一的手段是找到将主观与客观联系起来的桥梁和纽带，即以实践来检验认识的真理性。而实践就是以主观思维意识为指导去改造客观事物的现实活动，具有客观现实性的特点。在实践检验过程中，达到预期目标，说明认识基本上是对的，是与客观对象相符合的；事与愿违，说明认识基本上是不对的，与客观对象是不相符的。实践的直接现实性的特征使得它能对认识的真理性进行检验。

建立在实践基础上的认识论与以实践作为检验认识真理性的标准，能够保证真理的客观性，但无法保证真理的全面性。由于人类在实践和认识能力上具有时代性、个体的局限性，人们在实践基础上产生的认识可能会存在不足和偏差，导致谬误的出现。真理与谬误有原则界限，但同时总是相伴而生，相比较而存在，相斗争而发展。由于实践的限制，人类认识能力的限制，客观事物本身的限制，以实践为基础并进行检验的真理是具体的，是随实践的发展而发展的。真理的具体性体现出真理的全面性。"具体之所以具体，因为它是许多规定的综合，因而是多样性的统一。"①列宁也说："观念还需要其他的现实，这些现实同样地表现为独立自在的；只是在它们的总和中以及在它们的相互关系中概念才会实现。"②作为对客观事物本质与规律的反映的真理，面对的是作为整体而存在的客观事物。事物本身的多样规定性，要求对它的认识须从总体上把握其各方面的本质，这样才能真正把握住事物的本质与规律。这就要求对事物的认识在经历感性认识并上升到理性认识后，还需要在对事物各方面进行抽象的基础上，以整体的、全面的视角在思维中进行理性具体的再现，这种理性具体是对各方面抽象的再升级，达到的是对客观事物的全面的把握，因而真理是全面的。真理总是阶段性的，它不是认识的终极，将随着人类的实践而不断得

---

① 中共中央马克思恩格斯列宁斯大林著作编译局编译：《马克思恩格斯选集》（第二卷），人民出版社，2012年版，第701页。

② 中共中央马克思恩格斯列宁斯大林著作编译局编译：《列宁全集》（第五十五卷），人民出版社，1990年版，第166页。

到修正、充实和完善，追求自身的不断完满，表现为一个过程。恩格斯曾说，绝对真理只能在全人类不断前进的探究中才能获得，每一代人、每一个人只能获得相对真理。相对真理不断向着完美发展，体现为真理不断上升的过程。人们在"静态"和"动态"的统一中来把握对象的本质。客观世界的一切事物和现象都是静态和动态的统一，因而，人们对真理的认识和把握总有一个历史过程，并在人们的社会实践活动中不断丰富和发展。真理没有"顶峰论"和"过时论"。无论自然科学，还是社会科学，就其所揭示的客观真理而言，都是"历史过程"。[①] 真理的全面性和过程性都展示了真理是一个开放的知识体系，对真理需要始终保持批判和分析的态度，保持与时俱进的品格。

(二)金岳霖的真理观与马克思主义哲学的简单比较

金岳霖虽然将真理安置在本体、超验上来考察，把真理当作智慧问题来对待，但并不代表他否定在认识过程中能够达到对事物本质与规律的把握。他将理分为必然的理、固然的理。必然的理是逻辑上的理，逻辑也是客观规律。固然的理是现实世界的理，真命题实际上代表的是固然的理。所以，在认识领域，真理仍然是有对象的，认识追求固然的理，用真命题表示。这说明，在金岳霖这里，认识的目标不是悬空的。只不过，金岳霖是一个分析哲学家，他所设置的固然的理是静止的，不像马克思主义的真理是绝对性和相对性的统一，真理是具体的、动态的。在金岳霖的理论下，对固然的理的揭示是一次完成的，没有一个基于实践的反反复复的过程。因为他没有实践观点，他的理论是纯粹分析的理论。所以，对比之下，马克思主义真理观突出实践的基础性作用和检验标准的作用，显示出巨大的优势、动感和开放性。

金岳霖讨论了真假的程度问题，认为真假是没有程度之分的，命题要么是真的，要么是假的，不存在百分之六十或百分之七十是真，而其他部分是假。这种对真假程度的界定，同样是基于分析而来，是静态所导致的。因为金岳霖认为真假没有程度之分，这样在认识过程中就只有对错之分。可是，我们知道，认识一个事物或一类事物，伴随着认识的展开，获得的对事物的认识在增加，把握事物的内在本质和规律的成分在提升，认识总在对与错中展开，在对的成分和错的成分的此消彼长中进展。金岳霖的真假没有程度之分的说法考察

---

① 商孝才：《马克思主义真理论》，《聊城大学学报(社会科学版)》，2020年第1期，第88-94页。

的是认识结果的真假，而不是认识过程中的真假，这实际上是对认识过程中对与错矛盾辩证统一的否定。金岳霖的此种观点否定了真理的绝对性和相对性的辩证统一，也否定了通过不断纠正谬误而达到真理的途径，但此观点反对混淆真理与谬误，指出真理与谬误有原则界限。不过，确定真与假的原则界限还只是单纯抽象的处理方式，把真与假的区别运用到实际的知识发展过程中去考察才是客观辩证的态度。所以，以分析哲学的视角或立场来讨论真理问题必然导致对真理的抽象化理解。

童世骏这样评价金岳霖的真假没有程度问题的观点："辩证唯物主义讲的真理既具有绝对性又具有相对性，其中的'绝对性'就是指真理同对象是符合的，而不是不符符的，但真理的这种绝对性并不因为它同时还有相对性的一面而消失。因为，这两者并没有一个否定另一个的关系，而是在真理发展过程中呈现出来的不同方面：某一阶段上获得的真理被下一阶段获得的真理既超越又包括，就其被超越而言，它具有相对性，就其被包括而言，它具有绝对性，两者是同一个真理在真理发展过程中与下一阶段真理所处关系的两个侧面。不管这种发展的具体情形如何，真理之为真理和谬误之为谬误的界限是明确的，它们不能互相包含，因此也不能根据这种互相包含的比例不同来区别真假的程度不同。"①从童世骏的这段评价来看，金岳霖的真假没有程度问题的观点存在着较多的错误。首先，金岳霖是纯粹分析的手法，剥离了认识的具体过程，活生生的认识过程被抽象化、僵死化了。其次，金岳霖否定了认识过程中对和错、全面和片面、部分和整体、现在和未来等一系列辩证关系，是形而上学的处置。最后，金岳霖的这一观点将真理问题导向唯理论，因为真确认了之后便不可更改，就一劳永逸，就可以视作普遍结论加以引用。尽管金岳霖可能不这么认为，但是他的真假没有程度之分还是缺乏足够的思考。当然，他是一个分析哲学家，就他的方法而言，本身就会引发这样的结果。所以，以实践为基础，对认识过程作动态考察，把真理的获取视作一个有机发展的过程，是获取真理并形成正确的真理观的必然选择。

三、大写的真理是否可能

金岳霖对罗素的知识论下过定论，认为罗素得不到真正的"共同"，得不到

---

① 中国社会科学院哲学研究所编：《金岳霖学术思想研究》，四川人民出版社，1987年版，第144页。

具体的外物，因为罗素没有统摄全部哲学的玄学(元学)。不难发现，金岳霖在哲学观上有一个总的立场，那就是以本体论支撑知识论，或者说以元学统摄知识论。他认识到西方近代知识论勃兴是以悬置或牺牲本体论为代价的，由于缺乏对存在本体的关注，只能形成分门别类的知识性科学，无法产生对宇宙的总体、大全的认识，致使在知识上也难以贯通。为此，他强调哲学当以求通为目标，不能单纯地求真。求通则要求包括本体论、知识论、逻辑学、美学等在内的所有哲学分支趋于一致，而它们一致的基础则是玄学或形上学。他在对西方"唯主方式"及罗素的知识论进行批判之后总结道："总而言之，知识论是哲学底一部门，知识论这一小范围是哲学这一大范围底一部分；小范围即令一致也不必就是大范围底一致。与大范围不一致的知识论，即令在它本范围之内一致也不能给我们以真正感，而知识论者之所要求，不但是通而且是真。"①具体到知识论与元学的关系，那就得以元学统摄知识论，以元学为知识论提供本体支撑。他虽然在知识论和元学之间划界，但是内心还是以求通为目标，致力于建立一个可以支撑知识论体系的元学思想体系。

金岳霖认为在知识论上只是求真命题，而真理是真命题的总结构或总图案。真理以通为目标，真理在超验的智慧之域。所以，问题就转到大写的真理(truth)究竟是什么，该如何来对待，大写的真理是否是可能的。既然金岳霖认为在知识论或者说认识论上只为求真，而真理则放在本体论上来探求，那么我们要从他的本体论元学中来考察一下真理是如何安排的，是否可以实现。

金岳霖说"太极近式而非式"，因为有"无无能的式"，能必然不能离开式，哪怕是非常多的可能中没有能，能必然还会停留在某一个可能之中。而"式是析取地无所不包的可能"，式是可能按析取的方式的组合，是所有可能的集合体。因为能总要在某一可能中安顿，所以总是有可能中会有能，太极就是指有少量个体的可能(当然这个可能不是指人类，按照金岳霖的想法，人类恐怕早已被淘汰了——笔者注)。太极虽然还包含着容纳了能的可能，但是太极与式基本上可以画等号。而式在金岳霖笔下就是指逻辑，金岳霖作为逻辑本位主义者，苦心孤诣地设置了一个逻辑的世界，而且是理想化的世界。可见，对逻辑的无上推崇，使金岳霖偏离了道演的真正洪流，无法对世界作出合乎人意的阐释。但是这个清洁阔静的式的世界因为没有人类的存在而显得非常苍凉，没有

---

① 金岳霖:《知识论》，商务印书馆，2004年版，第98页。

生气,对人类而言只能是虚幻。金岳霖曾经仰慕苏格拉底式的哲学家,布道、体道、悟道、践行道,可是因为逻辑构造和演绎分析的需要,他的太极已经残酷地剥离了现实之道。逻辑实证主义、分析哲学的流风所至,金岳霖最终没能逃脱。

问题的关键是不要被逻辑所羁绊,而应该回归本真生活,在生活、实践中来实现对道——真理的把握。马克思主义哲学立足实践,以实践深化与检验认识,最终形成真理性认识。在真理性认识的不断融合中实现人从必然王国向自由王国的转化,达成自由王国就通达了世界的一切,能够从容应付天下万事万物,达成对大道的把握。通过现实的生活实践来体认大道,并在超越现实生活中获取大道,又返回接受现实生活实践的检验,这样获取的大道是真实的大道,即真理。恩格斯指出人类的思维具有至上性,是至上性和非至上性的统一,相应地,人类的实践能力也是至上性和非至上性的统一。就至上性而言,证明人类能够把握真理。而非至上性的每一次进步和发展都是为至上性做准备,都是在向着至上性逼近,人类的不断成长和进步,个人的不断成长和进步,成就人的思维和实践的至上性。人类在现实的生活中能够练就思维和实践的至上性,因而能够找到现实的大道。这种大道源于人的生活,在人的生活中载现,是真实的真理。

综上,金岳霖的真理观以客观外在事物为内容,坚持符合论的反映论原则,有着正确的立场和方向,与马克思主义真理观是一致的。他认为真理应当是通,而不仅仅是真,这与马克思主义哲学坚持真理的全面性在思路上相近。但是,金岳霖的真理观有明显的绝对主义取向。他只承认真理的绝对性,只注重真理的结果,真理的相对性、真理的过程性在他的视野之外,其真理观具有一定的形而上学性。马克思主义哲学坚持真理是绝对性和相对性的统一,认为真理是具体的,真理是过程,在真理观上贯彻辩证法。金岳霖将真的检验标准界定在融洽、有效和一致基础上的符合上,注重的是形式上的检验,与马克思主义哲学以客观能动的实践作为检验标准相比,具有明显的理性主义痕迹,偏离了实在主义的基本立场。

第二章

金岳霖在新中国成立后的哲学思想评析

从 20 世纪 50 年代起，金岳霖放弃了自己过去的新实在论观点，转而接受辩证唯物主义。他认为自己哲学立场和思想转变的根本原因是亲眼所见中国共产党领导中国革命所带来的国家翻天覆地的变化，是这些变化激励他参加了大量的社会实践活动，使他不再沉醉于纯粹书斋式的学问。他开始系统学习和研读马克思主义哲学，并在自觉接受辩证唯物主义的基础上对自己以往的哲学进行激烈的批判。金岳霖在新中国成立后形成的哲学思想中仍然有许多闪光点。他对马克思主义哲学的运用也颇有水平，他对自己的哲学所进行的马克思主义改造也值得我们深刻学习和领悟。怀着一种客观公允的态度，我们有必要对金岳霖后期哲学思想进行分析、研究，了解他后期哲学的可取之处并判断他的马克思主义哲学水平及对推进马克思主义哲学发展的作用与价值。

遗憾的是，学界对金岳霖在新中国成立后的哲学思想的形成的研究并不多见，在这里有必要做一下研究状态的述评。金岳霖在新中国成立后的哲学专著是《罗素哲学》，另外则主要是一些对自己新中国成立前的哲学思想进行批判的文章，考察金岳霖在新中国成立后的哲学思想当以《罗素哲学》作为主体。虽然学界从 20 世纪 80 至 90 年代开始就较大规模地对金岳霖哲学思想展开研究，但是从研究的成果来看，主要集中在金岳霖在新中国成立前的本体论、认识论和逻辑哲学上，而对金岳霖在中华人民共和国成立后的哲学史专著——《罗素哲学》的研究却非常罕见。究其缘由，学界普遍认为金岳霖的思想精华集中在其于新中国成立前所创立的本体论和认识论两大思想体系上，也表现在金岳霖对逻辑学的引入和相应创见上，学界普遍认为金岳霖后期对罗素哲学的批判并没有多少理论建树。此外，学界普遍认为金岳霖后期的哲学思想严重受到了当时国内"左"政治风气的影响，金岳霖很多对自我哲学思想的批判是政治性质的批判，而不是学术的批判，充满了浓厚的意识形态色彩，难以客观评析。因此，学界对金岳霖在新中国成立后的哲学思想进行研究的比较少。可见，学界对金岳霖哲学思想的研究偏向于原创性、体系性贡献，而忽略对其一些具体哲学问题和环节上的关注，显得不够公正。金岳霖的思想应当完整地得到客观、公允的评价，所以其在中华人民共和国成立后的哲学思想也应当受到足够的关注。

从已经形成的学术研究成果来看，只有胡伟希著的《金岳霖哲学思想》（湖北人民出版社 1994 年出版）、胡军著的《道与真——金岳霖哲学思想研究》（人民出版社 2002 年出版）和刘培育主编的《金岳霖思想研究》（中国社会科学出版社 2004 年出版）这三部著作包含对《罗素哲学》的介绍和评价。在中国知网上以"金岳霖《罗素哲学》"为题检索不到论文，以"后期金岳霖"为题只搜索到华东师范大学郁振华的《后期金岳霖认识论思想研究》和南京大学张建军的《论后期金岳霖的逻辑真理观——金岳霖后期逻辑哲学思想探析之一》这两篇文章。从上述对金岳霖的《罗素哲学》研究所形成的成果来看，胡伟希述评了金岳霖对罗素"共相理论"和"存在论"的批判等思想内容，胡军述评了金岳霖以辩证法批判逻辑分析方法和对罗素认识论的批判这两方面的内容，刘培育主编的著作则通过对《罗素哲学》的重要章节逐一加以点评的方式来展开。以上这些专著对《罗素哲学》的评价侧重于凸显金岳霖对马克思主义哲学的接受和运用，至于金岳霖在《罗素哲学》中所表现出来的马克思主义哲学水平则没有被给予足够的关注，更没有将金岳霖在新中国成立后的哲学思想与马克思主义哲学展开系统的比较。两篇关于金岳霖后期哲学思想的论文中，张建军的论文是以逻辑哲学为考察点，偏重于从逻辑思维规律上来评价金岳霖的逻辑哲学思想；郁振华的论文是以金岳霖前、后期认识论思想的对比为主要视角，论证了金岳霖后期思想中的把实践的观点贯彻到感觉论中，丰富与发展了马克思主义的感觉论。但是仅仅从这些方面来说明金岳霖对马克思主义哲学的丰富与发展还显得非常单薄，有待拓展和深入研究。

综上可见，金岳霖的《罗素哲学》没有得到学界足够的重视，其哲学思想的价值尚有深入挖掘的空间。《罗素哲学》是金岳霖唯一的一部哲学史著作，而且是以马克思主义哲学基本立场、观点和方法为基础所作的哲学史著作，是考察金岳霖的马克思主义哲学思维和思想水平的重要资料，理应得到充分关注。系

统整理金岳霖在《罗素哲学》中对马克思主义哲学基本观点的运用和阐发，判断
金岳霖在新中国成立后的马克思主义哲学水平，不仅有利于更加全面地理解金
岳霖的哲学思想，也有利于增进对马克思主义哲学的理解。

第一节　金岳霖对罗素哲学批判的几个方面

金岳霖在新中国成立后虚心接受马克思主义哲学，积极追随和运用马克思
主义实践唯物主义基本观点，抛弃自己以前的新实在论，转向到辩证唯物主
义，并以它作为有力的思想武器对自己在新中国成立前的哲学进行批判。他运
用马克思主义哲学实践观点写下了很多批判自己哲学思想的文章，但是受当时
极"左"思想的影响，他对自己的批判不是那么客观。以马克思主义实践唯物主
义为出发点，金岳霖在认识论理论上也有很多理论创新点，散见于他在新中国
成立后写的一些论文中，但这些创新点主要集中在他后期的《罗素哲学》这本专
著中。在《罗素哲学》中，金岳霖系统、全面地批判了罗素的哲学思想，其中对
罗素的逻辑分析法、感觉论、中立一元论的批判尤为突出。他在批判罗素的哲
学时阐述了自己对马克思主义哲学的理解，同时也在批判中阐发自己的新见
解，还在批判中维护或创新自己原有的哲学观点，在对马克思主义哲学的阐发
上也作出了一定的贡献。

一、对罗素的逻辑分析法的批判

金岳霖在新中国成立后很自觉地学习马克思主义哲学，并在学习中运用马
克思主义哲学。马克思主义哲学的辩证分析方法让他非常受用，他以此作为批
判罗素哲学的有力武器。休谟和罗素是让金岳霖非常受启发的两个人物，金岳
霖曾说休谟给了自己哲学问题，而罗素给自己的是哲学方法，即逻辑分析法。
金岳霖认为，借助逻辑分析法，哲学不一定要靠大题目，精细的分析也是哲学。
他的新中国成立前的哲学著作《知识论》就是逻辑分析法的典范之作。但是，在
他系统接受马克思主义哲学的辩证唯物主义之后，他对逻辑分析方法产生了全
新的认识，认为自己之前的逻辑分析法是"绝对化、无对化、形而上学化"的分
析方法，是脱离了具体的思维认识过程，是不顾具体环境的静态的分析方法，
无法说明和揭示处在特定条件下，随时间和地点而不断发生变化的事物。所

以，他认为逻辑学研究的正确道路就是把对思维形式的研究置于具体的时间、具体的地点和具体的情况下来进行，对事物的分析要做到因时、因地而展开具体的分析。

金岳霖对罗素哲学的批判是从批判他的逻辑分析方法开始的，是以罗素的逻辑分析与辩证分析的区别为基础的。他说："罗素是主张分析的。分析是好事，问题是什么样的分析。辩证唯物主义者特别着重具体分析，认为具体地分析具体的问题是马克思主义的灵魂。但是，这种辩证唯物主义的分析是要求某些条件的，而这些条件又是唯心主义的形而上学的哲学家所不能满足的。"①他认为具体的分析的条件为具体的对象和环境，他指出："具体的分析是对客观事物的分析，分析的对象是客观事物。这是主要的。当然，分析过程总是思维认识反映客观事物的过程。在分析过程中，在反映过程中，我们的分析总会同时表现为思想中的分析，总会涉及概念的分析。但是，这是次要的，是以对客观事物的分析为转移的。"②从金岳霖的这段对具体的分析的论证中可以看出，他是将对客观事物的分析放在第一位，强调尊重事物的本来面貌，尊重事物本身的是非曲直，坚持从实际出发。与此同时，他认为也不能忽略对思想的分析、对概念的分析，并认为这是对逻辑的重视，尊重并验证人们对客观事物研究的历史。虽然，金岳霖没有明确提出马克思主义哲学的这一辩证思维方法——逻辑与历史相统一的方法——或许是他还没有充分认识到和运用这一点，但他将对客观事物的分析与对思想、概念的分析综合起来考察，而且注意分清主次轻重，这显然折射出他已经领略到马克思主义哲学关于"逻辑与历史相统一"这一辩证思维方法的意味。

金岳霖说："具体的分析是辩证的分析，它是揭露矛盾，找出主要矛盾和主要矛盾方面以解决矛盾的……我们应该特别着重的还是辩证的分析，具体的分析。因为，只有具体的分析才是真正地解决矛盾的，而解决矛盾就是解决问题。"③他还说："具体的分析是严格地遵守下面这一原则的：一切以时间地点条件为转移的。具体的分析只能是在特定的时间、特定的地点、特定的条件之下

---

① 金岳霖：《罗素哲学》，上海人民出版社，1988年版，第55页。
② 金岳霖：《罗素哲学》，上海人民出版社，1988年版，第55页。
③ 金岳霖：《罗素哲学》，上海人民出版社，1988年版，第55-56页。

的分析……罗素的所谓分析与辩证唯物主义的具体分析毫无共同之处。"①可见，金岳霖自觉接受了马克思主义哲学的辩证分析方法，并指出分析客观事物要以事物发生的时间、地点、条件为中心，以解决问题为旨归。这点与马克思主义哲学对以往哲学家否定实践观念所进行的批判性质相似。马克思主义认为"以往的哲学家只是解释世界，而问题的关键在于改变世界"。逻辑分析只能起到通过分析而认识世界的作用，无法达到解决矛盾、解决问题、改造世界的目的。金岳霖对罗素的逻辑分析方法进行批判，同时也是在对自己以往哲学思想进行批判。金岳霖以前非常仰慕数学家，坐在家里进行演算就能明白事理，靠分析也能形成深刻的理论。但是，自从接受了马克思主义的辩证唯物主义之后，金岳霖的态度转变了，他认为逻辑分析方法只是必要的工具，真正能起到实际作用的还是发扬和运用辩证分析方法，进行具体的分析，并且能够在现实生活中去解决矛盾。所以，他对自己的《逻辑》也进行了批判，表示对形式逻辑这种空架子的分析的不满，希望以能够解决实际问题的辩证逻辑来取代它。

金岳霖认为形式逻辑中的排中律是错误的，违反了马克思主义具体分析中的"一切以时间、地点、条件为转移"这一基本原则，甚至认为形式逻辑排中律这些抽象的公式只能是一种概念游戏，对形式逻辑的宣传是"有毒的宣传"，"实在是进行欺骗"，要进行彻底清算。他认为马克思主义哲学的辩证分析才是绝对正确的，并按照马克思主义哲学的具体情况具体分析的思想对排中律重新作了解释，认为人们必须在具体时间、具体地点、具体条件之下来对排中律作正确的说明。他对推论的要求也同样遵循辩证分析的基本原则，认为任何形式的推论都必须紧紧地与思维内容联系在一起，必须以时间、地点、条件为转移。他说："形式根本不能脱离它的所有或一切的具体内容，它只能脱离这一具体的内容或那一内容或那一具体的内容，而在脱离这一或那一具体的内容的时候，形式是和别的具体的内容密切地结合着的。……无论如何，正确的推论在具体的思维认识过程中'出现'、'发生'、'被作出'的时候，推论形式和它的具体内容都'出现'或'发生'或'被作出'了。"②可见，金岳霖非常强调思维形式——不能脱离思维内容。当然，我们也明显看到，金岳霖对形式逻辑的批判过于武断，这跟当时极"左"政治有着莫大的关系，在哲学的阶级性压倒一切的

① 金岳霖：《罗素哲学》，上海人民出版社，1988年版，第56页。

② 金岳霖学术基金会学术委员会编：《金岳霖文集》（第四卷），甘肃人民出版社，1995年版，第304页。

背景下，他对形式逻辑排中律的批判就显得过火。

金岳霖对罗素的逻辑分析方法的批判虽然带有较强的阶级色彩，但是他对辩证分析方法的强调，对辩证分析方法原则的坚守，是积极可取的。形式逻辑的分析方法固然重要，但是从解决问题、改造世界的角度来看，马克思主义实践唯物主义讲究的还是基于具体事物的具体分析，并以解决问题为根本。所以，金岳霖对辩证的具体分析的高度认可是可取的。抛开他过分强调分析方法的阶级性的不足，我们认为他对罗素的逻辑分析方法的批判是深刻的。

二、对罗素的感觉论（感觉材料论）的批判

金岳霖归纳罗素的哲学思想时说："罗素的著作虽然多，然而主要是两部分，一是关于形式逻辑的理论，另一是认识论。感觉论或感觉材料论是罗素的认识论的核心。"[1]前面我们分析了金岳霖对罗素的逻辑分析方法的批判，现在我们来梳理一下他对罗素感觉材料论的批判。金岳霖借助马克思主义哲学实践观点，对罗素的感觉材料论进行了多重批判，提出了"感觉的对象是客观物质事物""感觉与实践相统一""感觉对象是感觉映像的蓝本因""感觉是变化发展的"等多个正确观点，并进行论证和阐发。

金岳霖首先条陈了自己接受的马克思主义基本观点：物质是第一性的，意识、思维、认识、精神是第二性的。他说："辩证唯物主义的认识论是反映论。上述原理就是唯物主义反映论的基础。关于反映，唯物主义首先要明确的是究竟什么反映什么。是物质反映精神呢？还是精神反映物质呢？是第一性的东西反映第二性的东西呢？还是第二性的东西反映第一性的东西呢？……第一性的东西硬是第一性的，第二性的东西硬是第二性的。它们是不能混淆、不能偷换、不能颠倒的。把它颠倒起来，就会导致唯心主义。"[2]当然，金岳霖并不是仅仅对马克思主义哲学基本观点进行寻章问句的简单罗列，他首先意在表明自己的辩证唯物主义的基本立场，再在这种立场的基础上对罗素的感觉材料论进行批判，并表明自己的基本观点，还包括对自己在新中国成立前的哲学观点的修正。

---

[1]　金岳霖：《罗素哲学》，上海人民出版社，1988年版，第162页。
[2]　金岳霖：《罗素哲学》，上海人民出版社，1988年版，第126-127页。

(一)批判罗素以感觉内容取代感觉对象

在金岳霖的知识论思想体系下,他明确了知识对象和知识内容的区分,认为知识的对象是外物,知识的内容是官觉。在《罗素哲学》中,他延续了自己的这一观点,表现出对自己哲学的自信,这也是对马克思主义哲学认识论的丰富与发展。金岳霖说:"感觉是正确的官觉。官觉是客观物质事物作用于我们的感官而引起或产生官觉映象的官感活动。由于感觉是正确的官觉,感觉就是客观物质事物作用于我们的感官而引起或产生官觉映象(即感觉映象)的官感活动。"①他的感觉就相当于知识论中的正觉。在知识论中,正觉为"正常的官能者在官能活动中正常地官能到外物或外物底一部分"②,正觉和感觉都是以承认外在客观物质事物的存在为前提,感觉就是对客观物质事物的反映。这个定义中的客观物质事物促使人的感官产生感觉,人的感觉得以产生的前提是客观事物呈现于人的感官之前,这是金岳霖在《罗素哲学》中阐发自己的感觉论的基本出发点。在金岳霖看来,客观物质事物是感觉的对象,而形成的感觉印象是感觉的内容,对象是内容的来源,二者地位、界限分明。他说:"我们要强调对象与内容的区别。因为它们在感觉中的地位不同,身份不同,而它们不同的地位或身份是不能混淆、不能偷换、不能颠倒的。有所混淆,有所偷换,有所颠倒就会在认识论,在哲学上产生原则性的错误。现代许多唯心论者正是通过这个混淆、这个偷换、这个颠倒来反对辩证唯物主义的。"③尽管金岳霖运用马克思主义哲学基本观点显得机械、呆板,但区分感觉对象与感觉内容确实非常必要,因为这事关哲学基本立场,事关认识的本源,属于哲学根本派别的区分问题,在二十世纪五六十年代盛行"两个对子"的原则下,当时的区分就显得尤为必要。

事实上,也正如金岳霖所言,混淆感觉对象与感觉内容容易导致唯心主义,罗素就是典型的例子。金岳霖批驳罗素的感觉材料论的一个根本点就是指出罗素混淆了感觉对象与感觉内容,或者说以感觉内容取代了感觉对象。罗素认为感觉的对象是感觉材料,而感觉材料在罗素眼中可以是"红""四方"等属

---

① 金岳霖:《罗素哲学》,上海人民出版社,1988 年版,第 124 页。

② 金岳霖:《知识论》,商务印书馆,2004 年版,第 125 页。

③ 金岳霖:《罗素哲学》,上海人民出版社,1988 年版,第 126 页。

性，这些属性还是感觉者头脑中的东西，甚至可以说就是一个名词，这实质上就是以抽象的属性代替了客观物质事物本身。金岳霖指出："罗素所谓的感觉，是形而上学的、抽象的，是和具体的环境脱节的，特别是和社会实践割裂开来了。"①在《罗素哲学》中，金岳霖认为感觉对象是物体。他说："物体的要点在体，而体的表现在事实上和常识上都很简单，在于占住空间和某种不可入性。"②罗素的感觉材料不具有物体性质，它只是感觉的复合，是感觉者头脑中的东西，是一大堆乱七八糟的东西的组合。金岳霖认为罗素不想承认客观物质事物的存在，故而以感觉材料取代感觉对象，这是"把只有内容地位或身份的东西替换成为有对象地位或身份的东西"③，这是一个严重的倒置问题，上升到哲学基本派别的对立，就是以唯心主义替代唯物主义。他说："提到哲学的根本原理的高度来考虑，上述替换即以感觉材料去代替感觉对象的替换，是把第二性的东西替换成为第一性的东西。这一替换本身就是唯心主义。"④金岳霖还认为，罗素不仅漠视外物的存在，以感觉材料代替感觉对象，而且认为感觉材料是感觉者个人的事，这容易导致相对主义或个人主义。因为，这样的处理否定了感觉的正确来源，否定了感觉形成的基本脉络和标准，否定了感觉形成的一致性或统一性，因此是无法得到确定的认识的。可见，金岳霖以感觉对象与感觉内容的区分来澄清哲学认识论基本立场，认为感觉要从客观物质事物出发，以物体为对象，产生感觉印象作为感觉内容，遵循客观物体的本来面貌，方能形成正确的认识。

（二）批判罗素割裂感觉与实践的关系

前段提到金岳霖指出罗素的感觉是和社会实践割裂开来的，那他自己又是如何来处理感觉与实践的关系的呢？金岳霖认为感觉是具体的，是人通过实践直接把握的，感觉从来都不脱离社会实践。他认为，"实践本身就是和客观物质事物打交道"⑤，感觉在实践中得以形成是他在新中国成立后形成的感觉论

---

① 金岳霖：《罗素哲学》，上海人民出版社，1988年版，第132页。

② 金岳霖：《罗素哲学》，上海人民出版社，1988年版，第259页。

③ 金岳霖：《罗素哲学》，上海人民出版社，1988年版，第130页。

④ 金岳霖：《罗素哲学》，上海人民出版社，1988年版，第131页。

⑤ 金岳霖：《罗素哲学》，上海人民出版社，1988年版，第133页。

的一个基本观点。他认为罗素的感觉是"形而上学的、抽象的，是和具体的环境脱节的，特别是和社会实践割裂开来了。这种感觉不能由理性认识加以丰富，它是没有历史影响的、不具体的，因而也是不存在的"①。在实践中形成具体的感觉的过程，就是一个人们不断与客观物质事物打交道的过程，人们通过实践在与客观物质事物的交往中获得丰富、具体的感觉。而且，由于实践都是社会实践，不是单个人的实践，大家能够在感觉对象上达成统一，人们打交道的那些客观物质事物就是感觉对象，感觉因为感觉对象的存在而产生。相反，如果抛开实践来看待感觉，感觉就变成了纯粹自我的活动，客观事物作为感觉对象就成问题了，那么感觉对象的存在就变成只能求助于感觉来证明了。金岳霖说："实践撇开之后，存在的标准只能是感觉。感觉得到的就存在，感觉不到的就不存在。既然如此，物质事物的独立存在的问题就被改换成为：我们在不感觉到物质事物时感觉到物质事物。这岂不成为逻辑矛盾吗?"②金岳霖强调感觉与实践的统一就是要说明实践可以不断证实客观物质事物的存在，因为实践本身就是客观物质事物之间的交互作用。这是对独立存在的客观物质事物既是实践的对象，也是感觉的对象的证明。外在的客观物质事物是能够通过与实践相统一的感觉直接得到的，而且这种感觉还是具体的。

(三)批判罗素不承认蓝本因

金岳霖认为，在明确了感觉对象和感觉内容的区分后，还需要说明感觉是如何从感觉对象中获得认知的。对感觉对象和感觉内容的区分是说明二者的对立，探究从感觉对象中形成感觉映象，是要说明感觉对象与感觉内容的统一。金岳霖认为感觉对象是感觉映象的蓝本因，指出罗素在感觉内容上不承认有蓝本因。金岳霖认为，外在事物作用于人的感官引起感觉映象，外在事物与感觉映象之间具有因果关系。"这种因果关系当然具有一般因果关系的共同性。但是，它也有自己的特点。客观物质事物与感觉映象之间的因果关系是蓝本因——复制果的关系。……蓝本和复制品的关系是一样的。"③金岳霖强调感觉映象是对感觉对象的如实的复制。他说："客观物质事物是四方的，感觉映象就也是

---

① 金岳霖:《罗素哲学》，上海人民出版社，1988 年版，第 132 页。
② 金岳霖:《罗素哲学》，上海人民出版社，1988 年版，第 135 页。
③ 金岳霖:《罗素哲学》，上海人民出版社，1988 年版，第 149-150 页。

四方的；客观物质事物是象火车那样走动的，感觉映象就也是走动的。"①感觉就是一种照相式的直观反映，承认感觉对象对感觉映象的蓝本因的关系，就承认了感觉反映的形象性特征。当然，金岳霖像对知识论中的一样，在对正觉的处理上区分开了野觉、梦觉、幻觉、错觉等，在《罗素哲学》中的感觉上他也区分开了错觉、梦觉、幻觉与感觉，并认为通过实践来达到对感觉的证实。"感觉能否给予客观实在的问题也就是感觉对象和感觉内容的关系问题。《罗素哲学》吸取了《知识论》的研究成果，但对这个问题的解决有新的角度。金岳霖提出了蓝本因和复制果的理论来解释对象和内容的关系，扬弃了'因果说'，一方面承认对象和内容之间的因果关系，同时指出这种因果性的特点，即因和果之间还有蓝本和复制本那样一种相像和一致的关系，从而对感觉能否给予客观实在的问题作出了圆满的答复。"②在实践不断检验的基础上感觉能够对感觉对象形成直观形象的正确感觉，这是金岳霖处理感觉对象与感觉映象之间统一关系问题的正确立场和方法，为解决感觉能否给予客观实在问题提供了富有启发性的思路，丰富与发展了马克思主义哲学认识论。

(四)批判罗素的感觉是没有变化发展的

金岳霖认为，感觉与实践是密不可分的，实践不断变化发展是不争的事实，相应地，感觉也是变化发展的。金岳霖说："在远古时代，实践不丰富，科学不发达；而现在，实践空前丰富，科学空前发达。在远古时代感觉是简单的、肤浅的、粗疏的，而现在它已经成为复杂的、深刻的、精细的。"③他认为感官是愈用愈灵的，长期的实践能够不断提升人们的感觉能力，而且还能培养出综合的感觉能力。实践对感觉的推动和促进，不仅可以通过创造工具来提升感觉能力，还能直接提升人的直观感受能力。感觉不仅在实践中得到提升和发展，在认识中也可以得到提升和发展。金岳霖说："感觉影响认识是毫无问题。感觉是认识的大门，它是客观世界和思想意识之间的桥梁，感觉对认识的影响是毫无问题的(在1912年以后，罗素并不同意)。现在我们看到不只是感觉对认识

①　金岳霖：《罗素哲学》，上海人民出版社，1988年版，第142页。
②　郁振华：《后期金岳霖认识论思想研究》，《湖南师范大学社会科学学报》，1994年第1期，第1-6页。
③　金岳霖：《罗素哲学》，上海人民出版社，1988年版，第136页。

有影响而已，而且返回来认识对感觉也有影响。不仅在实践的发展中感觉是发展的，而且在认识的发展中，感觉也是发展的。同时在实践与认识的互相作用互相影响中，它们对感觉的影响也是互相影响互相作用的。在加速了的历史发展过程中，感觉的发展也是愈来愈快的。"①罗素之所以不承认感觉的变化发展，在于他要建立自己的中立一元论，即以感觉材料为"元"，这样来达到避开"心物之争"的目的。这样的"元"需要具有本体意义，因而应该是不变的。罗素坚持感觉材料是认识的出发点，而感觉材料并非客观物质事物，是一些所谓的共相、名词，它们诚然是不变的。金岳霖对罗素哲学的批判是对罗素主观自封地确立感觉材料并将之作为认识的目标和归宿的批判，坚持以社会实践为基础，将感觉建立在社会实践的基础上，不断丰富感觉经验，从而达到对事物深刻的认识。当然，感性认识如何上升到理性认识，在《罗素哲学》中没有提及，但是单就金岳霖对感觉论的处理，我们应该可以看到他已经较为自觉地接上了马克思主义哲学，并且能够对马克思主义哲学观点进行转化，体现出了较好的马克思主义哲学理论水平。

三、对罗素的中立一元论的批判

罗素的中立一元论认为构成世界的材料既不是心理的，也不是物理的，而是一种"中立的材料"，这种观点体现在他1921年写的《心的分析》和1927年写的《物的分析》中。罗素的中立一元论实质上是亮明跳出唯物主义和唯心主义之争的哲学态度。金岳霖曾将自己的哲学称为唯实哲学，也有这种倾向，不想拘泥于哲学派别的限制，企图跳出根本哲学立场的牵制来进行哲学研究。金岳霖的学术思想主要来自西方哲学，对马克思主义哲学缺乏足够了解。当年，受政治和学术的影响，他没有重视对马克思主义的研究。但是，在经历新中国成立前后党和国家对人民的政策的洗礼后，特别是系统学习马克思主义哲学后，金岳霖感觉自己彻底转变了哲学立场。所以，他撰写《罗素哲学》，一方面是宣传马克思主义哲学，另一方面是修正自己的哲学立场和哲学观点。对罗素中立一元论的批判表明，他已经非常明确地认识到哲学根本立场的极端重要性。

在对罗素的中立一元论的批判上，金岳霖主要是从批判罗素的心物同元的一元论、对心灵的构造和对物质的构造三个方面来展开。

---

① 金岳霖：《罗素哲学》，上海人民出版社，1988年版，第138页。

（一）批判罗素以精神性的"元"取代物质

在批判罗素的心物同元的一元论时，金岳霖指出罗素不是把物质看作是最基本的，而是认为存在有比物质和心灵更根本的材料，罗素的这个最根本的材料就是"元"。在罗素笔下，"元"是实在的基础、本质，同时也是演绎系统的出发点。金岳霖说："'元'就是世界的最根本的材料或原料，这是一方面。另一方面，罗素的目的是要把认识论组成为一个演绎系统，而这个'元'就是该演绎系统的最原始的元素。"①"元"是比物质与心灵更大的普遍，是逻辑构造的基石，就好比金岳霖自己的《论道》中的"能"与"式"。而罗素的"元"就是感觉材料或感觉，"这个'元'早就准备好了。不过罗素在不同的时期有不同的看法，因而也用不同的名词去形容它。事实上它就是感觉材料"②。金岳霖指出罗素用"元"取代物质，抹杀了物质第一性原理，因为"元"本质上是亦心亦物、非心非物的事体。这种处置手法非常类似于笛卡尔的二元论哲学。笛卡尔认为物质与精神同为世界本原，二者在平行线上，没有交点。但当笛卡尔无法说明现实世界当中物质影响精神或者精神影响物质的事件后，最后只能求助于更大的本原，当然是求助到上帝那里，最终限于唯心主义。金岳霖还批判了罗素以因果关系的不同来区分物质和心灵，指出罗素的因果关系不是客观的因果关系，而是主观的因果关系，实质上是以假物质代替了真物质，以表面上的心灵代替了实质上的心灵。金岳霖评价了罗素的中立一元论的两种手法，他指出："通过物心同元说，罗素把物质安排在次要的地位去了。占主要地位的，当然不可能是他表面上所承认的心灵，只能是他骨子里所承认的心灵，那就是他所心爱的'事素'。……事实上，假的物质代替了真的物质，表面上的心灵代替了实质上的心灵。"③金岳霖对罗素中立一元论两种手法的批判已经很自觉地运用马克思主义哲学基本原理来分析哲学思想了，他坚守着物质第一性，感觉材料这些主观精神要素第二性这一唯物主义基石，击穿了罗素以"元"来替代客观物质的遮掩，指出了罗素哲学唯心主义的实质，贯彻了马克思主义哲学唯物主义一元论立场。

---

① 金岳霖：《罗素哲学》，上海人民出版社，1988 年版，第 234 页。

② 金岳霖：《罗素哲学》，上海人民出版社，1988 年版，第 234 页。

③ 金岳霖：《罗素哲学》，上海人民出版社，1988 年版，第 237 页。

(二)批判罗素的心灵构造抹杀了主体

金岳霖对罗素心灵构造的批判主要体现在批判其心灵的无主体性上。他指出罗素的感觉材料分为两类：一类是物理现象，一类是心理现象。物理现象是以所在点为主的现象，通过不同透视点和角度来汇集现象，而心理现象则仅仅从单个透视点或角度获得现象。无论是物理现象还是心理现象，都只是从感觉出发，而不提及感觉者。可见，罗素是试图取消心灵的主体，根本不谈感觉者。实际上，罗素企图以透视点或角度的主观性来取消其主体性，他妄图建立非心非物的思想体系。众所周知，主观性是属于主体的主观性，没有任何可以脱离主体的主观性，谈主观性必然要牵涉到什么主体的主观性，因而非心非物的体系上的超然是无法建立起来的，哲学必然要体现出阶级性、历史性，落实到特定主体和特定的历史背景。金岳霖指出罗素是为了抹杀心灵的主体，选择牺牲感觉者。金岳霖认为罗素所谈的事实只能来自感觉者了，以透视点或角度为主形成主观性事实上就是感觉者的主观性，因为感觉者是这种主观性的主体，主观性无法撇开主体。金岳霖认为罗素建立中立一元论具有明显的反实体倾向，罗素要构造出的是只有结构而没有凝固的体的物质。在心灵方面，罗素也是要构造出只有结构而没有凝固的体的心灵，这样才能呼应自己的非心非物的体系。

总之，金岳霖对罗素的心灵无主体的批判可以概括为：一是证实心灵有主体，这个主体就是人的大脑。心灵是人脑的机能和属性，人脑是心灵的物质控制器官，维护了马克思主义哲学关于物质决定意识关系的论断。马克思主义哲学指出，意识是人脑的机能和属性，是客观世界的主观映象。二是说明心灵的主体会受环境的影响而发生变化。罗素反对心灵有体的理由并不是反对认为心物是实体，也不是反对心物二元论，罗素是为抹杀物质的客观实在性而反对物质有体，相应地也反对心灵有体，这也是他的中立一元论得以展开所必要的。三是指出历史影响极端重要。在金岳霖看来，历史影响必然事关关系者，历史影响是人的头脑的历史影响或心灵主体的历史影响，这涉及的是在产生影响，影响到了谁，影响必然牵涉到主体，是主体之间的相互关系，抹杀主体，则影响无从下手。所以，金岳霖指出，构造心灵必须承认心灵的体，分析心灵必须把头脑摆在主要位置，这些论述都是非常深刻的。

(三)批判罗素以"事素"代替了客观物质事物

金岳霖对罗素的物质的构造,主要批判其感觉材料(1927 年前)或"事素"(1927 年后)。罗素在 1927 年前对物质的构造的理论主要见于其《物的分析》一书中,他以感觉材料来构造物质,而 1927 年以后罗素是以"事素"代替感觉材料来构造物质。感觉材料是感觉的结果,是属于主观映象的事体。用感觉材料来构造物质,实质上是以主观构造客观。"事素"究竟是什么呢? 金岳霖这样说道:"所谓事素究竟是什么呢? 它是独立于我们的感觉、独立于我们的意识而存在的实在吗? 如果是的,那我们非常之欢迎。当然在欢迎之余,我们不会巧立名目,我们会简单明了地把它叫做物质。这可以避免许许多多的混乱。但是,如果事素确实独立于我们的感觉,独立于我们的意识而存在的话,我们用不着构造什么物质了。但罗素既然要用事素来构造物质,事素当然就不是物质了。这也就是说,它不是独立于我们的感觉或意识而存在的实在了。事素究竟是什么呢? ……这不是很清楚了吗? 每一件事素都是和一个感觉联系着的,眼睛、耳朵、鼻子都涉及了。这还有什么话说呢? 物理学难道真的以这种事素作为它的对象的最根本的原料吗? 这显然是不可能的。……原来,后期的所谓事素,就是前期的感觉材料、侧面或现象而已。"[1]金岳霖进而指出罗素以感觉材料或者"事素"来构造物质实质上是以对客观存在的事物本身的属性感知所形成的感觉映象来构造事物本身,这显然是一种本末倒置的做法,说明能耐的罗素构造出不是物质的"物质"来了。金岳霖指出罗素的物质构造论否定了物质独立存在性的方式,否定了物质的存在方式。

金岳霖在《罗素哲学》中对罗素的上述三个方面的批判都下了很明确的结论。他在批判罗素的逻辑分析法时这样说道:"可见,罗素的分析根本不是科学的分析,不是化模糊为清楚,而是把他分析的对象化为他心目中所要制造的认识论的演绎系统的基本元素。……罗素的分析本身是形而上学的,它是为他心目中的演绎系统服务的。他没有制造出他的认识论的演绎系统,看来他也制造不出来,因为认识论和数理逻辑究竟不是一样的东西。在这一点上他的企图失败了,但是,分析的形而上学性质并不因这个失败而有所改变。"[2]在金岳

---

[1]　金岳霖:《罗素哲学》,上海人民出版社,1988 年版,第 252–253 页。

[2]　金岳霖:《罗素哲学》,上海人民出版社,1988 年版,第 63 页。

霖看来，罗素为什么会失败，关键在于他是本末倒置地分析。金岳霖认为分析要以客观事物为对象，以客观事物为对象的分析是第一性的分析。在对客观事物的分析过程中，会导向对客观事物所形成的思想的分析，对思想的分析是第二性的，对第二性的分析要以第一性的分析为基础。金岳霖的分析二重性的思想非常类似于马克思主义关于逻辑与历史相互关系的论述，第一性的分析就是形成历史，第二性的分析产生逻辑，逻辑需要以历史为基础。第一性的分析是反映客观事物的，形成思想，而对思想所进行的第二性的分析是对客观事物的分析的拓展或延伸，这种延伸以对客观的反映为基础，不能凭空而起。金岳霖指出，罗素的办法根本不同，而且方向恰恰相反。不根据事实而进行分析，只能是玩概念的游戏，这种分析脱离了概念的客观来源，最终导致纯粹主观地认定，分析命题的前提得不到客观世界的证明，因而会离正确的思想越来越远。金岳霖总结说："我们的分析是应该由客观事物到思想呢？还是由思想到客观事物呢？前一方向是实际—理论—实际的方向，后一方向是理论—实际—理论的方向。前者是唯物主义的、辩证的，后者是唯心主义的、形而上学的。"①从金岳霖对罗素逻辑分析法的以上批判和定性来看，他较为自觉地从马克思主义认识论路线的角度指出了罗素的逻辑分析的进路性错误，并进而指出罗素的逻辑分析的唯心主义哲学本质。

在批判罗素的感觉材料论时，金岳霖总结道："罗素的感觉论或感觉材料论，是以第二性的东西去偷换第一性的东西，以感觉内容去偷换感觉对象；它是形而上学的，是脱离了实践的，从而它把客观物质事物排除在感觉范围之外；罗素所谓的感觉是没有实践和认识的影响的，是静止的、不发展的；它不是反映，而是根本的"与料"（认识的源泉，认识的根本材料，认识的出发点）；它没有蓝本因，因此不具有正确的感觉所有的本质特点的；它的本质特点被抹杀之后，它和梦觉、幻觉就混淆不清了；感觉材料是感觉者个人所私有的。总之罗素的整个感觉材料论不仅是错误的，而且是荒谬的。"②金岳霖对罗素感觉材料论的批判是全面、系统的，较好地运用了马克思主义辩证唯物主义基本立场，很明确地区分了第一性的对象和第二性的内容及其地位。他也较好地运用了马克思主义哲学实践与感觉的关系来进行批判，蕴含了感觉随实践而展开，

---

① 金岳霖：《罗素哲学》，上海人民出版社，1988年版，第59页。

② 金岳霖：《罗素哲学》，上海人民出版社，1988年版，第161–162页。

随实践而丰富与发展的宝贵思想，贯彻了马克思主义哲学关于实践的观点是首要的、基本的观点的思想。

在批判罗素中立一元论时，金岳霖的总结分了很多条，在这里选取最根本的批判来展现。他说："唯心主义形而上学的哲学家对于具体的客观事物一直是有困难的。但辩证唯物主义者对于具体的事物没有困难。因为对它来说，感觉和实践本来是紧密结合着的。……而唯心主义形而上学的哲学家的所谓感觉却是和实践割裂开来了的；事物或事物的体和事物的属性因而也就分家了。这一割裂，体或事物的体就被割裂到五官范围之外去了。"①冯契在为金岳霖的《罗素哲学》作的"跋"中一针见血地指出了罗素哲学的根本性错误："罗素同贝克莱、休谟和许多实证论者一样，以为感觉为人认识划定了界限，越出这界限是非法的，所以经验不能在意识和外界对象之间建立任何直接的联系。"②罗素为了建立自己的演绎系统，逻辑构造中立一元论的体系，试图撇开客观事物，从对感觉材料的体认中跳到对客观事物的把握，最终被金岳霖界定为主观唯心主义。罗素的这种手法是西方实在论传统的通病，也是西方唯理论哲学的通病。他们为了构建一套演绎系统，想方设法找到自明的前提，但又认为感觉经验不可靠，最终偷运经验之后又否定经验所得之对象，从而发展为单纯从感觉材料出发来进行思想体系的构建，弱化甚至抹杀客观物质事物，最终陷入唯心主义。金岳霖自己曾经也深受这种模式的影响，他的《论道》也是一个演绎系统，他将终极本原的"能"设置为毫无规定性，只是纯粹的"与料"，非常类似于罗素的模式。金岳霖对罗素哲学的批判也体现出对自己《论道》思想体系的扬弃，反映出在马克思主义哲学的指引下，自己走出了实在论的阴影。

第二节　金岳霖的《罗素哲学》对马克思主义哲学的运用和阐发

金岳霖的《罗素哲学》是一个综合体，主要是对罗素的哲学进行批判，并阐述马克思主义实践唯物主义基本思想，同时还对自己前期的一些哲学进行清算和扬弃，取得了较多理论上的突破。下面就《罗素哲学》中在批判罗素的哲学时

---

① 金岳霖：《罗素哲学》，上海人民出版社，1988 年版，第 254-255 页。

② 金岳霖：《罗素哲学》，上海人民出版社，1988 年版，第 291 页。

所阐发的马克思主义哲学的几个方面进行分析，也依此评价金岳霖后期哲学的马克思主义哲学水平层次。

一、对世界统一性问题的阐发

金岳霖在批判罗素的存在论时指出："按辩证唯物主义观点，客观现实世界就是物质的不断运动。物质运动的根本形式就是时间与空间。……时空是可以分位置的，表现在时空这两个根本形式上的存在也就表现在时空位置上。因此，占时空位置，也就成为存在的根本标志。"①金岳霖开宗明义地用马克思主义物质观说明物质同运动的不可分性，时间和空间作为物质运动的存在方式，直接运用马克思主义哲学物质观作为理论基础。

众所周知，人是以实践的方式把握物质世界，感觉是实践的最基本的形式，如何界定感觉与存在的关系呢？金岳霖将对客观实在性问题的探讨引向了认识论领域。他认为官感到是时空位置的充分条件，也是存在的充分条件，但不是必要条件。意思是说，时空位置可以不依赖于官感而客观存在，存在的事物同样不依赖于官感而客观存在。官感不是时空位置和存在个体存在的必要条件。他说："客观事物占时空位置，是存在的标志。只要这一条满足，它的存在就没有问题了，但是，占时空位置并不都是官感得到的。看得见摸得着，是占时空位置的充分条件，也是存在的充分条件，但不是必要条件。"②他也指出："从我们的实践说，占时空位置是客观事物存在的根本标志。"③虽然认识立足于实践，在感觉中展开，但是存在不依赖于实践和感觉，存在物不以人的意志为转移地存在，它只是会随着历史的前进不断地被纳入实践或官感的范围之内。金岳霖对官感到作为存在的充分条件的界定，说明存在的客观实在性不能以是否官感到作为标准，切断了唯心主义者借一些微观世界的事物无法官感而否定存在的企图。但是，对存在的证明需要借助于官感和实践，而有些存在的证明很难用官感和实践来证明，尤其是微观领域的存在。而实际上，"有些唯心主义的哲学家，把对微观世界的科学知识看作是一个自足的近乎封闭了的科学体系，用来缩小、甚至抹杀官感世界和经验所起的极其重要的作用。罗素就

①　金岳霖：《罗素哲学》，上海人民出版社，1988年版，第88页。

②　金岳霖：《罗素哲学》，上海人民出版社，1988年版，第90页。

③　金岳霖：《罗素哲学》，上海人民出版社，1988年版，第88页。

是这样的哲学家"①。他说："罗素的存在论，正是以正确的命题之所肯定这一标志或标准为主要标准的存在论。这样的存在论，是缩小官感世界和官感经验的作用的，是要利用对微观世界的知识来为形而上学的主观唯心论的哲学服务的。"②微观领域的事物因为难以用官感或实践来证实，所以唯心主义哲学家借此将科学的证明看作存在的唯一或主要的标志或标准，并进而通过弱化关系而强化性质导向了取消占时空位置的个别，发展为"让一般吞掉个别，让共相世界无限制地扩大，使哲学家能够随心所欲用自由定义把迷信的东西捏造出来"③，用真命题作为存在的证明标准，从而剥离了对存在的时空位置证明。金岳霖认为罗素的存在论就是在这种模式下运作的。但是，金岳霖强调："科学命题的正确性，也是它所肯定的对象的存在的标准。官感得到是客观事物存在的主要标志或标准，正确的科学命题之所肯定是次要的标志或标准。其所以如此，因为证明、证实总是要回到感性认识，而最后总是要回到实践上去的。"④这显然体现了金岳霖树立了逻辑证明不能代替实践作为检验认识正确性的标准的思想，是对马克思主义真理观的正确运用和回应。

鉴于此处不是主要谈对罗素哲学的批判，就不再述说罗素的存在论的不足或错误。上述已经简单介绍和评价了金岳霖对马克思主义哲学的自觉诠释和运用，金岳霖对马克思主义哲学的理解还是比较到位的，也能够运用自己的语言来自觉地阐释马克思主义哲学的一些基本观点，这是非常可贵的。但是，在存在论上，金岳霖并没有理解到马克思主义哲学的精髓，尤其是在存在这个话题上。金岳霖沿用了西方本体论哲学的范式，用存在论来探讨事物的客观实在性。而实质上，马克思主义哲学认为，绝不能把物质或物质性等同于存在或存在性。恩格斯曾经批判杜林的"世界的统一性在于存在"这一观点，他说道："当我们说到存在，并且仅仅说到存在的时候，统一性只能在于：我们所说的一切对象都是存在的、实有的。……世界的真正的统一性在于它的物质性，而这种物质性不是由魔术师的三两句话所证明的，而是由哲学和自然科学的长期的

① 金岳霖：《罗素哲学》，上海人民出版社，1988年版，第91页。
② 金岳霖：《罗素哲学》，上海人民出版社，1988年版，第91页。
③ 金岳霖：《罗素哲学》，上海人民出版社，1988年版，第92页。
④ 金岳霖：《罗素哲学》，上海人民出版社，1988年版，第90页。

和持续的发展所证明的。"①世界统一于物质性，而物质的唯一特性是客观实在性，是所有物质的共同的特性。而存在并不单纯指向物质，思想、精神、共相等也可以说存在。虽然"存在"是西方哲学的一个基本的词，很多西方哲学家将存在作为世界的统一的标准，但存在并非确定是客观实在，马克思主义哲学认为世界的统一性在于其物质性，即客观实在性。这里可见，金岳霖虽然对马克思主义哲学有着较为系统、深刻的学习，但是西方哲学传统的一些诟病在他的思想中还留有遗毒，在世界的物质统一性的理解与把握上，他的思想与马克思主义哲学相比还是有一定的差距。

二、对物质与物体进行区分

在现代科学发展过程中，物理学在微观领域取得较大突破，发现并创立了量子力学等新兴学科，这为人们感觉这些微观的客观物质事物带来了一定难度，也遭到了唯心主义哲学家的责难。像当年的形而上学唯物主义者一样，他们发现原子以后，以为找到了宇宙之砖，并武断地认为原子是世界本原，强调原子不可再分割。后来的研究很快发现原子可以再细分为原子核与电子，这样就给唯心主义哲学家以口舌，他们大肆攻击唯物主义哲学物质观，认为物质消失了。金岳霖说："唯心主义者如何从前进中的物理学中找到种种借口。一种借口是说物质消灭了。对于这一点，列宁已经作了经典的批判。尽管如此，还是有人在这一借口下重新展开对唯物主义的攻击。另一借口因果关系方面，好像新的物理学修改了因果关系。特别是在测不准原理提出之后，有些人认为，自然界像资产阶级一样，也是自由散漫的。另一个借口是把相对论理解为相对主义，从而否定客观真理。罗素有什么借口呢？他的主要借口来自物体这一概念的发展。"②宏观物体通常有内有外，占用一定的空间，具有某种程度的不可入性等。罗素利用微观物体与宏观物体的差别来模糊物质与物体的关系，从而抹杀物体。

金岳霖说："在这里我们要坚持的是，微观世界和感官世界是不同的。我们不能把它们混为一谈。无论微观世界有没有那种内外分明、占住空间、具有

---

① 中共中央马克思恩格斯列宁斯大林著作编译局编译：《马克思恩格斯选集》(第三卷)，人民出版社，2012 年版，第 419 页。

② 金岳霖：《罗素哲学》，上海人民出版社，1988 年版，第 256 页。

某种程度的不可入性的物体，感觉世界里确实是有的。我们不能以前一世界的情况来概括后一世界。"①罗素却是极力将感觉对象向微观粒子运动进行转移，并进而将其归为"事素"的活动。金岳霖指出了罗素这种偷运的错误。他说："我们承认微观物理学，但是，我们不承认微观物理学否认了感官事物或物体的客观存在，否认了它们的真实性。"②他强调可以用实验工具来检测和证实微观粒子的客观物质性。他说："实验中所用的工具都是感官世界的物体或事物。如果这些东西都不存在或都不真实，实验本身能是存在的真实的吗？当然不能。但是如果实验本身不是真实的，那么由实验而得到的关于微观世界的知识能够是真实的吗？假如这样的知识不真实，电子、质子、中子、介子等等又怎样被肯定为存在的呢？总而言之，如果感官世界的物体或事物是不真实的话，关于微观世界的知识也就是不真实的。"③金岳霖借助实验工具的有体来说明微观粒子的有体，驳斥了唯心主义的责难。

为深入批判罗素借以微观世界的体难以感觉到，进而弱化、模糊甚至取消感觉对事物的作用，并以不具有独立存在性的"事素"来取代物质，金岳霖分辨了物体和物质的关系，为说明世界的物质统一性提供了一些富有启发性的思路。金岳霖说："物质与物体是不同的概念，可是，它们在历史上又经常混在一起。物质是独立于我们的意识和感觉而存在的实在。它是极其根本极其广泛的范畴。在认识论上它是头等重要的。物体的要点在体，而体的表现在事实上和常识上都很简单，在于占住空间和某种不可入性。……所谓物体这一概念有这样两方面的困难，一方面是科学前进中，概念发展中的困难，另一方面是唯心主义所制造的困难。就认识的辩证发展说，前一方面的困难是真困难，是可以解决的。后一方面的困难是假困难，它不是需要解决的问题，而只是批判的对象。"④金岳霖分析了罗素的真实用心，罗素实质上是借助微观物理学的新发现难以说明微观粒子的体，来达到否定物体，并进而妄图否定物质，推翻唯物主义基石的目的。那么物体与物质的区别到底在哪里呢？

金岳霖指出："即令微观物理学取消了物体，是不是它同时也就取消了物

① 金岳霖：《罗素哲学》，上海人民出版社，1988 年版，第 257-258 页。
② 金岳霖：《罗素哲学》，上海人民出版社，1988 年版，第 258 页。
③ 金岳霖：《罗素哲学》，上海人民出版社，1988 年版，第 258-259 页。
④ 金岳霖：《罗素哲学》，上海人民出版社，1988 年版，第 259-260 页。

质呢？所谓取消物体是取消了有体的东西。所谓取消物质是取消了事物的独立存在性。显然取消了事物的体是一件事，取消事物的独立存在性是另一件事。"①物质的特性是独立存在性，在马克思主义哲学那里叫"客观实在性"，独立于思维、独立于感觉而存在。物体是有形有体的事物，物质是物体的共性。随着科学的纵深发展，传统对事物有体可感觉的特性难以维持，被唯心主义挖苦为物体消失了。但是物体和难以感觉到的事物（"无体的事物"）却无论如何不会丧失其共同的特征——独立实在性。"物体"的说法是以人的感官能力为尺度的，超出人的感觉能力之外的微观事物，也可以通过实验工具而体现出它们的体，但是它们都在一个共同的特性下存在，即独立实在性。金岳霖对物质和物体的区分，在哲学物质观上具有很积极的意义：一方面很明确地坚持了马克思主义哲学物质一元论，以客观实在性作为物质的唯一特性；另一方面又对超出人的感觉能力的事物给予客观实在的说明。

金岳霖最终指出了罗素否认物体的根本目的。他说："罗素反对实体是明确地提出来的。他所谓构造的事物是没体的，这也是清楚的。……罗素所构造出来的物质是具备极其复杂的逻辑结构的事素。事素是什么呢？它就是感觉，虽然它是极其缩小了的感觉那样的事情。无论结构复杂到如何的程度，也无论事素缩小到什么程度，构造出来的物质的本性就是感觉的本性。"②金岳霖指出罗素之所以急于反对实体，急于要取消事物的体，根本的目的是要取消独立存在性。可是，罗素还构造物质，也构造心灵，但是他构造出不是物质的"物质"来了，"事素"是罗素否定独立存在性的方式，也是否定物质的方式。金岳霖以物质与物体的区分的方式找出了罗素的真正用意，指出了他的哲学的唯心主义的本质。他对物质与物体的区分对于深入理解马克思主义哲学的物质观具有启发性的意义，值得我们去深入研究。他对科学的重视，对科学与哲学的区分也值得后人认真学习。

三、对实践的特征的把握

金岳霖在批判罗素的感觉材料论时，指出罗素的感觉是脱离社会实践的感觉，同时借助马克思主义哲学的实践理论，阐述了自己对实践特征的把握的一

---

① 金岳霖：《罗素哲学》，上海人民出版社，1988 年版，第 260 页。

② 金岳霖：《罗素哲学》，上海人民出版社，1988 年版，第 260-261 页。

些方面,说明了实践的社会性、客观物质性及与感觉的不可分性,形成了对实践的正确理解。

(一)对实践的社会历史性进行阐发

金岳霖指出罗素的感觉是和具体的环境脱节的,特别是和社会实践割裂开来的,是没有历史影响的、不具体的,因而也是不存在的。西方按照"经济人"假设而搞出来的没有社会性的"自然人",是完全抽象的,这种人在现实世界中不可能存在。这样,罗素的感觉就是与社会实践脱节的感觉,这导致他无法指向真实的世界,而只能停留于主观的自封。金岳霖指出,实践从来就不是个人的实践。他以打猎为例进行了说明:在原始人打猎过程中,没有马可骑,没有猎狗可驱使,打猎人要多,要眼明手快鼻子灵跑得快,有时候要形成包围圈,这个包围圈要逐步缩小,等到猎物被完全包围时,大家的眼睛、耳朵、鼻子等都集中在猎物身上。这时候大家的感觉是那个共同的猎物,这就是社会实践或集体实践的感觉。假设这个时候有人受伤退出来了,他就看不到那个猎物了,他就不会有那个猎物继续存在与否的问题了。他总结道:"主要点是:在集体实践中,感觉的对象就是在实践中我们和它打交道的那个客观物质事物。"[1]"感觉对象的存在从来就不是什么个人的问题。就具体的人的具体感觉来说,它是和实践和集体紧密地结合着的。"[2]虽然金岳霖以原始人狩猎来说明实践是群体性、社会性的活动,显得有点不合时宜,毕竟他所生活的时代是现代社会,但是他指出了哪怕是在原始本能的社会中,人们的实践活动都以社会性的方式来开展,是群体的实践活动。伴随着人类社会的进化,人的社会性不断增强,每个人的实践活动都不可避免地要依赖其他人的实践付出,人的实践活动与他人密不可分,实践活动的社会性不言而喻。

(二)对实践的客观物质性进行阐发

金岳霖说:"关于'实践'的看法,也有唯物主义与唯心主义的斗争。实践……全是客观事物之间彼此打交道。显然,拿石斧去砍野兽,所砍的对象是客观物质事物;所用的工具是客观物质事物;就是我们的手也是客观物质事

---

① 金岳霖:《罗素哲学》,上海人民出版社,1988年版,第133—134页。

② 金岳霖:《罗素哲学》,上海人民出版社,1988年版,第134页。

物。这是辩证唯物主义的实践观。"①他借原始人砍野兽的事例说明了实践结构中的全部内容都是客观物质事物，说明了实践的客观物质性。在这里，作为实践主体的人或人手是活生生的客观物质事物，所运用的实践中介——石斧是客观物质事物，实践客体——野兽是客观物质事物。实践主体、实践中介和实践客体是实践的全部内容，此三者都是客观物质事物。所以，金岳霖认为实践是客观物质性的活动，这个观点对马克思主义实践观中实践的客观物质性进行了完整阐释。他还批判了杜威的主观实践观，指出杜威的实践否认客观物质世界的存在，无法与客观事物打交道，而只言对个人有用与否，与宗教迷信一般无二。当然，金岳霖曾留学美国，接触过杜威的哲学思想。但在《罗素哲学》中，他并没有详细罗列杜威实践观的细节方面。由于此处主要是探讨金岳霖对马克思主义哲学实践观的阐发，就不去细究杜威哲学的特征了。金岳霖还指出实践能够不断证实事物的客观存在性，因为"实践本身就是和客观物质事物打交道，这是头一点我们要着重讲清楚的"②。实践本身是客观物质性活动，随着实践活动的不断丰富与开展，越来越多的客观物质性事物进入人们的实践活动范围之内，实践以其自身的客观物质性不断印证世界的客观物质性，金岳霖的这些观点也是对马克思主义哲学实践观的积极呼应。

(三)对实践与感觉的关系进行阐释

金岳霖说："实践撇开之后，存在的标准只能是感觉。感觉得到的就存在，感觉不到的就不存在。……排除实践，就要排除物质事物，就排除它的客观存在。"③他认为割裂实践与感觉的紧密联系，感觉就演变为抽象的活动，感觉者的社会性也就被剥离了，感觉的对象就不是指向客观对象了。这里明显体现出他的实践是感觉的基础，感觉是实践活动的展开，是实践的内容之一，是实践最直接的形式的思想。脱离实践的感觉只能是抽象的感觉，只能停留于抽象的想象，就像罗素一样，当人们看见一张桌子时，人们看见的只是"红""四方"等感觉材料，而得不到客观事物本身。按照马克思主义哲学，实践是人的存在方式，实践对客观物质事物的关系首先是实践关系，然后是认识关系，实践是认

① 金岳霖：《罗素哲学》，上海人民出版社，1988 年版，第 132–133 页。

② 金岳霖：《罗素哲学》，上海人民出版社，1988 年版，第 133 页。

③ 金岳霖：《罗素哲学》，上海人民出版社，1988 年版，第 135 页。

识的基础，感觉是认识的方式之一，也是实践的方式之一，从源头上必须依赖实践，不能脱离实践。金岳霖认为排除实践，就要排除物质事物，就要排除客观事物的客观存在，这种观点并不可取。因为受人的实践能力的社会历史性制约，人们的实践在特定历史条件下只能指向有限的对象，在人的实践能力之外的客观事物的客观存在性是自在的，并不受实践制约，并不由实践来判定其存在与否，这就是客观与客体的差别。实践所指向的是客体，是人化自然，自在自然的存在并不由实践来证明它的客观存在性。金岳霖因为对马克思主义哲学的过分自信，对实践的标准意义有夸大之嫌。

四、对实践与认识关系的揭示

金岳霖指出罗素的感觉是"封闭的感觉材料体系"。他说："这种形而上学的感觉论是封闭了的感觉论，它不可能不是唯我论，或唯感觉材料论，因为，在这种感觉论中，个人感觉代替了社会实践，成为认识的基础。"①"脱离了实践，也就是脱离了出入，脱离了行走。没有出入，等于门虽设而常关；没有行走，等于桥虽有而常断。脱离实践，就是关门，就是断桥，而关门断桥就是拒绝客观物质世界。把客观物质事物排除在感觉之外，就会把应当只是内容的感觉材料改换成为感觉对象。这样，不只是感觉的对象被改换了，认识的直接对象也被改换了。由于上述的改换，感觉也就代替了实践作为认识的基础了。"②金岳霖指出罗素以个人感觉代替社会实践，以感觉内容（感觉材料）代替了感觉对象，将通过实践向外求索的认识变成了向内论证的演绎"与料"，从而拒绝了认识的源头活水，一切都在自我个人认识之下进行演绎，造成了思想体系的封闭，概念也由此而陷于僵化。

（一）揭示了实践是认识的来源

金岳霖批判了罗素的"与料"。他认为罗素的"与料"就是感觉材料，并认为这样的"与料"是不妥的。他说："所谓与料就是认识的源泉，认识的根本材料，认识的出发点。可是，引用到认识论上来后，所谓"与料"有它的特点：它是完全靠得住的，无可怀疑的。其所以如此，理由很简单：作为认识的源泉或

---

① 金岳霖：《罗素哲学》，上海人民出版社，1988 年版，第 140 页。
② 金岳霖：《罗素哲学》，上海人民出版社，1988 年版，第 140-141 页。

根本材料、与料，不可能不实在或不真实，因为别的认识的真实性或可靠性是从它这里来的。问题是：感觉材料能不能成为这个理解之下的与料呢？答案很明显，不能。因为感觉是反映，感觉映象就是作用于感官的客观物质事物的映象。感觉映象是第二性的东西。它虽然不是思维认识那样的认识，然而它是主观方面的、内容方面的，不是客观方面的、对象方面的。罗素所谓的感觉材料不是我们所说的感觉映象，但是，就在感觉中的地位或身份说，感觉材料是相应于感觉映象的。它只可能是第二性的。它是反映方面的，不是被反映方面的。"①感觉映象因为是第二性的、主观方面的、内容方面的，是被反映方面的，不一定是完全靠得住的（因为还可能产生错觉、梦觉、幻觉等），因而不能充当"与料"的角色，不能作为认识的源泉，不能成为认识的出发点。

金岳霖认为认识的出发点只能是实践。他说："就认识论说，实践是头等重要的事情。它是认识的基础，又是检验认识的标准。认识的过程是实践，认识，再实践，再认识……的循环往复的过程，而在不断的循环往复中有所发现、有所发明、有所创造、有所前进。感觉是这个认识过程中的重要环节，它是认识的大门，它是客观物质和主观精神之间的桥梁。但是，它不能脱离实践，更不能代替实践。"②罗素正是以感觉取代了实践，将感觉材料当作了"与料"，作为演绎系统的自明前提，从而将认识束缚在封闭的自我思想体系框架内，失去生机与活力。金岳霖遵循马克思主义哲学认识论进路，认为感觉不能替代实践，不能脱离实践，而是要以实践来推动感觉接触到更多的感觉对象，积累更多的感觉内容，才能上升到理性认识，切中事物的本质与规律，把握真理。从金岳霖对感觉与实践的关系的判断中可以窥见他已经具备了实践是认识的来源这一深刻思想，尽管他没有明确提出"实践是认识的来源"这一命题，但是他字里行间蕴含这一思想是显然的。

金岳霖在对罗素的封闭的感觉材料体系的分析与批判中也同时指出了概念是变化的思想，这也是对罗素脱离实践而导致的封闭体系的否定。罗素的感觉材料成为"与料"之后实质上就是抽象的概念，因为罗素的感觉与实践分裂，所以感觉材料只能是向内寻找，故步自封，概念是僵死的。金岳霖也批判了罗素

---

① 金岳霖：《罗素哲学》，上海人民出版社，1988年版，第142-143页。

② 金岳霖：《罗素哲学》，上海人民出版社，1988年版，第140页。

的这种状况，他认为"概念和物质事物一样，也是运动变化的"①。概念的运动变化在于实践中获得的感觉映象是不断变化、不断丰富的，从而让人们把握了客观物质事物更全面、更深刻的本质。这也是金岳霖在接受马克思主义哲学之后所发生的变化。他前期的哲学思想认为意念是不变的，意念只有取舍的问题，没有变的问题。由不变的意念到变化的概念的转化不仅是对马克思主义哲学的运用，更是对自己哲学立场的修正，这是金岳霖自觉向马克思主义哲学转变的一方面的明证。

（二）揭示直接认识与间接认识的关系

在讲到"罗素不承认蓝本因"这个内容时，金岳霖对直接认识与间接认识的关系进行了阐释。金岳霖认为感觉对象与感觉映象之间是一种蓝本因和复制果的关系，感觉映像是对感觉对象的如实复制，是一一对应的直接认识，是一种当下的直观反映。他说："感觉是客观物质事物作用于我们的感官而引起或产生正确感觉映象的官感活动。感觉是一种当前的活动。"②这种当前的活动产生直接认识，是认识的源头活水。他说："辩证唯物主义可以肯定客观物质事物是感觉的因，同时肯定这个因也是我们能够知道的。不只是能够知道的，而且是直接感觉到的和直接认识到的。"③他批判罗素靠推论来推出物质事物的存在的倒置的做法，认为客观事物的存在是靠主体直接当下客观地感受到来证实的。他说："我们要着重指出：假如我们不可能直接地感觉到客观物质事物的存在，那么，它的存在是推论不出来的；假如我们对客观物质事物不可能有直接认识的话，那么我们对它也不能有间接的认识。这不是说没有感觉到的客观物质事物不存在，事实上，这样的事物多得很，只是我们没有感觉到它们而已（但它们都是可以感觉得到的）。"④这段话蕴含这么几层意思在其中：一是客观物质事物的存在不以人的意志为转移，人们感觉不感觉得到它，不影响它的存在。但是，人们不能感觉到它就不能形成对它的认识。当然，这是从人类整体上来说的，不是指单个人有没有感觉到某客观物质事物。二是存在的客观物质

---

① 金岳霖：《罗素哲学》，上海人民出版社，1988年版，第142页。

② 金岳霖：《罗素哲学》，上海人民出版社，1988年版，第146-147页。

③ 金岳霖：《罗素哲学》，上海人民出版社，1988年版，第148页。

④ 金岳霖：《罗素哲学》，上海人民出版社，1988年版，第148页。

事物不是靠推论而得出的，它是自在自为的，但可以用感觉的当下感受印证它的存在。三是很多事物没有进入人们的感觉之下，一方面是受人的实践能力所约束，另一方面也受人们的选择所影响，能否直接感觉跟认识主体的自觉程度有关联，包含一定的主体性成分在其中。四是没有直接认识就不可能有间接认识，直接认识是间接认识的基础或源头活水。

所以，金岳霖说："对客观物质事物的间接认识，都是从对客观物质事物的直接认识来的。没有对客观物质事物的直接认识，就不可能对它有间接认识。"①金岳霖就是以这种方式阐释了直接认识与间接认识的关系。从上段的分析与金岳霖对直接认识和间接认识的关系的分析来看，金岳霖很好地在认识论领域贯彻了唯物主义立场，明确指出客观物质事物不是靠推论推出来的，而是直接感觉到的，同时还不依赖于我们的感觉而存在，我们的感觉只是更加直观形象地证实了它的存在。金岳霖也较好地发挥了唯物主义辩证法思想，他坚持客观物质事物与感觉之间的因果关系，对直接认识与间接认识之间源与流的界定，对认识过程中尊重客观事实与发挥主体能动选择性的蕴含，等等，都较好地处理了主观与客观、主体与客体之间的辩证关系。虽然他对马克思主义哲学认识论的介绍是比较零散的，但是在维护马克思主义哲学基本立场与基本方法上做到了较好地处理，具有了较高的、自觉的运用马克思主义哲学分析、批判唯心主义哲学思想的水平和能力。特别还需要提出的是，金岳霖将感觉与错觉、幻觉、梦觉等区分开来，认为与实践相对应的是感觉，而不是错觉、幻觉或梦觉，这一方面是对他自己在《知识论》中的正觉观的自信和回应，另一方面也是为直接认识正确性提供一种担保，确保实践获取针对客观物质事物的正确的知识。同时，金岳霖还批判了罗素的感觉的私有，而强调感觉的公有，这为感觉、认识的主体间性问题提供了富有启发性的思路。自觉探讨公有和私有在认识论上的表现，而不是约定俗成地认为感觉就是感觉者之所公有，这是求真务实的表现，这样的处置也对马克思主义哲学更全面地探讨认识论问题，回应一些唯心主义哲学或不可知论者的驳难具有启示意义。总之，金岳霖批判罗素不承认蓝本因，并在批判的基础上来阐释直接认识和间接认识的关系，体现出多重哲学意蕴，也为认识论问题的研究提供了一些富有启发性的思路。

---

① 金岳霖：《罗素哲学》，上海人民出版社，1988年版，第148页。

(三)揭示实践是认识发展的动力

金岳霖在《罗素哲学》中指出罗素的感觉是没有变化的感觉,指出这种感觉是形而上学的抽象。他说:"在远古时代,实践不丰富,科学不发达;而现在,实践空前丰富,科学空前发达。在远古时代感觉是简单的、肤浅的、粗疏的,而现在它已经成为复杂的、深刻的、精细的。从远古到现在,感觉是起了变化的,有所发展的。感觉是受历史的影响的。大体说来,这个影响一方面来自实践,另一方面来自科学。"①他认为感觉在实践和科学的推动下可以不断丰富与发展,一方面介绍马克思主义哲学的基本观点,另一方面批判罗素的静态的感觉观,字里行间折射出实践不断提升人的主观感受能力的思想,促进感觉的提升,促进人的感官能力的提升,促进人的综合能力的提升,以别样的方式阐释了实践对认识的促进作用。

1.实践促使感觉器官感受能力提升

金岳霖说:"我们的感觉器官和神经组织都是工具,都是愈用愈灵的。我们的手的发展是许多的科学家早就注意到的,原始人的手和现代人的手不但是运用的方式和效力不一样,就连外形也不一样。神经组织也是有发展的;不过,由于不是专家,我们不容易谈它而已。"②金岳霖指出,实践促使人的感觉器官进化,带来人的感受能力的提升,这是实践对认识的推动作用的一方面。实践还可以通过推动工具的改进提升人们的认识能力,还通过训练人们长期运用工具来提升人的感受能力。金岳霖说:"制造精密工具和使用精细工具的手和一般没有训练的手很不一样。眼科大夫在做手术时,用某种线把病人的伤口缝起来。病人好了之后,他又用一把锋利无比的小刀去切断那根线。那根线是紧靠着眼睛的。大夫的要求是既切断那根线又不伤害眼睛。这个要求只有高超的手术才能满足。这种手术本身就是准确的动作,而这动作又是和视觉以及触觉的敏感分不开的。这种敏感只有长期的锻炼才能达到。"③在眼科大夫的手术中,精密工具的使用促使人的感觉能力提高,能解决凭借肉体力量和能力解决

---

① 金岳霖:《罗素哲学》,上海人民出版社,1988年版,第136页。
② 金岳霖:《罗素哲学》,上海人民出版社,1988年版,第136页。
③ 金岳霖:《罗素哲学》,上海人民出版社,1988年版,第136-137页。

不了的事情。对精密工具的使用的长期锻炼，促进人的感觉器官和感觉能力的提升，带动认识的进步。

2. 实践提升了人的主观综合感受能力，即知性能力

金岳霖说："感觉的发展，不只是限于不同官能本身的发展而已，而且导致综合的影响。……在不断发展中，感觉已经成为复杂的错综的活动。这种情况并不限于音乐，在工农业战线上，在戏剧表演上，到处都有。这种错综复杂的情况是不断地锻炼出来的，是实践所产生的。"①金岳霖说明了长期的实践会促使人的综合的感觉能力提升。人的实践是人整个人的实践，实践不仅促使对应感觉器官能力的提升，也会协同促进其他感官能力的提升，提升人的整体协调和敏感度。同时，金岳霖还提及错综复杂的活动，笔者认为这是指实践的长期展开，推动人的理性能力的发展，带来人的感受能力质的飞跃，跃进到思维具体把握的高度。在这个过程中金岳霖虽然不是正统地按照感性认识、理性认识在实践中展开和跳跃来探讨认识的过程，但是他说的这个错综复杂的活动实质上是一个由形象具体到抽象再到思维具体的否定之否定过程，这个过程的推进乃是实践作用的结果。虽然他没有明确指出这种错综复杂的活动的层次及其由来，但是可以窥见他已经对思维具体，对实践促使人的认识能力达到思维具体持肯定和积极的态度。

3. 实践推动认识并促进理性认识能力提高

金岳霖说："现在我们看到不只是感觉对认识有影响而已，而且返回来认识对感觉也有影响。不仅在实践的发展中感觉是发展的，而且在认识的发展中，感觉也是发展的。同时在实践与认识的互相作用互相影响中，它们对感觉的影响也是互相影响互相作用的。在加速了的历史发展过程中，感觉的发展也是愈来愈快的。"②实践是认识的基础，感觉是实践和认识的形式，在实践过程中，感觉和认识都得到提高，感觉能促进认识能力的提升，认识能力的提升也能促进感觉能力的提升，而这一切都是在实践的基础上进行，实践是认识和感觉能力提升的原动力。金岳霖说："对于一块砖我们这些不搞考古的人也许看

① 金岳霖：《罗素哲学》，上海人民出版社，1988 年版，第 137 页。

② 金岳霖：《罗素哲学》，上海人民出版社，1988 年版，第 138 页。

出它是一块砖，一位考古学家却可能看出是一块汉砖来。对于一幅画，我们只能看出它是一幅画，一个美术史家却可能看出是一张宋画来。认识显然是影响感觉的。"①他还用毛泽东的话来说明认识对感觉的促进作用："毛泽东曾指出，实践证明：感觉到的东西我们不能立刻理解它，只有理解了的东西才更深刻地感觉它。"②理性认识除了比感性认识更深刻之外，还能提升感觉能力。所以，就有外行看热闹，内行看门道的哲理。实践的深入，推动人们的认识跃进到理性认识阶段，具备了理性认识的人们就能透过现象的迷雾而感觉到事物内在深刻的本质。金岳霖以批判罗素哲学的方式阐释了实践推动认识质变进而提升人的理性认识能力，说明了实践对认识的推动作用。

综上可见，金岳霖在新中国成立后自觉学习和研究马克思主义哲学，并运用马克思主义哲学来分析和批判唯心主义哲学。虽然他在处理方式上有着较为固定或者呆板的模式，都是先罗列一段马克思主义哲学原理，然后再开始分析和批判罗素的哲学思想，有寻章问句之嫌；虽然他固守哲学的阶级立场，具有明显的运用"两个对子"模式来评判罗素哲学的倾向，这表明，他对马克思主义哲学的理解深深地打上了时代烙印，但他从实在论哲学立场转向认可、宣传马克思主义哲学值得肯定。

第三节　金岳霖在新中国成立前、后的哲学思想的比较

金岳霖的《罗素哲学》是其在新中国成立后的哲学思想的核心，虽然除此之外他还写过很多文章，但是主要是对自身哲学的批判。在当时的政治氛围中，他对自己的批判过于偏激，有些甚至脱离了实际，不好从学术上加以评论。此处要对比金岳霖在新中国成立前、后的哲学思想，主要以《知识论》与《罗素哲学》的认识论思想进行对比，同时简要涉及《论道》中的本体论思想。

一、哲学基本立场的变化

金岳霖对自己的哲学属性有很清晰的认识，自觉把自己归为实在论。他总

---

① 金岳霖:《罗素哲学》，上海人民出版社，1988年版，第138页。
② 金岳霖:《罗素哲学》，上海人民出版社，1988年版，第138页。

结自己的学缘关系时说，有两个人对他的影响非常大：一个是休谟，一个是罗素。休谟给了金岳霖哲学问题，金岳霖要攻克休谟的哲学难题，说明因果关系的必然性，让科学靠得住，为普遍必然性的知识提供担保。罗素给了他哲学方法，即逻辑分析法，由此金岳霖认为哲学之为哲学，不一定要靠大题目，精细的分析也是哲学。当然，最主要的是因为金岳霖相信常识，坚信科学，所以他承认外物的实在感。再加上他接触了很多实在论哲学家，如摩尔、怀特海等，他坚定了实在论的哲学立场。受求学经验的影响，金岳霖对马克思主义哲学的了解并不是太多。在国民党统治时期，受意识形态的影响和国民党政府的干扰，金岳霖对马克思主义哲学持反对的立场。他说过，他在 20 世纪 30—40 年代反对过辩证唯物论。他说："现在看来。从前的自觉的说法是表面上的事而已，骨子里的原因是阶级意识和服务于此意识的形而上学的思想体系从中作祟。我不是一个自觉地要维持阶级利益或知识分子的优越感的人，可是不自觉地间接地我仍然是要保存阶级利益或知识分子的优越感的人。……思想是有党性的。我当时的思想当然也有。"[1]他说自己也抗拒过辩证法，他在批判梁漱溟的直觉主义的文章中指出："我个人在 20 年前抗拒辩证法，主要地是因为我的阶级意识在推动我，但是也是因为当时所提出的辩证法是诡辩。"[2]可见，金岳霖拒绝唯物论和辩证法与当时的意识形态统治有着莫大的关系，也与马克思主义的后继者当时纠结于阶级对立，不能很好地宣传和推广马克思主义有很大的关系，导致金岳霖对马克思主义的误读与误判。他还说："假如在解放之前有人拿着 1937 年出版的《实践论》要我研究，我一定会歪曲《实践论》，我一定会根据形而上的方式把它批评得不像样子。我会以知识里手自居，用讽刺的口吻说认识问题不是几千字能解决的；我会说认识的主要问题在《实践论》里没有提出；我会毫无疑问地说认识与阶级斗争不相干……"[3]。可见，新中国成立前的金岳霖是一位在认识论领域非常自信，甚至自负的哲学家，愿意惬意地冥思于自己哲思的天堂里，对世界、社会甚少关注，过的是书斋式的哲学生活。这个自负的书院哲学家后来如何演变为马克思主义哲学的痴迷追随者了呢？

---

[1]　金岳霖学术基金会学术委员会编：《金岳霖文集》(第四卷)，甘肃人民出版社，1995 年版，第 14 页。

[2]　金岳霖学术基金会学术委员会编：《金岳霖文集》(第四卷)，甘肃人民出版社，1995 年版，第 145-146 页。

[3]　金岳霖学术基金会学术委员会编：《金岳霖文集》(第四卷)，甘肃人民出版社，1995 年版，第 16 页。

　　中国共产党领导人民所进行的社会革命和建设的伟大实践对金岳霖产生了巨大的震撼力，这也是金岳霖发生哲学立场转变的根本原因。金岳霖说："北京的解放带来了一个崭新的世界。在这个世界里，我们起先只是观察而已。这个世界经得起观察，耳闻目见的奇迹非常之多，现在也不必一一提到。大致说来，解放军的纪律，无论在乡村或城市，都使我们不得不爱护解放军；共产党的领导使我们不得不心服；政府的作风使我们不得不拥护。"①金岳霖是一个爱国主义者，也是一位正直的学者。新中国成立后，他亲历中国共产党和人民政府政治清明，全心全意为人民办实事，这些促使他内心深处拥护共产党，他认为新民主主义革命的胜利绝不是偶然的，它的背后一定有真理在支撑。金岳霖心悦诚服地接受了中国共产党的领导，反映到思想上就是对马克思主义的接受，并自觉转向学习和运用马克思主义哲学。再加上中国共产党发动知识分子进行大规模的政治学习，号召他们与旧思想决裂，清算资产阶级唯心主义思想。高强度的政治学习、改造促使金岳霖加强了对马克思主义哲学的学习，渐渐地由先入为主地否定马克思主义哲学转变到逐渐接受，并到最终信仰马克思主义哲学。

　　金岳霖哲学立场转变的根本原因还是在于金岳霖自身的新实在论哲学思想与马克思主义辩证唯物主义的相通性，这促使他由被动学习转为自觉接受马克思主义哲学。金岳霖的哲学思想——新实在论承认外在事物的客观实在，承认思维是对外在事物的反映，承认"符合说"的真理观等，这些思想上的相似性和契合性是哲学家能够发生哲学立场转变最深沉的原因。胡伟希先生说道："辩证唯物论与一般朴素唯物论不同，它不满足于一般地承认外部世界的存在，思维是对存在的反映，而且承认思维具有能动的、革命的性质。这恰恰与金岳霖建国前写的《知识论》的基本观点——意念来自所与又规范所与，可以相通。所以，建国以后，金岳霖选择和接受辩证唯物论决不是偶然的，在其前期思想中是有脉络可寻的。"②正是因为金岳霖的思想与马克思主义哲学相似、相通之处颇多，他才能够比较顺利地转变为马克思主义者，而且没有过多的痛苦。而且在他转变之后还能为马克思主义哲学的丰富与发展作出积极的贡献，前文已经有较多的论证，此处不再赘述。

---

① 金岳霖学术基金会学术委员会编：《金岳霖文集》（第四卷），甘肃人民出版社，1995 年版，第 16 页。

② 胡伟希：《金岳霖哲学思想》，湖北人民出版社，1994 年版，第 32 页。

　　新中国成立后金岳霖很努力地学习马克思主义哲学，将马克思主义作为信仰，还加入了中国共产党。"1958 年，金岳霖以中国文化代表团副团长身份访问英国时，他在牛津大学向听他讲演的英国哲学家们理直气壮地宣布，他已成为一名'马克思主义者'。他还很坦然地谈到，旧哲学研究是了解和认识世界，而马克思主义的哲学，则不仅仅是了解、认识世界，还要进一步改造世界和推动人类社会的不断进步。可见，马克思主义对于后期金岳霖来说，已不仅仅是一种哲学，同时还是一种思想信念。"①金岳霖认为，"学习马克思列宁主义应该抱着虚心的、从头学起的态度，要系统地、彻底地去学习"②。通过大量学习之后，他真心拥戴辩证唯物论的"领导地位"。他说："第二个时期，是 1950 年第二次课改时起到 1951 年春天。开始的时候，我已经承认了辩证唯物论的领导地位，……我认为辩证唯物论，是一条贯串各种学问的红绳子似的"③。晚年他还说："我追随毛主席接受了革命的哲学，实际上是接受了历史唯物主义。现在仍然如此。"④所以说，金岳霖转向马克思主义主要是思想上的认同、政治上的认同，是一种自觉自愿的行为。

二、哲学方法的转变

　　金岳霖的哲学方法主要是逻辑分析法，这是他从罗素和摩尔那里学到的，并在《论道》和《知识论》当中娴熟地运用。在《论道》中他利用"宽义的经验"获取两个形上本原——"式"和"能"，然后以此为基础，运用逻辑分析法，构建了一个庞大的哲学体系，演绎出整个世界，完成本体论的逻辑构造。在《知识论》当中，他通过对概念的厘定，对问题的分析，将知识问题逐步引向深入，表现出高超的逻辑分析水平。金岳霖的著作当年被冯友兰赞誉为"道高青牛，论超白马"。冯友兰认为金岳霖的《论道》比《老子》更为高明，《知识论》的逻辑分析水平比公孙龙更胜一筹。可见，金岳霖的逻辑分析法在中国哲学史上是有口皆碑的。但是，在系统接受马克思主义辩证唯物主义思想之后，金岳霖的哲学方法发生了根本的转向，由逻辑分析法转向辩证分析法。这种转向并不是说金岳

①　胡伟希：《金岳霖哲学思想》，湖北人民出版社，1994 年版，第 30-31 页。
②　金岳霖学术基金会学术委员会编：《金岳霖文集》(第四卷)，甘肃人民出版社，1995 年版，第 115 页。
③　金岳霖学术基金会学术委员会编：《金岳霖文集》(第四卷)，甘肃人民出版社，1995 年版，第 35 页。
④　刘培育主编：《金岳霖的回忆与回忆金岳霖》，四川教育出版社，1995 年版，第 57 页。

霖不再用逻辑分析法了，而是指他在用逻辑分析法的同时，更加注意捍卫本体论立场，注重关注社会现实问题，更加注重根据事物的实际来进行分析，体现出以解决矛盾、解决问题为目标，体现出分析的灵活性和具体性。下面我们来分析一下金岳霖从逻辑分析法为主向以辩证分析法为主的哲学方法的转变。

（一）由专注于概念分析向注重捍卫唯物主义基本立场转变

前文已经介绍过金岳霖对罗素逻辑分析方法的批判，此处不赘述。他在《罗素哲学》中讲道："为什么罗素要把他自己的哲学叫作逻辑分析的哲学呢？一个直接的理由是，他以为他是超然于唯物主义和唯心主义两条哲学路线的斗争之上的。……在马赫以后，一部分哲学家把唯物主义和唯心主义都看成玄学，以掩盖他们自己的唯心主义。罗素的哲学正是这样的。罗素把他自己的哲学叫做逻辑分析的哲学的另一理由，是认为逻辑分析，特别是数理逻辑的分析，解决了哲学上一直没有得到解决的重要问题，例如无穷和连续的问题。不错，作为数学概念的无穷和连续，一直是有问题的。这些问题，通过数学家的努力，可以说是得到了以前所没有得到的解决。但是，在哲学上，无穷和连续是不是同样也得到了以前所没有得到的解决呢？如果不承认物质运动是永恒的，不承认这个永恒的运动是有穷和无穷的辩证的矛盾的统一，不承认这个运动是连续与间断的辩证的矛盾的统一，那么，单纯的技巧方面的精确化是不能解决问题的。"①之所以用这么长篇幅引用金岳霖《罗素哲学》中所讲的话、所持的观点，就是要说明金岳霖在对罗素的分析方法的批判上让自己思考问题、分析问题时较自觉地上升到用哲学立场来指导哲学方法的运用，认识到摆正哲学立场是进行哲学分析的前提，同时也是击穿一些哲学思想以科学代替哲学、犯偏概全的错误的前提。金岳霖认为试图模糊唯物主义与唯心主义哲学派别、哲学路线是不可取的。在哲学发展的路径上，哲学家们必须在哲学根本立场上摆正位置，作出选择，否则任何哲学方法的运用都是徒劳，都是做虚功。而实质上，在金岳霖前期的哲学思想中，他也试图超然于唯物主义与唯心主义这两条哲学路线——他将自己的哲学称为唯实哲学，就有这样的意图。在前期的哲学思想中，他尽可能避免谈哲学立场问题，想做一个书斋式的哲学家，逃避政治。但是，在接触到马克思主义哲学之后，特别是接受了毛泽东的哲学思想之后，

―――――――――――

① 金岳霖：《罗素哲学》，上海人民出版社，1988年版，第54-55页。

他认为哲学的基本立场决定了哲学的前途和命运，也决定了哲学方法的正确运用，他才自觉地由逻辑分析的方法向辩证的方法进行转变。这个转变过程，也让他自己的哲学更加务实，更加接地气，更加具有现实支撑，迎来源头活水。

（二）由注重对理论的论证向注重对问题的揭示进行转变

金岳霖说："理论上的清楚不是最后的标准。最后的标准是实践上的清楚。如果一个人能够把正确的理论转化为正确的实践，他对理论就真正清楚了。"①这段话道出了在新中国成立后他在哲学上进行逻辑分析的目标，即要通过分析形成正确的理论，最终是为实践服务，求得实践中问题的解决。按照马克思主义哲学观点，在事物的发展过程中，会存在诸多矛盾，矛盾又分为很多方面。在众多矛盾中，对发展起决定作用的是主要矛盾；在同一矛盾的不同方面中，决定事物本质的是矛盾的主要方面。所以，找出事物发展过程中的主要矛盾和矛盾的主要方面，进行深入而细致的分析，才是对事物实施实践改造的关键。马克思主义哲学的矛盾分析法、辩证分析法都是以解决问题而进行分析的方法，是非常实用的方法与工具。

金岳霖在新中国成立后在哲学上意识到哲学分析法需要紧扣事物的矛盾，培育强烈的问题意识，在分析中切中要害，这是一个莫大的进步。但是，在新中国成立前，在哲学上他走的是书斋式哲学路线，沉醉于名辩，仰慕数学家，认为靠演算就能推导出必然的知识。金岳霖沉醉于这种哲学动物式的哲学方法，他对形式化的过分追求，使得他的哲学中没有对现实世界应有的关注，以至于他的哲学给人过分呆板的冷峻，让人感受不到对现实的关怀。他自己在《知识论》中很刻意地避开对现实的关注，而陷于纯粹的分析。比如，在谈论"收容与应付的工具"这个话题时，因为要牵涉到语言、习惯等，而语言或习惯都会有一些约定俗成的成分在里面，所以追求绝对形式化的金岳霖就在这些问题上提出要取消这些东西的意味，而单纯留下意义，理论的意义。他还提出要剔除概念的社会性，让其成为绝对的、光溜溜的概念。这些都体现出金岳霖对现实对象、内容的拒斥，空留现实对象的形式。

马克思主义实践唯物主义坚持以改造世界为根本目标，坚持认识与实践的辩证统一关系。它认为实践对认识起决定作用，实践是认识的来源，是认识发

---

① 金岳霖：《罗素哲学》，上海人民出版社，1988年版，第59页。

展的动力,是检验认识的标准,是认识的目的和归宿。哲学的分析法在认识过程中属于理性认识层次,是为找到事物的本质与规律而服务的,最终还是为改造客观事物服务的。所以进行哲学分析以解决实践问题和实现目标为旨归,金岳霖在新中国成立后能够自觉地认识到这一点,说明他在哲学方法的转变上较自觉地跟上了马克思主义哲学的轨迹。

(三)在知识与智慧问题上由分界划疆向辩证综合进行转变

在金岳霖的早期哲学思想中,他深刻感受到了西方近代以来所带来的科学主义与人本主义的二元张力,然而他却是以本体论和认识论的分界划疆的方式来处理的。对于知识论他只求理智的满足,对于本体论则寄予情感的依托,这在《论道》那本书的绪论中有很明确的说法。他说:"我现在要表示我对于元学的态度与对于知识论的态度不同。研究知识论我可以站在知识论底对象范围之外,我可以暂时忘记我是人,凡问题之直接牵扯到人者我可以用冷静的态度去研究它,片面地忘记我是人适所以冷静我底态度。研究元学则不然,我虽可以忘记我是人,而我不能忘记'天地与我并生,万物与我为一',我不仅在研究底对象上求理智的了解,而且在研究底结果上求情感的满足。"①从金岳霖这段话所表明的态度来看,他对认识论问题的研究只求理智的理解,不追求情感的满足。在知识论上,他只专注于冷静的分析,不追求对象的属性,以至于他的本体论与认识论是二分的模式,认识论与本体论牵连度不强。当然,在早期哲学思想中,金岳霖也意识到罗素的独立存在的外物为什么建立不起来,他认为根本的原因在于罗素缺乏统摄哲学的玄学,没有本体论的依据,所以他自己在知识论体系之外还专门逻辑构造一个玄学的体系,目的是克服罗素的不足。但是这种意义不是很明显。而对于罗素哲学,金岳霖明确指出了认识论要以坚决坚持本体论为前提。只有在客观物质事物统一的独立存在性前提下,认识才可能得以展开。他认为思维是以客观事物为反映对象,因而对思维的分析要以对客观事物的分析为基础。他认为罗素的分析是本末倒置的分析,无法切中客观事物本身,只能是主观的分析。罗素是舍弃实体的,抛开客观物质事物,因而他的分析是毫无意义的、空的分析,只是种概念游戏。他认为真正的认识可以由浅入深、由现象到本质、由片面到全面,最终达成真理,实现智慧。

---

① 金岳霖:《论道》,中国人民大学出版社,2007年版,第15页。

(四)由注重分析概念静态结构向注重把握事物动态历程转变

金岳霖在《论道》的绪论中开诚布公地亮明了自己的态度。他说:"这所谓思想不是历程而是所思的结构。静的思想没有时间上的历程,只有条理上的秩序。我个人寻常所注重的是静的思想,我这本书所表示的也是所思底结构。这结构也许粗疏,形式也许松懈,注重形式的人们读起来或者不满意,这在现在我没有纠正底方法。"①他承认自己的本体论是一个形式化的结构,而不是时间流变的历程。他的知识论更是静态的思想,知识论是为知识而作的理论的陈述,探寻的是一丝一条的理,所以彰显的更是静的结构性的思想。他的本体论本意是追求大化流行的脉络的,然而自己是做的形式化的处理,对形式化的过分追求,导致其本体论中也难以达到情感的满足。可见,金岳霖前期思想完全可以归结为静态的逻辑分析,不关心对象的发生、发展。但是,在《罗素哲学》中,在系统接受马克思主义哲学之后,金岳霖在批判罗素的逻辑分析方法时指出,罗素的逻辑分析方法不是辩证的分析法。辩证的分析法要关注事物的时间、地点和条件,要从事物动态的变化中去进行分析。金岳霖对罗素逻辑分析法的批判及对辩证分析法的遵循,体现出他在哲学方法上由静态向动态转变,为他形成"概念是变化的"的思想打下基础。在他前期的哲学中,他因为关注的是静态的思想,因而获得的是事物的恒定状态,相应也认为概念是不变的。由静态分析向动态分析转变,为金岳霖在接受马克思主义唯物论的基础上增添了辩证法的光芒,让他更好地学习和掌握马克思主义哲学。

三、金岳霖学生的评价

金岳霖的学生颇多,其中在哲学元理论上继承他衣钵的主要是冯契,而在逻辑学领域有着突出的作为的则主要是王浩。学生是老师思想、人格、学术品性的直接继承者,学生对老师的评价也是最真实、最中肯的。对金岳霖在新中国成立前、后的哲学思想、立场的转变进行考察,将目光锁定在他得意的学生身上定然不会错。下面,就以冯契和王浩二人对金岳霖哲学思想转变的看法为基础来进行一些评析。

---

① 金岳霖:《论道》,中国人民大学出版社,2007 年版,第 1 页。

（一）冯契的评价

冯契先生在为金岳霖的《罗素哲学》所作的"跋"中对金岳霖思想的转变有较为深刻的评价，这可以视作对比金岳霖哲学思想前后转变的重要佐证。冯契说："从金先生本人的哲学思想的发展来说，《罗素哲学》一书的重要性就更为明显了。它从辩证唯物主义的观点考察了认识论和逻辑学中的某些带根本性的问题，提出了创造性的见解，标志着金先生晚年的哲学思想经历了一次飞跃而达到了新的高度。例如关于感觉的学说，《知识论》虽已突破了实证论所设置的障碍，肯定感觉能给予客观实在，但金先生当时还没有马克思主义的实践观点，还不懂得对象的实在感首先是由实践提供的。《罗素哲学》则把社会实践观点作为认识论的基石，肯定感觉与实践不能分离，而实践就是社会的人与客观事物打交道；历史地考察，正确的感觉映象已包含有实践的检验和科学认识的影响在内。所以，感觉能给予客观实在，感觉映象以客观事物为'蓝本因'，正是社会实践和科学史所反复证实了的。显然，本书第五章所阐发的感觉论，比之《知识论》来是大大前进了。当然，《知识论》中提出的'所与是客观的呈现'的论点并没有被否定，'耳得之而为声，目遇之而成色'的命题得到新的论证。"①冯契先生还赞扬了金岳霖在逻辑学领域的转变和贡献。逻辑学这个领域太专，笔者学养不足，只能藏拙。下面对冯契以此所评价的金岳霖思想转变或进步的两个方面进行简要的分析。

金岳霖前期的哲学是求助于常识的，主张打破西方的"唯主方式"，肯定经验能够获得对象的实在感。他从对象的存在不依赖人的意识，存在和知道存在是两件事、对象的性质独立于感觉者的意识、被知的对象有它自身绵延的同一性这几个方面来论证对象的实在感。这是一种论证法，论证的依据是常识，认为客观真理与常识并不相违背。基于此，人们就得承认感觉能够给予人们客观实在感。这种处理方式显然是肤浅的，是缺乏理论高度的，是一种经验主义的方式，这对于以严密理论论证而著称的金岳霖而言不能不说是其哲学思想中的一大令自己羞耻的瑕疵，所以超越这个不足是金岳霖必须完成的。而"感觉能否给予客观实在"这个问题对于知识论大厦，对于认识论问题的展开，是最为基础的一环。金岳霖在新中国成立后自觉系统地领悟马克思主义实践唯物主

---

① 金岳霖：《罗素哲学》，上海人民出版社，1988年版，第291—292页。

义，他找到了克服自身不足的法宝——社会实践。金岳霖说："我们强调了实践或社会实践，它是和现实直接打交道的活动，虽然是有目的的，但它本身就是物质的活动。在这样的实践中，客观物质事物是直接的对象、材料或与料（data）。因此，在和实践密切结合着的感觉中，客观物质事物也是直接的对象、材料或与料，它的存在不是假设，不是推论出来的。这一点非常重要。只有能够作为感觉的直接对象或与料的客观物质事物，才能真正成为认识上第一性的东西；也只有这样的客观物质事物，才是真正的反映论的基础。"[①]在运用和阐释马克思主义哲学的实践观时，金岳霖强调了实践本身是一种客观物质性的活动，实践是人作为一种客观物质性的存在运用物质性的工具改造物质性的客体，实践的主体、中介、客体都是客观物质性实体，实践的实在感非常明显。他也论证了实践与感觉不可分裂的关系，认为感觉就是实践的一种方式，在实践感觉中主体能够深深感受和体验到对象的实在，对对象的实在感是主体最基本的体验。他还根据实践作为社会性、集体性的活动，论证了实践在群体或集体的实践中获得对象的实在感，大家对对象有着相同的感受，这种感受是对象自身的实在所赋予这个群体或集体的。同时，金岳霖还阐明了实践对感觉、认识的检验，认为实践是对象实在感的检验标准。所以，接受了马克思主义哲学的实践观后，金岳霖对罗素的哲学的批判就更为有底气，也更为犀利。当然，也为自己的知识论观点找到了有力的支撑。

在"所与是客观的呈现"这个论点问题上，金岳霖在新中国成立前的哲学思想是以所与作为对象与内容的统一体来处理的，认为所与作为内容，它是呈现，作为对象，它是外物或外物的一部分，所与在正觉的基础上实现了内与外、主与客的统一。冯契先生认为，金岳霖的"所与是客观的呈现"是其一大理论贡献，在《罗素哲学》中金岳霖延续了自己的这一思想，并没有否定。而且，通过引入马克思主义哲学的实践观点，论证实践与感觉的不可割裂性，以感觉对象表示所与的在外、在客的实在性，以感觉内容表示所与的在内、在主的感受性，感觉是感觉对象与感觉内容的统一，二者的统一基础是社会实践，同时社会实践还具有主体间性，这样实现了对所与理论的华丽转型，赋予了其马克思主义哲学内涵。

---

① 金岳霖：《罗素哲学》，上海人民出版社，1988 年版，第 163 页。

（二）王浩的评价

王浩是金岳霖最得意的逻辑学领域的学生。他在回忆金岳霖的在新中国成立后的哲学思想状况时说："因为政治形势变动太快，又与一个社会特殊的情况关系太密，学术上所追求的相对的普遍性及永久性往往和配合政治的要求发生冲突。特别在哲学的探索中，较基本的研究和当前宣传的需要有颇大的距离，是两种不同性质的任务，很少人能够在两方面同时作出很好的成绩。举例来比较一下：通常一个水平高的数学家或物理学家，并不善于作工程上实际的应用，更不要说作出商品来直接赚钱。"①王浩的评价是非常客观公允的。一个人的注意力是有限的，当专注于某一个领域的时候，其他领域的能力和水平自然难以突出，没有真正意义上的全才和通才。金岳霖在轰轰烈烈的政治运动中学习马克思主义哲学思想，还没有来得及消化和系统领悟，就被拉到各种场合进行报告、讲座，根本不能安静下来进行深入思考。金岳霖谈到当年的情景时说："解放后，我们花大工夫，长时间，学习政治，端正政治态度。"②高频率的政治活动严重影响了金岳霖对马克思主义哲学掌握的广度和深度。另外，金岳霖当时接触到的基本上是苏联模式的马克思主义哲学，他对于苏联教科书式的哲学有一定的抵触情绪。金岳霖实质上是比较认可马克思主义哲学的，他很早就接触过马克思主义，在他的博士论文中就 6 次提到过马克思和马克思主义，认为马克思体系是人类天才的产物，认为马克思主义的辩证唯物论是符合时代精神的，等等。③ 但是当时苏联教科书式的哲学管制，影响了他对马克思主义哲学的学习和把握。受当时政治风气影响，金岳霖被迫用"两个对子"的模式来进行自我思想的批判和对罗素哲学的批判，而不是像他的在新中国成立前的哲学一样，能够冷静地思考哲学问题。

王浩还有这么一段评价："金先生于 1949 年以前及以后追求了两个很不相同的理想。……1949 年以后的理想，可以说是以哲学作为一项思想上的武器，为当前国家的需要直接服务。1949 年以前的理想则是以哲学作为一项专门的学问来研究，直接间接为中国在国际哲学领域内争取较高的地位，同时逐渐扩

---

① 中国社会科学院哲学研究所编：《金岳霖学术思想研究》，四川人民出版社，1987 年版，第 47 页。

② 刘培育主编：《金岳霖的回忆与回忆金岳霖》，四川教育出版社，1995 年版，第 60 页。

③ 刘培育主编：《金岳霖思想研究》，中国社会科学出版社，2004 年版，第 392 页。

展后来者的眼界，改进他们的精神生活。为接近这两个思想所需要的能力和准备都很不一样，所以一个人如果多年来专心追求一个理想而中途忽然转向另一个理想，恐怕不易得到象持续一个理想所能得到的成绩"①。王浩道出了金岳霖哲学道路上的客观事实。金岳霖新中国成立后以哲学思想为政治服务而作出的转变诚然没有特别突出的成果，更多的是在宣传马克思主义哲学、理解马克思主义哲学，没能形成自己原创的哲学思想，这是特定的环境使然。在这里，也要表述一下笔者个人的观点。哲学为政治服务是其必然的功能，马克思主义从来不避讳思想的阶级性问题，马克思主义哲学也展示出了茁壮的生命力，马克思主义哲学也非常不简单，以马克思主义哲学研究作为终身事业追求也肯定能够结出硕果。但是，要一个搞了几十年实在论哲学的哲学家在晚年转向进行马克思主义哲学研究，并且期望他能够取得在他专业领域一样高的成果，这是有点强人所难。所以，金岳霖出于爱国情怀，出于对中国共产党的拥护和支持，乃至虔诚信仰，做到了系统掌握马克思主义哲学思想体系，并能自觉运用马克思主义哲学来分析与批判思想，就已经难能可贵了。

---

① 中国社会科学院哲学研究所编：《金岳霖学术思想研究》，四川人民出版社，1987年版，第47-48页。

第三章

金岳霖哲学思想对冯契"智慧"说启示与影响

    冯契(1915—1995)1935年进入清华大学哲学系学习，1941年成为研究生，在研究生期间系统接受了金岳霖的哲学思想，冯契是金岳霖哲学思想的最大传承者。冯契作为金岳霖的衣钵传人，很好地继承了金岳霖的哲学问题、哲学思想和哲学方法，沿着金岳霖的哲学方向不断走下去，并将其发扬光大了。在冯契的回忆中，他多次提到金岳霖对自己的影响，我们不妨列举一下。第一，冯契说："譬如说，我这个小册子(指《怎样认识世界》，冯契的认识论著作——笔者注)中讲概念对现实有摹写和规范的双重作用，还说在科学研究中即以客观现实之道还治客观现实之身，理论便转化为方法，这都是金先生的见解，我不过换了两个字，略加引申罢了。"①第二，冯契说："为要把认识论的研究引向深入，我应该从老师自己肯定为'讲对了'的地方出发，沿着辩证唯物主义的路子前进。"②第三，冯契说："'所谓利用自然律以为手段，就是引用在试验观察中所用的方法底背后的理，以为手段和工具。'就是说，在观察实验中运用自然律作为接受方式，以得自然过程之'理'还治自然过程，科学理论便成了工具或方法。"③第四，冯契说："他(指金岳霖——笔者注)说辩证逻辑主要解决一个大矛盾，即'客观事物的不断运动变化发展和思维认识的僵化、客观事物的普遍联系和思维认识的孤立化、客观事物的整体和思维认识的零碎化……等的矛

---

① 中国社会科学院哲学研究所编：《金岳霖学术思想研究》，四川人民出版社，1987年版，第54-55页。

② 中国社会科学院哲学研究所编：《金岳霖学术思想研究》，四川人民出版社，1987年版，第55页。

③ 中国社会科学院哲学研究所编：《金岳霖学术思想研究》，四川人民出版社，1987年版，第59-60页。

盾'。这个论点,我认为是正确的。"①第五,冯契说:"金先生是中国近代最有成就的专业哲学家之一,不过他当时的心情是矛盾的,他慨叹苏格拉底式的人物(即身体力行、热心传道的哲学家)一去不复返,使世界失去了绚丽的色彩。……哲学不能是冷冰冰的概念结构,它要给人理想、信念,激发人们的热情,鼓舞人们为之而奋斗,所以哲学家应该是苏格拉底式的人物。但是哲学也要不断改变表达工具,不断丰富自己的积累。为对哲学命题作精深的分析和严密的论证,并使哲学与科学和其他文化部门保持巩固的联系,这是需要有一批人专职从事,虽专职从事,但是不要忘了'传道',不要脱离人生;虽热心'传道',但也不流于简单的说教,而要用清晰的概念作严密论证,不断用新的科学成就来丰富和发展马克思主义哲学。"②第六,冯契说:"金先生的见解(这里指本然陈述——笔者注)未必全都精当,重要的是他以独特的方式提出这个重大问题(对超名言之域如何达的问题——笔者注),并作了深刻的富于启发性的探讨。而他当时之所以和我比较多地讨论了'名言世界与超名言之域'的问题,则同我要写研究生毕业论文有关。在我看来,这个问题实质上就是意见、知识和智慧的关系问题。"③第七,冯契说:"《智慧》一文运用了比较多的中国哲学资料,但它受金先生的影响是明显的。术语基本上都按照金先生的用法……我现在整理《智慧说三篇》,主旨还是在探讨知识和智慧的关系问题,经过曲折的历程,仿佛又在向出发点复归,而这个出发点是和金先生的引导分不开的。"④

　　这里引用了冯契在两篇文章中的七个表述显得有点啰唆,但确实在于金岳霖对冯契的影响是全方位的,是想从多个层面将金岳霖对冯契哲学思想的影响呈现出来。第一个引用是要说明冯契是完全照着金岳霖的认识论路线走下去的,大量的哲学观点、哲学结构,连哲学词语都是沿用金岳霖的原话,甚至连一些举例都是直接沿用了,这说明冯契深信金岳霖的路子是对的,沿着这个路子能探明认识由无知到知再到智慧的法则,到达转识成智的光辉彼岸。第二个引用是想说明冯契在金岳霖提供的哲学基本问题的基础上,丰富与发展了金岳霖的知识论,将金岳霖探讨的认识论两大主要问题(感觉能否给予客观实在?

① 中国社会科学院哲学研究所编:《金岳霖学术思想研究》,四川人民出版社,1987年版,第63页。
② 中国社会科学院哲学研究所编:《金岳霖学术思想研究》,四川人民出版社,1987年版,第67-68页。
③ 刘培育主编:《金岳霖的回忆与回忆金岳霖》,四川教育出版社,1995年,第142-143页。
④ 刘培育主编:《金岳霖的回忆与回忆金岳霖》,四川教育出版社,1995年,第143页。

理论思维能否达到科学真理?)拓展到逻辑思维能否把握具体真理、理想人格或自由人格如何培养。实际上金岳霖也提到过这些问题，只是没有深入展开研究，后面会讲到这些。第三个引用意在说明金岳霖的科学理论转为工具的思想对冯契的"化理论为方法"的启示之功。第四个引用是说明金岳霖所说的大矛盾即是宇宙整体、大全之道，是大写的真理，为冯契用具体概念去把握具体真理的思想起到了指引作用。第五个引用在于说明金岳霖的思想中对苏格拉底式人物的推崇，为冯契探讨人的自由和真善美，化理论为德性的思想启示了研究空间。冯契的"智慧说"思想是广义的认识论，探讨了四个主要的认识论问题，即感觉能否给予客观实在，理论思维能否把握普遍有效的规律性知识，逻辑思维能否把握具体真理，理想人格或自由人格如何培养，体现出"一体两翼"，即以《认识世界和认识自己》作为"体"，以《逻辑思维的辩证法》和《人的自由和真善美》作为"两翼"，在转识成智的基础上做到"化理论为方法"和"化理论为德性"。当然，金岳霖对冯契影响最大、最多的是在解决前两个认识论基本问题上，但是对后两个认识论基本问题也有昭引之功。第六个引用是说明冯契穷其一生所建立的"智慧说"理论体系最大的根源是有感于老师金岳霖在名言世界和超名言之域的困惑，在知识与智慧、科学与人文、工具理性与价值理性之间的二元张力中的挣扎。中国近代哲学的基本问题也是围绕此问题而展开的。金岳霖敏锐地察觉到这一二元对抗带来的哲学问题，但他是以分界划疆的方式来处理。冯契不满足于这种分界模式，借助于马克思主义实践唯物主义和中国传统哲学来追求转识成智，破解了这一难题。金岳霖的苦恼和探索是冯契思考哲学问题的源头，发端之功非常明显。第七个引用同样是说明金岳霖对冯契深入探讨智慧问题的引导作用，也包括在一些范畴和方法上的对冯契的启示作用。冯契用马克思主义实践唯物主义路子，用中国传统哲学的范畴，如博学、心斋等作了发挥，促进马克思主义哲学中国化。

下面，我们具体探讨一下金岳霖对冯契哲学的影响和启示的各个方面。

第一节　在感觉能否给予客观实在问题上金岳霖对冯契的启示

感觉论是认识论的基础，感觉能否把握客观事物，能否捕捉到客观事物的信息是能否建立起知识大厦的决定性环节，也是能否建立可知论和反映论的前提。在这个问题上，金岳霖径直承认"有官觉"和"有外物"两个预设命题，以正觉基础上"所与是客观的呈现"对"感觉能否给予客观实在"给予了客观、肯定的回答。冯契在老师所认为正确的道路上，借助于马克思主义实践唯物主义路子进行了更富有成效的探讨，二者遵循相同的学术理路，甚至连基本概念和范畴也相同。师徒二人对历史上的不可知论进行了批判，为后面解决"理论思维能否把握普遍有效的规律性知识"打下了基础。在"感觉能否给予客观实在"这个问题上，金岳霖给予了冯契直接的哲学问题和方法的启示，只不过他是以常识和经验立论，进行的是静态分析。冯契则是以实践唯物主义方法进行辩证，动态把握感觉发生发展的过程，超越了金岳霖。但是这不能否定金岳霖在这一问题上的创造性贡献及为冯契打下的思想基础。下面，我们具体来阐述和分析一下两人的基本观点和思想。

一、在批判西方"唯主方式"问题上金岳霖对冯契的启示

在阐释自己的感觉论时，金岳霖首先批判了西方"唯主方式"的出发点，认为"唯主方式"就是以"主观的或此时此地的官觉现象底出发方式"[①]。这种出发方式的典型代表是贝克莱，提出了"存在即被感知"这一命题，认为只有当官觉到的时候，我们才知道某物存在；反过来说，如果离开了官觉，外物的存在与否，我们无从知道。金岳霖认为休谟、康德、罗素的出发方式都是主观的出发方式，并且认为这些持"唯主方式"的哲学家的认识论都有共同的致命缺陷：得不到真正的共同；得不到真正客观存在的外物。于是，这些"唯主方式"的哲学家便只能通过推论或构造来建立外物，这样，感觉找不到起点，知识大厦建立不起来。所以，金岳霖要抛弃"唯主方式"，采取直接假设外物之有的"非唯主方式"。他说："不先假设或肯定外物之有我们不能从官觉内容或原则推出外物来，而先假设或肯定外物之有我们的确可以推出外物来；可是既然肯定或假设了外物之有我们又何必推论呢？总而言之，不先肯定或假设外物之有，推论说不通，而先假设或肯定外物之有推论用不着。"[②]金岳霖认为，西方"唯主方式"对人类中心或当下主观感觉的片面夸大或绝对化导致他们无法得到确切的、共同的知识，而且是对常识的否定。他决定以常识，即从朴素实在论出发

---

① 金岳霖：《知识论》，商务印书馆，2004 年版，第 42 页。

② 金岳霖：《知识论》，商务印书馆，2004 年版，第 69—70 页。

来建立自己的知识论体系，提出了不同于西方"唯主方式"的出发命题，即"有官觉"和"有外物"。

金岳霖认为知识大厦最基础性的事体就是要有建立起知识的实在的对象及人们对它的感觉。金岳霖认为，知识论是关于知识的理的学问，我们对于它有两个基本的要求。他说："一个要求是理论能够维持真正感，另一个要求是理论底对象能够维持实在感。"①金岳霖认为理论思维能够维持真正感，这种真正感不是思想图案中各部分之间的关系，而是思想与外在事物之间的关系，要求知识是真的必然蕴含着承认有独立存在的外物这一要求，否则就只是在主观领域内兜圈子，得不到真正共同的知识。实质上，外物的存在必须是知识论预设的，我们求知识就是要求外在事物的理，就必须以外在事物为对象，将外在事物所蕴含的理挖掘出来。西方"唯主方式"的错误在于不承认有独立存在的外物，或者说不肯定外物之有。他们也强调知识是表述理的，然而他们对理不作向外求索，这诚然是人为自然立法，颠倒了认识的过程。因此，金岳霖认为谈知识论问题一定要把理论和经验联系起来，要站在经验的立场上。他说："站在经验底立场，我们要把知识经验和别的经验调和融洽。我们要求知识论对得起它底对象，我们在理论上求得到真正感也就是在对象上求得经验所有的实在感。"②金岳霖认为要求得知识必须站在经验的立场上，他说："知识论是以知识底理为对象的思想结构或图案，这结构或图案底'真'是切于知识底理这一对象或切于我们底知识经验的。就真这一要求说我们不能不站在经验底立场"③。而且，他认为，站在经验的立场上是整个知识的基础，命题的真假只是必要条件，以经验为基础的真正感和实在感是充分必要条件。他说："我们底思想当然要顾虑到单独的命题底真假，但是这是必要条件，并且是各部分底分别的要求，不是整个的结构或图案底要求。部分的要求即令满足，全体底要求不一定满足。我们现在所谈的既然是整个思想底结构或图案底要求我们不必谈到要求单端命题底真假。就整个的图案说，我们要求它在理论上给我们以真正感，在对象上给我们以实在感。"④这样，金岳霖就论证了承认"有外物"和"有官觉"的

① 金岳霖：《知识论》，商务印书馆，2004 年版，第 87 页。
② 金岳霖：《知识论》，商务印书馆，2004 年版，第 89 页。
③ 金岳霖：《知识论》，商务印书馆，2004 年版，第 89 页。
④ 金岳霖：《知识论》，商务印书馆，2004 年版，第 89-90 页。

必然性，为知识大厦建立起实在的基础，并在此基础上开始论证感觉能够给予客观实在、所与是客观的呈现等一系列感觉论命题，铺开了知识论体系，建立起在牢固的、客观的基础上知识论体系的起点。正因为金岳霖突破了西方"唯主方式"的限制，相信常识和科学，他的知识论才富有生命力，才符合科学，才是通往真理的正确道路。金岳霖对西方"唯主方式"的批判和建立起正确的知识论出发点对后继者具有明显的启发意义。冯契显然是承接了金岳霖的思路走下去的，并且高度评价了批判"唯主方式"的必要和建立"非唯主方式"的必然。

冯契说："这是一个讨论了几千年的老问题(感觉能否给予客观实在？——笔者注)，而且以后还会讨论下去，不能说有了我们这个理论，以后对此问题就毫无怀疑了。我对这一问题所作的肯定回答——感觉能给予客观实在，大体是顺着辩证唯物论、顺着金岳霖先生提出的理论，再往前作了一些发挥。"[1]冯契认为金岳霖对西方"唯主方式"的批判是以实在论对常识和科学的维护，是应对唯心主义者对常识和唯物论者责难的有力反击，虽然当时金岳霖还不能称为真正的唯物主义者，但是他的取向是正确的。冯契认为对于金岳霖从常识和经验立论势必要遭到唯心主义者的反击，因为很多问题就会从中产生。他说："当前的呈现与外物的关系到底如何？感觉的内容和感觉的对象间的关系到底如何？旧的唯物论者对此通常是用因果说、代表说来解释的，就是说感觉的印象是外物的代表，感觉是外物引起的，外物是原因，感觉是结果。当唯物论者提出这种学说的时候，原因(外物)和结果(呈现)，或代表(呈现)和被代表者(外物)，被看作是两个项目或两个个体，两个 entity。这种唯物论的学说遭到许多人的责难，特别是贝克莱、休谟以及后来的实证论者等，他们打着'拒斥形而上学'的旗号来反对唯物论，说：既然外物和呈现是两个项目，呈现是在意识之中(呈现是感觉到的)，而外物是在意识之外(唯物论说外物是离开人的意识而存在的)，那么你怎么能证明感觉是外物引起，而不是由别的原因引起的？一个在意识之内，一个在意识之外，在意识之外就是超越的。超越的是在彼岸的，那你怎么能够说它是引起感觉内容的原因呢？"[2]可见，冯契在肯定金岳霖对"唯主方式"批判的基础上作了更多细致、深入的思考。他认识到这种"唯主方式"用原因与结果、代表与被代表者划界的方式人为地设置了一个障碍，即人

① 冯契：《认识世界和认识自己》，华东师范大学出版社，1996年版，第112-113页。

② 冯契：《认识世界和认识自己》，华东师范大学出版社，1996年版，第114页。

的认识不能越出经验的范围。他说:"感觉为人的认识划了一个界限,超越这个界限是非法的。所以经验就不能在意识和对象(外物)之间建立任何直接的联系。从贝克莱、休谟到现代的实证论者(分析哲学)都是用这种划界的办法来向唯物论、实在论提出责难,说反映论主张感觉内容是外物的反映是把意识外的、彼岸的东西说成可以和意识作比较、后者是前者的摹本,这种主张是非法的,不可能的。"①冯契顺着金岳霖的批判进行了更为细致和深刻的批判,道出了"唯主方式"者的真正本质。冯契认为贝克莱、休谟等这些唯心主义哲学家片面感觉经验的主观性,而抹杀其与客观事物接触的经验内容,认为主与客、内与外必然有着不可逾越的鸿沟,唯物主义反映论者想要跨越这道鸿沟必然是徒劳,从而认为认识只能在经验之内兜圈子,"物自体"不可以进入认识范围之内。

冯契说:"一个唯物论者,如果要作哲学的思辨,那么对这样的问题就非回答不可。这是一个非常困难的问题,但如果对这个问题没有一个正确的回答,那么你搞的哲学就不能为科学提供坚实的基础。休谟以至卡尔·波普等都怀疑人类的知识大厦可能是建立在河滩或沼泽地上的,根本没有一个稳固的基础,我想我们不能这样悲观。人类建立了知识大厦,是很可珍贵的。"②冯契的这段话是对金岳霖批判"唯主方式"的力挺,是对金岳霖建立"有官觉"和"有外物"作为知识大厦基础的维护和支持,一脉相承地接过金岳霖的哲学问题走下去,并顺着金岳霖的道路作出了更为客观、准确和动态的考察。

二、在外在事物的实在感问题上金岳霖对冯契的启示

金岳霖在"实在感不能抹杀"这个知识点上指出,知识论不是创造知识,知识论是学问,不是艺术。"知识论是学问。如果它可以创造它底对象,它是艺术,不是学问。学问所要达的是要求理论接近对象,如果它可以曲解对象,它实在是以对象去将就理论,也不成其为学问。要使知识论成为学问,它决不能创造,或修改或曲解它底对象。"③金岳霖认为在知识论上不能以知识的对象去将就理论,而应该是以理论去反映对象,言明了自己的反映论立场。那么,非

---

① 冯契:《认识世界和认识自己》,华东师范大学出版社,1996 年版,第 115 页。
② 冯契:《认识世界和认识自己》,华东师范大学出版社,1996 年版,第 116 页。
③ 金岳霖:《知识论》,商务印书馆,2004 年版,第 96 页。

创造的知识论学问如何来获取知识，那就是如实地反映对象。他说："就知识论说，知识是它底与料。与料是我们拿它没有法子办的，不应有法子办，不能有法子办的。它是如何的，我们就得如何地接受。……不谈外物的知识论就是对不起与料的知识论，它只是知识者底玄想，不是理解与料的理论，因为它抹杀与料中所与的外物。"①承认外物的独立存在是知识的与料得以成立的基础。金岳霖进而论证了外物(对象)的实在感，他指出对象的实在感包含三层意思：第一，对象的存在不依赖于人的意识，存在和知道存在是两件事情，某对象你知道它或不知道它，并不影响它的存在。他说："被知的不因它被知而存在。存在和知道存在是两件事。即令我们不知道 X 存在的时候，我们不能说 X 存在，然而 X 底存在既不靠我们知道也不靠我们说。"②第二，对象的性质虽然是在关系之中，即在一定的关系网里边，颜色、声音、气味，这些都是相对于某一类感官来说的，虽然有这么一种相对的关系，可是对象的性质还是独立于感觉者的意识的，还是客观的。他说："被知底性质虽仍有关系网以为背景，然而就知识说，性质没有相对于知识的相对性。就知识说，性质在关系网中如何，它就如何。被知底性质不是知识所创造的。如果我们用客观两个字说被知底客观的性质如何如何，一个最基本的意义就是表示被知底客观的性质不是知识或知识者所创造的，它不是凭知识者底意志心思所能左右，修改，产生……等等的。被知底性质要有这样的硬性方能实在，方能维持我们对它的实在感。"③第三，被知的对象有它自身绵延的同一性，即对象有它时间的绵延，因此前后有同一性。他举例说，去买一幅画，讲好了价钱，去拿的时候假使已经换了一幅，这幅画没有绵延的同一性，我就不会买它。又假如认识一个人，前后在不同的场合见面，因为他有绵延的同一性，我认识的他是同一个人，这种同一性不是知识所能创造的。对于金岳霖对对象实在感的三个方面的分析，冯契作出了这样的评价："金岳霖的这种理论已经突破了一般的实在论的界限，有鲜明的唯物论的倾向。"④这说明在认识对象的实在性上冯契非常认可金岳霖的观点，并在此基础上作出了以马克思主义实践唯物主义的发挥。冯契也指出了金岳霖对对

① 金岳霖：《知识论》，商务印书馆，2004 年版，第 96-97 页。
② 金岳霖：《知识论》，商务印书馆，2004 年版，第 100 页。
③ 金岳霖：《知识论》，商务印书馆，2004 年版，第 105 页。
④ 冯契：《认识世界和认识自己》，华东师范大学出版社，1996 年版，第 117 页。

象实在感的论证折射出了一个深刻的道理，他说："他这里所说也是一种论证，论证的是：不承认客观实在和客观真理，是与人类的科学知识和常识相违背的。按照常识和科学知识的观点，就要承认感觉能够给予人客观实在。"①外在事物自身的客观实在性与人们对外在事物所获得的感觉的客观实在性是整个唯物主义大厦的基础，是唯物主义认识论得以产生的前提。当然，冯契也指出了金岳霖的不足，并以马克思主义实践观来论证感觉的客观实在。他说："不过他在写《知识论》的时候，还没有明确的实践观点，他还不懂得对象的实在感首先是由实践取得的。我们把人的感性活动了解为实践，因而实践和感性直观是统一的，人在变革世界的活动中感知外物，因此我们就在社会实践基础上来阐明感觉能给予客观实在。"②冯契正是以实践与感觉的统一来证明感觉能够给予客观实在的，说明感觉实际上就是实践的最直接表现方式，实践对外在事物的改造赋予了感觉对事物的实在感。

冯契立足实践，视感觉为最基本的实践形式，论证了实践能够获得外在事物的客观实在性，作为实践最直接的方式的感觉能够给予感觉者以实在感。他认为感觉与实践是密不可分的。感觉是一种直接的实践活动，只是感觉不以工具来改造现实事物，而仅仅凭借感觉器官来完成对事物的把握。他认为"感觉就是现在的，当下的实践活动，不是割裂过去和未来的一个点或一条线，也不是没有内容的刹那。感觉是人们当前抓得住的生活、行为、劳动，凭过去的材料来创造未来；感觉是历史过程的环节、过去和未来的纽带"③。所以，冯契认为："我们把感性活动了解为实践、当前的感性的活动，……从这个观点来看当前的感性活动，我们就要把它看成历史过程的环节、过去和未来的纽带。感觉内容不仅仅是一片片色彩、一个个声音，而且此声、色中间包含有对象的实在感、绵延的同一性。"④具体来说，冯契从三个方面阐释了实践能够给予对象实在感，而实践就是当下感性的活动。

首先，在实践活动，尤其是劳动生产活动中，劳动者都会肯定劳动对象和劳动者自身的独立存在。冯契指出，劳动实践实质上是劳动者以自身的血肉与

---

① 冯契：《认识世界和认识自己》，华东师范大学出版社，1996 年版，第 117 页。
② 冯契：《认识世界和认识自己》，华东师范大学出版社，1996 年版，第 117–118 页。
③ 王向清、贺翀：《论冯契的感觉观》，《衡阳师范学院学报》，2003 年第 2 期。
④ 冯契：《认识世界和认识自己》，华东师范大学出版社，1996 年版，第 129 页。

物质实体打交道，劳动者是以具有实在感的物质实体出现，对付的也是具有实在感的物体。在劳动过程中，劳动主体的人实实在在感受到被改造的客体的力量、特性和作用，也实实在在感受到自身的力量的威力，都不会否定这些的存在。同时，在其他的日常活动中都包含了对对象的客观存在的肯定。所以，冯契说："在这样的实践活动中，人就获得了对象的实在感。对象的实在感是实践或者感性活动中主体最基本的体验，我们讲实体、个体，这个'体'就是由此而来的。……实体、个体的'体'，物质范畴最基本的意义，就是这种对象的实在感。"①

其次，冯契以集体劳动生产实践中的分工协作、语言交流或其他符号的交流来体现实践给予对象实在感。他认为，人的实践往往是在团体的合作下进行，需要各劳动者彼此合作与交流。他同样引用自己的老师金岳霖所说的打猎的例子来说明自己的这一观点。前文已经阐释了这个例子，此处不赘述。在打猎过程中，"猎取的对象，人们的叫喊，互相配合的活动，这些客观实在是毫无疑义的"②。打猎过程中大家的配合、交流都是围绕同一个客观实在的对象——猎取而展开的。冯契还断言，在集体劳动中不会产生唯我论，不会出现主观唯心主义。

再次，实践对人们的认识作出检验。实践作为检验认识的标准体现在两个方面：给予正确的判断以证实，给予错误的判断以否证。得到证实就说明主体的认识和被认识的事物是符合的；被否证则说明主体的认识和被认识的事物是不符合的。因而，"实践对于认识的每一个检验都是在证明唯物论这个前提是正确的，证明物质是离开人的意识而存在的，认识是客观世界的反映。实践的检验证明了人的认识所依据的基本材料（感觉材料）是能够给予客观实在的"③。冯契指出：根据对象的实在感能够肯定对象实在是存在的，但是不能肯定主体对客观对象有了丰富的知识，更不是说已经把握了实体和它的状态。客观实在感的"存在"仅仅是认识的开端。

这样，冯契以劳动生产实践提供对象的实在感、集体活动提供同一客观对象的实在感、实践对认识作出检验说明认识是否符合对象的实在性三个方面，

---

① 冯契：《认识世界和认识自己》，华东师范大学出版社，1996 年版，第 118 页。

② 冯契：《认识世界和认识自己》，华东师范大学出版社，1996 年版，第 119 页。

③ 冯契：《认识世界和认识自己》，华东师范大学出版社，1996 年版，第 119–120 页。

论证了对象的实在感在实践中能够明显被感知，科学地回答了"感觉能否给予客观实在"这一认识论重大问题，为后面探讨理论思维能否达到科学真理？打下了基础。在这里，冯契将实践与感性直观相统一的处理是对马克思主义实践观的准确理解与应用。但是不得不说的是，金岳霖留给他的"感觉能否给予客观实在"这一哲学问题对他建立起"智慧"说的知识体系具有重要的指引作用。正因为有金岳霖的问题作为基础，冯契借助于马克思主义实践唯物主义进行科学论证，将对智慧问题的探索引向深入。

金岳霖在新中国成立后写的哲学著作《罗素哲学》中有对实践和感觉关系论述的丰富理论，他指出了感觉与实践是统一的关系。他认为，如果将感觉与实践割裂开来，感觉就变成了孤立的活动，客观事物作为感觉对象就成问题了，那么就只能求助于感觉来证明了。他指出，独立存在的客观物质事物既是实践的对象，也是对感觉的对象的证明。外在的客观物质事物是能够通过与实践相统一的感觉直接得到的，而且这种感觉还是具体的。金岳霖新中国成立前哲学中对"感觉能否给予客观实在？"的探索，其蕴含的客观实在立场，对对象实在感的证明，为他后期向实践唯物主义转化埋下了伏笔。

三、在"所与是客观的呈现"上金岳霖对冯契的启示

冯契在《金岳霖先生在认识论上的贡献》这篇文章中指出，"所与是客观的呈现""概念对所与的双重作用""知识经验的必要条件：逻辑与归纳原则"是金岳霖在知识论领域的三个原创性的贡献。他说："金先生关于'所与是客观的呈现'的理论，肯定'内容和对象在正觉的所与上合一'，克服了旧唯物主义以呈现（内容）与外物（对象）为两个项目的理论上的困难，冲破了实证论所设置的障碍，在认识论上是一个重要贡献。……肯定正常的感觉能提供客观的呈现，即所与，人类的知识大厦便有了坚实的基础。这正是唯物主义的态度。"①金岳霖感觉论的核心内容是"所与是客观的呈现"，对西方"唯主方式"的批判，肯定感觉能够给予客观实在都是为"所与是客观的呈现"这一实在论反映论建立基础。下面，我们来理解一下金岳霖这一理论的精髓、要义及其对冯契哲学思想的启示作用。

如前所述，金岳霖从常识出发，明确地把"有官觉"和"有外物"两个命题作

---

① 冯契：《金岳霖先生在认识论上的贡献》，《哲学研究》，1985 年第 3 期，第 25-32 页。

为他的知识论的出发命题，并对外物的实在性作出了三个层面的论证。但是，作为知识论的出发点，仅仅分别承认"有官觉"和"有外物"还不够，将"有官觉"与"有外物"两个命题统一起来才能实现从主体向客体的过渡，从而为知识的产生打下基础，处理好感觉内容和感觉对象的关系，真正做到扬弃"唯主方式"，获得客观实在的知识。金岳霖以"正觉"实现"有官觉"和"有外物"两个前提的统一，为此，我们需要理解金岳霖所说的"正觉"究竟是指什么。

"有官觉"只是一个前提，觉可以有很多种，有梦觉、幻觉、妄觉和官觉，知识的大本营是官觉，区别官觉、梦觉、幻觉、妄觉的标准也是官觉，所以从官觉出发是对的。但是官觉也有错觉、野觉和正觉之别，为求得正确的客观知识，金岳霖直接从正觉出发，以正觉为标准去分辨错觉和野觉。将"有官觉"这个前提转变成"有正觉"。

对于正觉，金岳霖从三个方面进行阐释。首先，有"正常的官能者"。他说："所谓正常就是具有类型。正常的官能者就是具有所属类底类型的官能者。"①正常的官能者必须从属于所属的类型，遵守所属类的法则，不能拿别人的官觉与同动物的官觉归入同类，不能拿别人的视觉与别人的触觉归入同类，而应该是同样性质的个体具备同样的官能才归入同类，同时还要做到遵循这一类的法则，这样的官能者才是正常的官能者。金岳霖将正觉界定为"类观"对正觉的说明具有重要的意义，"它不仅使金岳霖超越了'唯主方式'从'主观的此时此地的官觉经验'出发所造成的狭隘性，把感觉主体从个体的层面提升到了类的层面；而且保证了正常的官能者在正常的官能活动中超越私人经验，达到对对象的'客观'呈现。同时，由于感觉主体从个体向类的提升，'类观'的引入，也为个体官能者校对自己的感觉，以辨别正觉与错觉、野觉，区分真假提供了普遍的标准"②。类观的引入为推进知识的主体间性打下了坚实的基础，搭建起了知识者之间传递、表达和校正知识的桥梁，为普遍性的知识的形成提供了理论支撑，也是对"唯主方式"的有力批判。

其次，金岳霖对"有外物"进行了阐释，指出外物呈现出对象性。他说："外物本来是有的，它底存在和官觉者底存在一样地是正觉底与料。这就是说

① 金岳霖：《知识论》，商务印书馆，2004年版，第128页。
② 陈晓龙：《知识与智慧——金岳霖哲学研究》，高等教育出版社，1997年版，第85-86页。

它不是我们所假设的,不是由别的命题推论出来的,也不是从官觉内容所建立的。"①这实际上是说明作为官觉与料的外物,是客观的,不依赖于人的感觉而独立存在。金岳霖指出了外物的对象性,外物是相对于"官能类"的"对象性"的外物。他对外物的对象性予以强调,以反映和被反映的关系来处理官能活动于外物的关系。这样,外物一方面具有客观性、独立性,另一方面成为官能者"类观"的与料,成为官觉内容。对"有外物"的径直承认体现出明显的客观实在立场,截然有别于唯心主义哲学的遮遮掩掩,也只有在这种求实的态度下,才能真正正视对知识的获取对象,求得客观的知识。

再次,金岳霖阐释了"正觉",认为正觉是一种正常的官能活动,区别于错觉、妄觉等。金岳霖说:"正常的官能者在官能活动中正常地官能到外物或外物底一部分即为正觉。"②根据这一定义,正觉表现为一种官能活动,是正常的官觉者在正常的官能活动下,对外物的感觉。"正觉是外物与官觉者二者之间底关系集合"③,正觉是联系感觉者和外物,是联结主体和客体的桥梁和纽带。在正觉的作用下,外物作为感觉对象,感觉者之所得的"呈现"作为感觉内容,正觉基础上的感觉实现了感觉内容和感觉对象的合一,为所与理论的形成打下了基础。

这样,经过三层阐释,金岳霖建立起"所与是客观的呈现"的思想结构。他说:"正觉总是有呈现的官能活动。我们称正觉底呈现为'所与'以别于其他官能活动底呈现。所与就是外物或外物底一部分。所与有两方面的位置,它是内容,同时也是对象:就内容说,它是呈现,就对象说,它是具有对象性的外物或外物底一部分。内容和对象在正觉底所与上合一;在别的活动上这二者不必能够合一,……但是我们要注意所与虽然是外物底部分,然而它仍是独立存在的外物。"④这样,金岳霖就通过"所与"将"有官觉"和"有外物"联结起来了。这一思想在认识论上是重要的理论贡献。所与是内容与对象的合一思想为感觉论上解决内容与对象、内与外、主与客的矛盾提供了启发性的思路。但是金岳霖还没有实践的观点,还不能将人的感性活动看成是以实践为基础的活动,只是

---

① 金岳霖:《知识论》,商务印书馆,2004 年版,第 122 页。
② 金岳霖:《知识论》,商务印书馆,2004 年版,第 125 页。
③ 金岳霖:《知识论》,商务印书馆,2004 年版,第 122 页。
④ 金岳霖:《知识论》,商务印书馆,2004 年版,第 130-131 页。

设置了诸多限制和条件来论证在正觉的基础上得到所与,冯契则顺着金岳霖的看法,用中国传统的体用范畴作出了科学的处理。

冯契秉承了金岳霖正觉的条件下所与是客观的呈现这一思想。他说:"呈现在我们感官之前的感性的性质、关系都是现象,……呈现于正常官能之前的现象与自在之物没有原则上的区别,它就是客观实在的一部分。呈现的现象与自在之物的关系是部分和整体的关系。"①冯契用原因与结果这对范畴来处理感觉呈现与对象的关系。在他看来,感觉是由外在对象引起的,既是引起,那就有作用,外界对象是原因,感觉是结果。这样就既要承认感觉内容和外物不是彼此分立的两项,又要承认二者之间有因果关系。冯契还运用中国传统哲学的"体""用"范畴进行了协调,对"感觉能否给予客观实在"这个问题作出了创新性的回答。他指出外物是体,呈现是用,体用同时在所与身上再现。体用不二,离体则无用,离用不成体。

冯契用两层关系来说明这种体用合一的情形:第一种情形是感觉对象是体,感觉是用,以外在事物为体,即认识以客观对象为依据,是对客观对象的反映。没有体,没有客观对象,就不会有用,就不会有感觉,离开客观对象,感觉就是无源之水、无本之木。同时,"在同样的条件下同类的正常感觉,感觉的客观内容和感觉的对象是直接同一的,内容和对象合而为一"②。第二种情形是感觉器官为体,感觉为用。没有感觉器官就没有感觉活动,就没有感觉,感觉是以感觉器官为实体的,是感觉器官在一定条件下呈现的作用,这种作用离不开感觉器官而独立存在。反之,感觉器官之所以为感觉器官,正因为它有感觉活动,能产生感觉。冯契确信具有相同感官的人类在相同条件下对同一个对象会有相同的感觉。

可见,通过运用体用范畴,在冯契的感觉论中,感觉既是感觉器官的"用",又是感觉对象的"用"。感觉器官的主体性,使得感觉具有主观的形式;由于感觉是对感觉对象的反映,因而有客观内容。因此,感觉是主观形式和客观内容的矛盾统一体。"冯契从'体用'范畴来阐述感觉内容和感觉对象的一致,阐述感觉是客观内容和主观形式的统一,科学地解答了感觉怎样给予客观实在的问题,既丰富、深化了唯物主义的感觉论,又体现了马克思主义认识论中国化的

---

① 冯契:《冯契文集》(第二卷),华东师范大学出版社,2016 年版,第 34 页。

② 冯契:《认识世界和认识自己》,华东师范大学出版社,1996 年版,第 124 页。

特点。"①在这里。我们一方面要赞扬冯契对马克思主义认识论的丰富与发展，另一方面也不能忘记金岳霖在所与是客观的呈现、所与是感觉内容和感觉对象的合一上的先导意义。所与理论是金岳霖在知识论上的原创性贡献，对于破解知识论问题上的内与外、主与客、内容与对象的矛盾关系提供了富有成效的处理方式。金岳霖是站在朴素实在论立场上来进行处理的，他的这一思想对于马克思主义认识论具有借鉴意义，在世界认识论史上也具有重要的理论价值。而且，在金岳霖的这一理论中，"由于感觉内容与感觉对象是在正觉上统一起来的，这种统一既预设了对象的独立存在，又预设了不同主体之间的可共享性、可交往性——即所谓'主体间性'。实际上，用当代哲学的术语来说，知识从一开始就预设了两种关系：主体和客体的关系，以及主体与主体的关系。"②金岳霖的这一理论诚然蕴含着发扬主体能动性的内涵在其中，也蕴含着向主体的情感、意义与价值发展的契机，为在认识论中拓展出智慧打开了方便之门。只是，金岳霖囿于在知识论领域只作理智的理解的需求和不求情感的满足的初衷，没能在知识论领域拓展出智慧之光，而流于狭义的知识论。冯契捕捉到了这种内蕴，将主体的能动性和主体间性进行发挥，拓展出广义的认识论。

第二节　在理论思维能否达到科学真理？问题上金岳霖对冯契的启示

童世骏评价金岳霖对普遍必然性的科学知识如何可能问题回答的贡献时说："金岳霖的贡献则在于强调构成科学知识的概念同时具有摹状与规范、后验性与先验性两个方面，从而证明了科学知识确实既具有客观性(所以它被叫做知识)，又具有有效性(也就是普遍必然性)。"③他是在比较了洛克、休谟、康德、刘易斯、派普和金岳霖等人对"普遍必然性的科学知识何以可能"这一基本

---

① 王向清：《冯契与马克思主义哲学中国化》，湘潭大学出版社，2008 年版，第 46-47 页。

② 杨国荣：《知识与智慧——冯契哲学研究论文集(1996—2005)》，华东师范大学出版社，2005 年版，第 68 页。

③ 童世骏：《普遍必然的科学知识何以可能——从洛克到金岳霖》，《哲学研究》，1992 年第 3 期，第 38-45 页。

问题的不同回答之后作出的高度评价，揭示出了金岳霖的知识论的卓越水平，指出金岳霖为中国哲学的国际化、现代化争得了一席之地。冯契也指出了金岳霖的概念的摹状与规范双重作用的积极意义。他说："他（金岳霖——笔者注）用概念具有摹写和规范双重作用来说明只是经验就是以得自所与（经过抽象）来还治所与，便克服了休谟、康德的缺点，比较辩证地解决了感觉和概念的关系问题，这在认识论上也是个重要贡献。"①但是冯契也指出了金岳霖的不足。他说："《知识论》关于概念的学说还不是彻底的辩证法，因为金先生只承认'抽象概念'，而不承认辩证法所说的'具体概念'。……尽管如此，金先生提出的概念双重作用的理论，无疑是包含真理的成分的。"②冯契正是在金岳霖的"所与是客观的呈现"理论的基础上，遵循金岳霖的"收容与应付""抽象"（执一以范多，执型以范实）"意念的摹状与规律作用""得自所与还治所与"的理路来阐释普遍必然性的科学知识何以可能这一基本的知识论问题，并融入自己的"智慧"说。可以说，在普遍必然的学科知识如何可能这一问题上，金岳霖为冯契提供了模板，打下了良好的基础，冯契则做了理论的发挥和扬弃，这其中金岳霖的发端之功不可忽视。下面，我们来具体探讨金岳霖在这些问题上的见解及冯契对他的继承与超越。

一、"执一以范多，执型以范实"与"以类行杂，以微知著"

金岳霖在建立起"所与是客观的呈现"这一理论后，就为知识大厦准备好了材料，现在是如何对"所与"这一材料进行加工处理。因为所与还是特殊的，还没上升到普遍，金岳霖认为知识论乃是"以普遍治特殊"，所以他要对所与进行加工处理，使其上升为普遍的意念（也就是概念，金岳霖表述为意念——笔者注）。金岳霖明确指出，知识就是以抽自所与的意念还治所与，知识的形成无非是从得自所与的知识材料中抽象出概念，然后又转过来以概念接受、整治新的所与，并化所与为事实的过程。既然知识的形成被当成是一个得自所与还治所与的过程，那么将正觉的呈现，即所与，被保留下来，并被加工、提升为抽象的意念或概念，无疑是形成知识的重要一环，金岳霖对这一环冠之为"对所与收容与应付"。他认为收容与应付的趋势和工具有很多，包括习惯、记忆、想

---

① 冯契：《金岳霖先生在认识论上的贡献》，《哲学研究》，1985 年第 3 期，第 25-32 页。
② 冯契：《金岳霖先生在认识论上的贡献》，《哲学研究》，1985 年第 3 期，第 25-32 页。

象、意志、注意、归纳、信念和抽象等，这些趋势或工具一方面是主体本来就有的，另一方面又需要教育和训练。从这些趋势或工具的具体运用来看，金岳霖认为它们对于收容所与都是不可缺少的，并相互依赖，紧密结合，共同发挥作用。但是，就其加工、提升所与，使所与上升为抽象的意念或概念的过程中所起的作用而言，它们又不是平行的，其中最关键的是抽象这一环节。通过抽象获取"抽象的"（即意念），这个过程就是"执一以范多，执型以范实"。

金岳霖说："抽象的既是抽象之所得，抽象就是得抽象的底工具或趋势或程序。它一方面是执一以范多，另一方面执型以范实。所执的一是具体的，所范的多也是具体的。"①金岳霖认为抽象分为两个阶段：第一阶段是由特殊的上升到类似具体、类似特殊的意象；第二阶段是由意象向意念的跳跃。在第一阶段，主体所执的"一"、所范的"多"都是具体的，抽象的功能就在于把所执的具体的"一"典型化、符号化为类似具体的、类似特殊的。他举例说，假设一个乡下人没有见过火车，一个城里人指着一辆火车告诉他，那样的车是火车。如果乡下人把所见的火车仅仅视为一辆特殊的火车，那么他并没有真正弄懂城里人指给他看的火车的意味。换言之，他没有把火车典型化或类型化，他也就是没有真正懂得什么是火车。相反，如果这个乡下人接受了城里人的知识，将这辆火车看成是一个典型、一个符号，那么他也就是懂得了什么是火车。他已经把火车转化为类似具体、类似特殊的意象了。所以，抽象的第一阶段就是将所与所呈现的特殊典型化、符号化为类似具体、类似特殊的意象，为抽象的意念的形成做好准备。第二阶段是完成由意象向意念的跳跃。抽象当然不能仅仅停留在意象阶段，它必须从类似特殊的、类似具体的意象中抽象出意念或概念，这才是抽象过程中最为关键的一步，否则无法做到以普遍治特殊。

金岳霖仍然以前面看火车、描述火车的事情为例。"乡下人不能把那火车带回去，他只能把意象带回去，他以后应用的也是带走的意象，而不是在火车站的那列火车。意象是类似具体的。……意像是意像者之所私，意念不是意念者之所私。我们还是回到原来所执的一。原来所执的一由意像跳到意念，抽象的程序才算是达到主要点。这一跳是由类似具体的跳到完全抽象的。在这一跳之后，所执的一已经成为思议的内容。经过这一跳之后，原来的类似具体的意

---

① 金岳霖：《知识论》，商务印书馆，2004 年版，第 229 页。

像成为意念底定义，而原来所执的一已经过渡到抽象底意念领域范围之内。"①金岳霖认为由意象向意念的跳跃是思维上的质变，二者之间有本质的区别。金岳霖曾批评了休谟只有意象而没有意念，休谟没办法形成抽象的、普遍的思想，因而不得不陷于狭隘经验论。他说："休谟是人，他写书，他当然有意念，也善于运用意念。可是，他底哲学只让他承认意象不让他承认意念；意象是具体的，意念是抽象的；他既不能承认意念，在理论上他不能有抽象的思想，不承认抽象的思想，哲学问题是无法谈得通的，因果论当然不是例外。"②金岳霖非常强调抽象思想在哲学中的重要性，并试图通过抽象工具的运用来产生思维上的这神秘的一跳，使主体超越时空的限制，获得抽象、普遍的意念。金岳霖的抽象的过程除却意象向意念的神秘一跳之外，还存在没有把概念的形成看作是一个基于实践活动的辩证发展过程，因而在理论上是欠缺的。但是，我们不能否认他对意念的抽象、普遍的高度强调和重视，以及他对西方狭隘经验主义所做的批判和努力。那么作为金岳霖这一思想的直接传承者的冯契在这个问题上是如何处理的呢？

冯契接过了金岳霖的"得自所与还治所与"的话题，用"以类行杂，以微指著"代替了"执一以范多，执型以范实"，用"科学的抽象"扬弃了"意象向意念"的神秘跳跃，用"得自现实之道还治现实"超越了"得自所与还治所与"，实现了对金岳霖哲学思想的多重扬弃和超越。

冯契说："源源不绝的感觉经验给大脑加工提供了原料，从中就发展出理论思维来。以理论思维的方式来把握世界，是科学认识的特点。"③他认为普遍必然性的科学知识是以理论思维为表现形式的，这就需要对感性经验进行提升，让其上升为理论思维。他说："用理论思维的方式来掌握世界就是用概念来把握现实，或者说以概念、判断和推理的方式来把握现实。感性经验是具体的、特殊的；知觉获得关于个体的事实，这些事实都具有特殊的存在形式，概念是抽象的、普遍的、不受特殊时空的限制，具有超越经验的特点。怎样从感性经验里获得超越经验的东西，这是认识论的重要问题。"④他继承金岳霖从意

---

① 金岳霖：《知识论》，商务印书馆，2004 年版，第 230 页。

② 金岳霖：《论道》，中国人民大学出版社，2007 年版，第 4 页。

③ 冯契：《认识世界和认识自己》，华东师范大学出版社，1996 年版，第 152 页。

④ 冯契：《认识世界和认识自己》，华东师范大学出版社，1996 年版，第 152 页。

象向意念跳跃的逻辑思路，却细致地考察了跳跃的过程，并且用"以类行杂，以微知著"代替了金岳霖的"执一以范多，执型以范实"。他说："在普通的直观中就存在着一般的本质的东西，这是应该承认的。不过，我们应该把概念的形成看成是一个过程，而不能看成是在直观中一下子完成的。概念形成的过程就是理论思维的抽象作用过程。抽象作用就是以类行杂，以微知著。"①这里体现出冯契不满意金岳霖由意象到意念的神秘跳跃的做法，他认为概念的形成应该是一个过程，一个由具体到抽象的递进的过程。

冯契认为抽象作用首先通过"以类行杂"来进行，把杂多的现象归到某一类型之下，然后通过类型来应付杂多的所与。"以类行杂"就相当于金岳霖的"执一以范多，执型以范实"，以一个步骤代替了金岳霖的两个步骤。冯契说："这个'以类行杂'，金岳霖在《知识论》里认为还可以分为两个步骤，即'执一以范多，执型以范实'。"②通过"以类行杂"，获得意象来应付杂多，然后再由意象递进到概念，才算完成了抽象的程序。"以类行杂"的程序类似于毛泽东所说的"去粗取精，去伪存真"，抓住了一类事物的典型特征，然后用一个词来表达，就形成了概念。因为概念是通过下定义的方式来进行的，定义需要讲究概念的内涵和外延，内涵就是要突出概念所指向对象的本质。所以，单纯做"以类行杂"的功夫还不够，"以类行杂"还需要向"以微知著"升华。冯契说："真正要做到'以类行杂'还需要做到'以微知著'，以本质来把握现象。因此，不但要比较同和异，即'去粗取精，去伪存真'，而且还需要'由此及彼，由表及里'，把现象联系起来，深入把握其本质。概念的形成是一个过程，不是一次完成的，许多概念的形成都经历了由前科学概念阶段到科学概念阶段的过程。"③切中事物的本质是形成概念的前提，对本质的把握需要保持与意象的密切联系，同时还需要进行逻辑的论证和实验的检验，以达到形成科学的抽象的目标。这样，冯契将概念形成的抽象过程引向了对科学的抽象的探讨，并同时批判形而上学的抽象。

冯契在批判形而上学的抽象时指出了公孙龙的形而上学错误。他说："就概念来说，形和色是有区别的，白马和马是有区别的，但公孙龙把这种区别绝

---

① 冯契：《认识世界和认识自己》，华东师范大学出版社，1996 年版，第 153 页。
② 冯契：《认识世界和认识自己》，华东师范大学出版社，1996 年版，第 154 页。
③ 冯契：《认识世界和认识自己》，华东师范大学出版社，1996 年版，第 155 页。

对化了，以至于把抽象概念看作是互相分离的存在物，得出'白马非马'的结论，这就导致了形而上学。所以，既应该看到由具体到抽象的飞跃，也应该看到抽象概念不能脱离意象，不能把理论思维与感性经验割裂开来……普遍与特殊、抽象与具体、本质与现象之间有质的差别。抽象的不受特殊时空的限制，这里确实有飞跃和质变。经过飞跃，把握了抽象概念，便把握了杂多的类，现象中的本质，于是从类来看杂多，从本质来看现象，经验就有了秩序。但要注意，既要抽象，又要避免形而上学的抽象。"[1]公孙龙等形而上学的抽象的错误根本之处在于在用语词来对普遍进行性进行表达时割裂了其与具体形象的事物的联系，最终演变成为语词的游戏，这是不可取的。冯契的"以微知著"的理论说明本质不能脱离现象，对本质的归纳和运用要时刻保持与现象的密切联系，这也是马克思主义哲学非常鲜明的观点。

冯契还从概念如何保持与经验的巩固联系上来说明科学的抽象与形而上学的抽象的区别。他说："怎么来区分科学的合理的抽象和形而上学的抽象呢？关键在于是否与经验和现实保持巩固的联系。这种联系可以从两个方面来理解：其一，抽象要以经验为基础，科学研究要求在占有丰富的感性材料基础上，用'去粗取精、去伪存真、由此及彼、由表及里'的工夫，进行理论概括，而不能从某种公式教条出发，定个框框去硬套。其二，作出理论概括，形成概念论点之后，还要经过逻辑的论证和推导，设计实验（或类似实验方式），进行检验，以求证实或否证，如果不是这样保持与经验的联系，一下子跳到经验的彼岸，超出可以论证和证实的领域，那就要陷入形而上学的抽象。"[2]冯契认为，与感性经验现象保持巩固的联系可以通过占有丰富的感性经验材料及通过实验、实践的方式保持与感性经验的常态性联系来完成，自始至终不能脱离与感性经验的联系是形成科学的抽象的基础。同时，认识的过程不仅要实现由具体到抽象的超越，还需要进行再由抽象回到具体，从而达到具体形象而又全面、系统、深刻地把握事物的层次的目的，即通过具体概念把握真理。冯契说："辩证论者善于对形而上学中所见和所蔽，作具体分析，这样就可以打破其形而上学体系，揭示其合理成分，再经过辩证的综合，得到具体真理。这就是由抽象到具体的方法。只有由抽象再上升到具体，达到了辩证法的具体，才能真正克服形

---

① 冯契：《认识世界和认识自己》，华东师范大学出版社，1996年版，第158-159页。

② 冯契：《认识世界和认识自己》，华东师范大学出版社，1996年版，第159页。

而上学。"①这样，我们对冯契形成普遍必然性的科学知识的过程进行了介绍，他确实是沿着金岳霖的思路在进行阐发，但是做出了多层超越，具体可以体现为：

首先，金岳霖的抽象的过程只是简单的归类，并没有凸显出对事物深刻内在本质把握的深度。"执一以范多，执型以范实"只相当于冯契的"以类行杂"这部分工作，冯契在"以类行杂"的基础上还有"以微知著"的升华，强调对对象内在本质的把握，体现在抽象所要达到的深度不在同一个级别上，冯契发展了金岳霖的抽象的功夫。其次，金岳霖获取意念的方法过于神秘，而且无法解释这个过程，从理论上无法自圆其说。冯契通过批判形而上学的抽象，阐释了概念通过"去粗取精、去伪存真、由此及彼、由表及里"不断深化的过程，并且强调要用逻辑证明、推导和实验手段来不断检验。概念的抽象过程在冯契笔下是实践的过程，有阶段性，表现为经历前科学概念到科学概念，再到具体概念不断递进的飞跃。再次，金岳霖的抽象也有形而上学抽象的嫌疑。一方面金岳霖的意念脱离与经验的巩固联系，意念一经形成就代表一个抽象过程的结束，就只有后来的规律所与的职责了。没有相应的事物出现，意念就可以束之高阁，遇到不能以意念来规律的所与，就舍弃这个意念，而不是根据经验事实进行概念自身的相应调整。另一方面，金岳霖经由意象神秘跳跃到意念之后，意念就变成了僵死的概念，变成了死板的条框，只是用来规律所与的工具。意念能规律，就使用该意念，不能规律，就再摹状出一个意念，舍弃前一个意念。在金岳霖的笔下，意念是不变的，只有取舍，没有变与不变的问题。金岳霖的意念的形成是一劳永逸的，而不是表现为一个过程。而冯契的概念是具体的、变化发展的，有随着经验的丰富和发展而不断变化的过程。

虽然，金岳霖对概念也进行了分类，但他对他意念所分的层级是以演绎为手段而进行的分层分级，是脱离与感性经验的联系的。他说："我们底知识一部分是迫于事，一部分是通于理。这两方面虽然是联着的，然而有极不同的地方。知识底对象虽有普遍与特殊底分别，或抽象的与具体的底分别，知识总是抽象的，无论是迫于事或通于理的知识。这两种知识底分别不在于它们本身是否抽象的，而在它们有待于事或无待于事。通于理的知识不能不间接地有待于

①　冯契：《认识世界和认识自己》，华东师范大学出版社，1996 年版，第 160-161 页。

事，然而可以直接地无待于事。……这种抽象的意念虽间接地有待于事，而直接地无待于事。"①这段话说明，金岳霖对意念与经验事物的联系不那么坚定，只认为由意象跳跃为意念的这些意念是与经验事物保持着联系的。但是意念一经形成后，便可以通过演绎法则，横向关联出其他的意念，关联出来的意念虽然间接地与经验事物有联系，但是这种联系不构成来源关系。这实际上表露了他的理性认识可以脱离感性认识的倾向，对理性的过分强调使得金岳霖的意念蒙上了一些唯理论的色彩。从认识的过程看，确实存在着一些概念可以通过关联的方式来建立，但是建立起来的概念还是需要与现实世界中的经验事实或个体相对应，否则概念就是空虚的概念。金岳霖还说："可是，这第二种底抽象的有待于头一种抽象的。头一种的抽象的是从具体的东西直接抽出来的。对于这种意念有时还有难于传达的问题。这类的情形是常有的：某甲陈述某某抽象的思想，某乙不懂，要求举例。这要求举例就是要求利用想像中的意像以为'懂'与'明白'底帮助。"②金岳霖这样的表述并不是代表他承认了第二种意念就跟经验事物的联系，因为他内心非常仰慕那些数学家（在前文中有述及），坐在家里靠演算公式就能形成思想和理论，他渴望能够拥有足够多的可以与经验事物相分离的意念来演绎理论。他说："如果我们反过来从事说起，我们可以引用抽象这一趋势或工具而得第一种抽象的意念。得到此意念之后，我们又可以用演绎推论等方法产生第二种的抽象意念。照此说法我们当然可以有第三级第四级抽象的意念……等等。这些都可以说是属于第二种，不过不属于第二级而已。我们在这里所要表示的无非是由迫于事的抽象意念步步高升，以达于'非常之抽象的'思想，而非常之抽象的意念又可以转用于事物方面去。算学也许是表示这一点最为恰当的学问。"③他追求"非常之抽象"的意念，这种意念层级越高，演绎的能力越大。虽然这些意念最终也需要转用于事物方面，但是因为与经验事物脱离太远，实际上是经验事物所高不可攀、遥不可及的。联系到他认为意念不变，只有取舍问题，可以判定他的意念是可以与经验事物相脱离的。虽然他认为他的知识论是经验与理性并重，但是字里行间总能感觉到他对理性青睐有加。作为一个实在论者，他相信常识和经验，这使得他的知识论保持着

---

① 金岳霖：《知识论》，商务印书馆，2004 年版，第 232-233 页。

② 金岳霖：《知识论》，商务印书馆，2004 年版，第 233 页。

③ 金岳霖：《知识论》，商务印书馆，2004 年版，第 233 页。

与经验的联系。但是实在论者是羞羞答答的反映论者，在金岳霖这里存在着"过河拆桥"的嫌疑。这与冯契所强调的概念要始终保持着与经验的巩固联系，具体概念更是向感性直观的"回归"，概念伴随着实践而不断丰富与发展等这一系列思想相对比，冯契的概念比金岳霖的意念要深刻得多，体现出哲学思想在传承中不断得到修正和发展。

二、"摹状与规律"与"摹写与规范"

冯契在《金岳霖先生在认识论上的贡献》一文中指出："《知识论》关于概念的学说还不是彻底的辩证法，因为金先生只承认'抽象概念'，而不承认辩证法所说的'具体概念'。……尽管如此，金先生提出的概念双重作用的理论，无疑是包含有真理的成份的。"[①]冯契对金岳霖概念论的评价无疑是中肯的，他也是在金岳霖意念的摹状与规律的基础上来阐发概念的双重作用的，只不过他作出了多重扬弃和发挥。下面我们来比较一下金岳霖与冯契在概念论上的同与异，来评析一下冯契对金岳霖的继承与超越的方面。

冯契说："概念的摹写和规范作用是不可分割的。摹写就是把所与符号化，安排在意念图案之中，在这样摹写的同时也就是用概念对所与作了规范；规范就是用概念作为接受方式来应付所与，在这样规范的同时，也就是对所与作了摹写。"[②]冯契虽然完全赞同金岳霖所说的意念的摹状与概念双重作用，但不同的是冯契认为概念在摹写与规范过程中，逐渐获得丰富的图案结构，不断得到完善，由粗糙发展到精确，由前科学发展到科学，表现为一个动态的变化历程。而金岳霖的意念是静态的，体现出与意象的机械的一一对应关系，意念不是变化的，而是一劳永逸的、一步到位、一次完成的。因为，金岳霖说意念根本不存在变的问题，意念只有取舍问题，碰到不能规范的所与，就对此所与进行摹状，然后创立以意念，以便于以后可以规范，这样就将意念获取的丰富的、动态的有机过程进行了呆板的、形而上学的处理，有悖于概念的辩证法。同时，金岳霖的意念是由意象神秘跳跃而形成，这里姑且不说他无法解释清楚这个神秘的跳跃怎么来的，但是金岳霖对意念抽象性的过分重视，使得他在得到意念之后，就将意象忘却了。冯契则不同意这样的思想，他从思维内容的内涵上论

---

① 冯契：《金岳霖先生在认识论上的贡献》，《哲学研究》，1985年第3期，第25-32页。
② 冯契：《认识世界和认识自己》，华东师范大学出版社，1996年版，第162-163页。

证了概念同意象的紧密联系。他说："思维内容可以笼统地称为意念(idea)。意念包含概念和意象,二者可以区分,但是不可分割。概念是从感觉、意象抽象而来。抽象并不是和意象完全割裂开来,概念的摹写和规范作用实际上是离不开意象的,理论思维实际上离不开形象思维。"①这说明他贯彻了自己前面所讲的科学的抽象是始终保持与感性经验的巩固的联系的思想。他还说:"思维内容不仅包括概念和意象,还包括意向、意味即具有情意成分。概念不仅反映事物的属性,有认知意义,而且反映人的需要与事物属性之间的关系,有评价意义。"②冯契明确指出了概念中所包含的主体性,主体是知、情、意的统一体,是具体丰富的个体或群体。他或者他们在得到概念、运用概念的过程中运用自身丰富的价值旨趣,进行判断,进行选择,赋予概念丰富的意义和意味。

金岳霖则在意念论上只是求单纯的理解的了解,虽然他字里行间分析了收容与应付的工具中所包含的意味等社会性成分,但是在跃进到意念之后,意念则祛除了社会性的意味,保留的是绝对的、单纯的抽象。所以,冯契认为金岳霖的意念论是有缺陷的。他认为理智并不是干燥的光,并指出"意念图案不只是概念结构,而且与意象联系着,包含有意向、意味,具有情色色彩,所以总是有这样那样的主观色彩。这种主观性并不都是坏事。我们应该把主观性与主观主义、主观盲目性区别开来。把'主观性'和'客观性'用作中性的词。例如,强烈的意向鼓励人们去行动,乐观的情调增强人的信念,寓有个性色彩的意象增加艺术的魅力。但是,如果这些主观性成份被强调过分,就可能使人受蒙蔽,使人不能如实地去把握客观事物。在理论思维领域里,思维活动要注意排除主观盲目性,但也要正确地发挥情意等主观能动作用,这是很重要的问题。"③冯契的这些表述实际折射出概念也是具有"理想形态"的重要实现,概念是人们实现的展现,人们的价值追求和理想追求可以通过概念本身的演进或者概念间的相互影响和推动来得到展示,展示人们对外在世界、人类社会与人本身把握的状态和水平。

胡伟希对金岳霖的意念进行了总的评价:"总的说来,对知识本性的考察,金岳霖的立场是经验论的,即承认知识来源于感觉经验,但就他承认概念对所

① 冯契:《认识世界和认识自己》,华东师范大学出版社,1996 年版,第 168 页。

② 冯契:《认识世界和认识自己》,华东师范大学出版社,1996 年版,第 169 页。

③ 冯契:《认识世界和认识自己》,华东师范大学出版社,1996 年版,第 172–173 页。

与的规律作用，承认从经验中可以获得普遍必然性的知识来源，他已经突破了一般经验论和实证论的界限。金岳霖对概念问题的考察吸取了经验论和唯理论的合理成份，其中包含有辩证法的因素。应该看到，金岳霖的概念论仍有它的不足之处，他所说的概念是抽象概念而不是具体概念。他没有看到人类知识的获得是一个不断地由具体到抽象，又由抽象上升到具体的过程。金岳霖细致地考察了知识发展的前一阶段，但从抽象概念上升到具体概念这一认识运动始终在他的视野之外。同时，金岳霖将概念的不变性绝对化、无对化，认为概念的这种不变性是依据所与中的'共相'或'理'，实际上承认在变动不居的个体的世界后面还有一个静止的不变的理的世界。这样，当他进一步试图为概念的不变性寻找本体论的根据时，就陷入了形而上学。"①胡伟希指出的金岳霖概念论的错误在冯契这里都得到了很好的化解。冯契将抽象概念推进到具体概念的高度，随时保持与经验、具体的巩固联系，保持概念随现实的变化而进行动态调整，不断深化对经验具体的揭示，形成把握事物深刻内在本质和规律的具体概念，为获得普遍必然性的科学性知识拓展出一条正确、科学的路线。

三、"得自所与还治所与"与"以得自现实之道还治现实"

金岳霖将知识的形成看作是一个对所与不断地收容与应付的过程，在这个过程中经过抽象产生意象，意象发生跳跃，上升到意念。其间，意念摹状与规律所与，摹状与规律是意念的两种属性或功能，意念同时具备摹状与规律作用，无规律不能摹状，无摹状不能规律。意念的摹状与规律表现出意念的后验性和先验性，是得自所与还治所与的统一。同时，意念的摹状与规律的过程还是知事与明理的统一，表现为不断地事中求理和理中求事，是知事与明理的统一的过程。金岳霖的这一系列思想，"把知识的形成过程看成是得自所与还治所与的过程，并试图通过概念双重作用来说明这一过程的内在机制，从而较好地解决了知识形成过程中先验与后验，感性与理性、知事与明理的统一问题。在哲学史上无疑是一个重大的贡献。"②但是金岳霖的在知识的形成问题上注重的是静态分析，没有上升到动态过程，而且这样处理影响着对真理问题的基本看法，即认为认识只能获得真命题，而真理得不到。我们在承认他以概念双重

① 中国社会科学院哲学研究所编：《金岳霖学术思想研究》，四川人民出版社，1987年版，第116页。
② 陈晓龙：《知识与智慧——金岳霖哲学研究》，高等教育出版社，1997年版，第108页。

作用下对得自所与与还治所与的知识形成过程的考察具有独创性，具有真理成分的同时，还要看到这一理论的不足。冯契继承了金岳霖关于意念摹状与概念的双重作用的系列理论，但他是以基于实践的动态的、辩证的、开放的过程来发展金岳霖的"得自所与还治所与"理论，以"得自现实之道还治现实"实现了超越。下面我们来看看冯契对金岳霖的超越的一些方面。

(一)冯契将金岳霖对概念的静态的分析过程发展为动态的历史过程

冯契说："人类认识现实世界的活动，也是现实洪流中的自然过程之一。《知识论》讲主客交互作用和以经验之所得还治经验，注重于对人类的知识经验作多层次的静态分析，而没有把它作为基于社会实践的历史进化和个体发育的自然过程来进行考察。但上述中心思想中包含有辩证法因素，这种因素如果得到贯彻，那便要求从运动、发展的观点来考察感觉和概念、事实和理论、主观和客观之间的交互作用，把这种交互作用了解为辩证的发展过程。这样一来，动态考察代替了静态分析"①。冯契认为要用从动态考察来代替静态分析，要把概念的形成看作是一个发展过程，而不是经过简单抽象就能获得完备形态的。概念可以作前科学概念与科学概念、低级概念与高级概念的区分。概念是在不断地与现实经验打交道的过程中，逐步得到充实和实现精细化，最终深入地切中事物的本质。概念演化的过程同时是对感觉经验不断整理的过程。冯契认为，在这个过程中会存在事实与理论、主观与客观等矛盾，让人们产生疑问、惊诧，需要不断地发现问题和解决问题。事物处于矛盾发展之中，各方面呈现有机联系。人们凭借对感觉经验进行抽象获得概念，用以摹写和规范现实，得出判断，这样的认识往往还是碎片化的、不系统的、不全面的。但是，在通过不同意见、观点的争论之后，人们才有可能超越认识的碎片化、局部化等，获得对事物的整体性认识，把握住其有机联系，从而达到认识和实践、主观和客观的统一。冯契把这样的动态历程称为"得自现实之道还治现实"。这个动态的过程需要以实践为载体，需要正视现实事物的客观内在矛盾，需要在反复与现实事物打交道中来完成，需要使概念完成由抽象到具体的再次飞跃，最终达到用具体概念把握住现实事物的整体和全貌，即现实之道，然后再还治现实的目的。冯契认为"得自现实之道还治现实"是一个达到辩证法的具体，形成具体

---

① 中国社会科学院哲学研究所编：《金岳霖学术思想研究》，四川人民出版社，1987年版，第56页。

概念的过程。到了具体概念阶段，概念与规律有机联系起来了，发展成为系统的理论，达到理论与实践、主观与客观的具体的历史的统一，即形成具体真理。冯契认为："具体真理以具体概念为思维形式。金先生在写《知识论》时，强调由感觉到概念是具体到抽象的飞跃，而不承认有辩证法所说的'具体概念'。但是把'以得自所与的概念还治所与'视为交互作用的运动，我们便必然会引申出：人类的认识是一个由具体到抽象、又由抽象再上升到具体（辩证法的具体）的发展过程。"①这样，冯契对金岳霖的"得自所与还治所与"从动态把握现实之道，化解现实矛盾，解决现实问题，求得全面、深刻的具体概念等层面进行了多维扬弃。

（二）冯契以辩证逻辑代替了金岳霖的形式逻辑

金岳霖在《知识论》中说意念的作用可以不断地事中求理、理中求事，但是他所说的"理"是形式逻辑的理，因为支撑他的知识论体系的是《论道》的本体论体系。他说大化流行本来是有理的，但是他是以形式逻辑的排中律作为法则来安排现实世界的。他所指的理是静态的理，不符合现实世界大化流行、生机盎然的实质。金岳霖的理是有逻辑地事先安排好的，不是人们根据实践在认识过程中归纳总结出来的。他虽然认为逻辑规律也是客观规律，但是以本体论的理来为知识论提供支撑时，理不是向外求索的，而是先天存在的。因为他对形式逻辑作本体化处置，又以本体论来支撑知识论，所以他的意念摹状与规律的过程就知识遵循形式逻辑的规律，而不是辩证逻辑的规律。

金岳霖不是否认辩证逻辑，只是他认为辩证逻辑追求的宇宙大全、根本性、整体性的大矛盾，追求的是"整体的理"，而以形式逻辑提供担保的知识论追求的是"部分的理"，解决的是小矛盾。就像他认为形下重分，形上重合，形下的理是一丝一丝的，是分开来的理，而形上的理是整体的理，是合起来的理。因而在知识论当中他是以形式逻辑来作为知识形成过程及知识普遍必然性的担保，没有去探索客观辩证法、认识论和逻辑的统一问题，只追求理论的明晰，不关注现实矛盾。金岳霖说："为了使得思维认识能够正确地反映客观事物及其规律，两个带根本性的矛盾需要解决。一个大矛盾是客观事物的不断运动变化发展和思维认识的僵化，客观事物的普遍联系和思维认识的孤立化，客观事

---

① 中国社会科学院哲学研究所编：《金岳霖学术思想研究》，四川人民出版社，1987年版，第59页。

物的整体性和思维认识的零碎化……等的矛盾。另一个大矛盾是客观事物的确实性和思维认识经常出现的不确定性的矛盾。逻辑是为真理服务、为认识服务的工具。解决前一矛盾的主要是辩证逻辑。解决后一矛盾的主要是形式逻辑。"①金岳霖认为辩证逻辑是解决大矛盾的，解决谋求现实之道的。但是他的知识论中只承认形式逻辑，不承认辩证逻辑，所以知识论中得自所与所求得的是形式逻辑之理，而不是现实之道。

冯契对金岳霖的上述认识表示赞赏，他说："有两种逻辑，即形式逻辑和辩证逻辑。人们通过概念、判断、推理等思维形式来把握世界，概念必须与对象相对应。正是这种一一对应的关系，表明思维遵守同一律，思维形式有它的相对静止状态。对这种相对静止状态，我们撇开其具体内容来考察思维形式的结构，这就有形式逻辑的科学。而为要把握现实的变化和发展，把握具体真理，思维在遵循形式逻辑的同时，概念还必须是对立统一的、灵活的、能动的。我们密切结合认识的辩证法和现实的辩证法来考察概念的辩证运动，于是就有辩证逻辑(即作为逻辑的辩证法)的科学。"②冯契认为认识活动，概念的形成不能漠视客观事物本身的辩证法，客观世界的事物是变动的，是对立统一的，要求概念这种思维形式也要相应地变化，呈现出能动性和灵活性，做到在认识活动中将客观辩证法和逻辑有机统一起来。

冯契在《逻辑思维的辩证法》中系统地阐述了客观辩证法、认识论和逻辑的统一，认为辩证逻辑是认识史的总结和客观现实的辩证运动的反映。他说："辩证法把思维和存在的同一了解为认识发展过程，是由不知到知、由知之不多到知之较多的发展过程。如果把思维和存在割裂开来，就导致不可知论。如果把思维与存在的同一看成是一次完成的，直接同一的，就是形而上学。……辩证唯物主义是在肯定世界物质本质是物质、世界统一于物质的根本前提下讲世界的发展原理，讲辩证法、认识论和逻辑学的统一。"③他进一步阐述了辩证逻辑是认识史的总结，他说："辩证唯物主义世界观是客观过程的辩证法、认识论和逻辑三者的统一。此所谓逻辑，即概念的辩证法；而概念的辩证法就是现实世界的辩证法的反映和人类认识世界过程的历史总结。世界观和方法论是统

①　中国社会科学院科研局编：《金岳霖集》，中国社会科学出版社，2000年版，第317页。
②　中国社会科学院哲学研究所编：《金岳霖学术思想研究》，四川人民出版社，1987年版，第61页。
③　冯契：《冯契文集》(第二卷)，华东师范大学出版社，2016年版，第8—9页。

一的。唯物辩证法作为方法论，无非就是运用对立统一规律来解决主观与客观的矛盾。对立统一规律是现实世界最一般的规律，也是辩证思维的根本规律。主观与客观的矛盾运动也就是以得自现实之道还治现实的认识过程；这认识过程本身也是一个自然过程，它被历史地总结在辩证思维的范畴中。所以思维运用辩证逻辑的规律和范畴，其实就是以得自客观现实和认识过程的辩证法还治客观现实和认识过程。"①客观世界蕴含客观辩证法，人们通过认识客观世界获取主观概念，以概念的演变与发展来再现客观辩证法。概念自身的演变与发展与客观世界的有机运动变化形成对应关系，将二者联系起来的桥梁是认识。以实践为基础的认识能够把握客观世界的法则，内化为主观的概念体系，客观辩证法向主观辩证法内化，认识、客观世界、主观概念体系三者可以统一起来，相应地辩证法、认识论和逻辑学也是统一的。

(三)冯契以将认识过程视作实现理想的活动代替了金岳霖的理智作为"干燥的光"

金岳霖醉心于静态的分析，对知识的形成过程只追求理智的理解，而将对情感、意义与价值的追求安置在元学之中。所以，金岳霖的得自所与还治所与的过程就是单纯理智的理解过程，不夹杂主体性成分，只有认知意义，没有评价意义，更谈不上理想与价值追求，这与他处理知识论和元学的态度密切相关。故此，金岳霖发展出来的知识论是狭义的认识论，给人以"逻各斯"的冷峻，无法在认知过程中感受到善和美，不能不说是有缺憾的知识论。

金岳霖的意念是排除社会性、意味的，他对意念是追求形式化的处理。意念的摹状就是将感性材料符号化、图案化，使感性材料具有普遍的形式意义，以便于在主体间进行传达。意念的规律是以摹状所得的形式化的图案去套所与，能套住所与，意念便成为接受方式，不能套住所与，就摹状一新的图案，形成一新的意念。意念的双重作用：一者是将感性材料化成图案套子；一者是将所得的套子用于整治感性材料。得自所与还治所与，做的尽是形式化的工作，要让所与整整齐齐，秩序井然。金岳霖也强调，对于意念只有能否化所与为形式的问题，而不牵涉所与的具体内容。

与金岳霖局限于抽象的、形式化的意念不同，冯契坚持逻辑思维的辩证

---

① 中国社会科学院哲学研究所编：《金岳霖学术思想研究》，四川人民出版社，1987 年版，第 62 页。

法,以具体概念作为哲学认识论的核心范畴。在他看来,"具体概念,是科学发展的高级阶段的概念,亦即黑格尔所讲的理性逻辑的概念。具体概念把握了一定领域中的知性概念的有机联系,把握了对象的本质的矛盾,揭示了对象的有机整体。"①具体概念寄托着人的追求,体现人的理性的力量和信念,渗透着人的情感,是知、情、意的统一体,具有理想形态。所以,冯契认为"以得自现实之道还治现实"这个认识论命题,可以理解为从现实生活中吸取理想而又促使理想化为现实,对金岳霖的"得自所与还治所与"进行了又一引申和发挥。冯契所讲的理想是非常广义的理想,既可以是道德理想、审美理想、人格理想,也可以是实践工作中或人事活动中设定的目标和计划等。人类在认识世界和改造世界的过程中实现自身的理想、目标和计划,所以理想伴随着实践活动和认识活动而展开。认识活动的过程也就是不断实现理想的过程,需要人全身心地投入,而不仅仅是投入理智,情感、意志、审美等都贯穿在其中,在认识目标的实现过程中展示人的本质的力量,展示人获得的自由。所以,后来冯契将金岳霖的狭义认识论发展为广义的认识论,拓展出追求人的自由发展和真善美等问题,实现了在认识论中蕴含本体论的创新,而不是金岳霖用截然二分的模式来处理。

第三节 在逻辑思维能否把握具体真理问题上? 金岳霖对冯契的启示

冯契在《智慧说三篇》的导论中提到,他在昆明与金岳霖讨论对待知识论和对待元学的态度、知识与智慧的关系问题时,金岳霖认为世上有两类头脑,一类偏重抽象,一类偏重具体。金岳霖认为自己偏重抽象,而冯契偏重具体。金岳霖在 20 世纪 40 年代对"具体"有过一段时间的兴趣,写过一篇名为《势至原则》的论文,但是没有坚持下去。后面他也写过关于超名言之域的论文,但却遗失了。最终金岳霖没能在从抽象对具体的研究上取得较多的成就。从抽象到具体过程就是逻辑思维把握具体的过程,逻辑思维能否把握具体真理就在于对这个过程进行怎样的处理并完成目标的过程和理论,这也就是冯契所讲的由知

---

① 冯契:《冯契文集》(第二卷),华东师范大学出版社,2016 年版,第 86 页。

识到智慧的问题。由于金岳霖将知识和智慧区分为两截，知识问题由知识论来解决，智慧问题交给玄学来解决，从而掐断了连通知识与智慧的纽带。冯契领略到了金岳霖想过将《知识论》与《论道》沟通起来，但最终因为《知识论》手稿在一次空袭中遗失，再加上新中国成立后大规模的政治运动，金岳霖没有心境再去探讨这些问题了。所以，在逻辑思维能否把握真理这个认识论问题上，金岳霖的见解主要体现在他对真理的阐释和态度上，体现在他对超名言之域言说的理论和他在《论道》中所体现出来的对"道"的表述与追求上。下面我们就这三个方面来分析金岳霖在真理问题上对冯契的影响及冯契对他的超越。

一、在真理能否把握问题上金岳霖与冯契的观点的比较

金岳霖在对"所与是客观的呈现""得自所与还治所与""意念的摹状与规律双重作用"等这些知识论的基本问题做完考察之后，认识的过程就走向总结阶段，即讨论真假及其标准问题。他对真假问题的考察是以对"真理"与"真命题"的严格区分为前提的。他认为知识论所应讨论的问题，只能是真假问题而非真理问题。因为真假是相对于命题而言的，而真理则是相对于概念或真命题的总结构而言的。换言之，真理是无所不包、精切、准确达于极点的知识的极限，是概念或命题至当不移的总结构。而真命题则是一条一条的，或一丝一丝的，真命题是分开来说的，它不是总结构，与真理不一样。真命题是可以得到的，而真理是得不到的，真理是知识的极限。所以，金岳霖说："真命题是一条一条的，或一丝一丝的，它是分开来说的，它不是真命题底总结构，它和真理不一样。真命题是可以得到的，有知识就是得到了真命题，同时当然也是得到了意念图案，可是有知识不是已经得到了真理。真理是概念或真命题底总结构。总结构底得到，要各方面的意念图案都要成结构，而且这无量数的结构联合起来成一总结构。这样的总结构总是得不到的。"①从这里可以看出，金岳霖对待真理有种绝对化对待倾向，他没有像马克思主义那样承认真理是绝对性与相对性的辩证统一的思想，而认为真理就是绝对的，是极限状态。他看不到真理的绝对性是由有无数相对性的真理颗粒来组成的，当然他也没有真理的绝对性包含真理性、相对性的思想，他认为真理在达到概念或真命题的总结构之前就不可能是真理。同时，金岳霖没能从人类的类整体的力量上来看待真理，他

---

① 金岳霖：《知识论》，商务印书馆，2004 年版，第 951–952 页。

只是将对真命题的获得放在特定时代、特定阶段上来看待，而不是从人类整个历史长河的不断丰富与发展的实践史、认识史上来把握，所以认为真理不可得到。

金岳霖对真命题和真命题的总结构、真理和真假的区分是与他对形上与形下、名言世界与超名言之域的区分密切相关的。他说："形上重合，形下重分。"①"哲学可以分为两大部分，一部分差不多完全是理性的，另一部分不完全是理性的。前者靠分析靠批评，后者靠综合靠创作。前者近乎科学，后者近乎宗教。"②他认为形上与形下的注重点不同，形上重合，形下重分。对于"分"能说的话对于"合"也许不能说，对于"合"能说的话，对于"分"也许不能说。真理重合，而真命题重分。知识论是注重分的，知识论只追求真命题，不追求真理。金岳霖还从名言世界与超名言之域的区别来谈真命题与真理的区别。他说："平平常常的知识所发生兴趣的总是名言世界，而名言世界是能以名言去区别的世界。它所注重的不是宇宙底整体或大全，而是彼此有分别的这这那那种种等等。"③知识论的对象属于名言世界，可以获得真命题。而真理所追求的整体、大全属于超名言之域，不能言说。他还说："命题总是分开来说的思想。普遍命题如此，特殊命题也是如此。分开来说的思想所说的对象总是名言世界，而不是那超形脱相无此无彼的世界。"④他很清楚明了地指出在知识论领域只谈命题的真假，只追求真命题，不谈真理。真理属于超名言之域的话题，在本体论领域去追求。

冯契则认为在认识论领域能够达到对真理的把握。他认为逻辑思维能否把握具体真理是认识论的又一重大问题，并认为通过"一致而百虑"的辩证思维是能够把握具体真理的。他认为命题是否符合事实、概念是否揭示所与本身就是经验中的问题，是能够依靠经验本身就能解决的。经验是以实践为基础的，具有客观实在感。所以，冯契认为思维能够达到客观真理，能够促成主观与客观相符。因为认识是一个透过现象去发现本质、从浅层本质升华到深层本质、由不全面把握事物的有机联系到全面把握的曲折进展过程，过程中需要人们不断

① 金岳霖：《知识论》，商务印书馆，2004年版，第897页。
② 金岳霖：《知识论》，商务印书馆，2004年版，第816-817页。
③ 金岳霖：《知识论》，商务印书馆，2004年版，第898页。
④ 金岳霖学术基金会学术委员会编：《金岳霖文集》（第二卷），甘肃人民出版社，1995年版，第407页。

进行抽象与概括、分析与综合，还需要展开不同意见、观点的交锋与争论，经过逻辑论证和实践检验，最终才能使认识变得越来越深入、全面。认识达到比较全面而深入地与客观实在的本质联系相符合，那就是科学知识。科学知识就不仅是许多事实命题，而且这些事实命题是相互联系的，有规律贯穿其中，而规律是由普遍命题来表述的。科学知识若符合客观实在、符合事物之间本质的联系，那么我们就把它看作是达到了主客观一致的真理。真理必须是在本质层次上达到主观与客观相符合的命题结构。冯契承认真理是绝对性与相对性的统一，认为绝对真理是在不断获得相对真理的进程中积累起来的。在相对真理的获取过程中，人们能够在认识中不断拓展出与客观实在相符合的科学的理论，其中就会包含绝对真理的成分。所以他说："包罗无遗的大写的真理（Truth）虽然在有限时间内不可穷尽，但一定领域、一定层次上的具体真理，达到主观与客观的具体的历史的统一，也可以说是具有全面性（在一定范围内的全面性）。"[①]冯契的真理观将真理的获取视作一个不断进取的过程，认为真理具有层次性、局部性，即相对性。但是此层次性、局部性的科学性认识也是真理，大写的真理正是由无数层次性、局部性的真理汇聚而成，不仅在真理问题上坚持辩证法，而且对获取真理充满了自信。

可见，在认识论领域是否存在真理、能否把握真理，金岳霖与冯契存在着不同看法。金岳霖以为真理求通，是整体的、合的理，非名言所能表达，体现的是概念的总结构的整体与大全，是无法达到的。冯契继承了金岳霖的符合说的真理观，认为可以通过认识的辩证运动过程而达到客观而全面的具体真理。

二、在对超名言之域的言说上金岳霖与冯契的观点的对比

冯契说："按照金先生的知识论，知识经验领域就是名言之所能达的世界，而所谓名言之所能达，就表示说，就是用命题（特殊命题和普遍命题）分别地判定和用语言分别地陈述；就所表示的说，就是把对象区分为一件件的事实、一条条的条理，而这对象即相对于知识类的自然界，所以也可以说'自然界为名言所能达的世界'。"[②]冯契指出了金岳霖在真理问题上的根本，他认为金岳霖区分名言世界和超名言之域、区分形上与形下、区分真命题与真理实质上是在

---

① 冯契：《认识世界和认识自己》，华东师范大学出版社，1996年版，第262页。

② 刘培育主编：《金岳霖的回忆与回忆金岳霖》，四川教育出版社，1995年，第136页。

知识与智慧的关系问题上作划界处理。他说："'元学'（智慧）如何可能？首先是问如何能'得'、即如何能'转识成智'，获得智慧；其次是问如何能'达'、即如何能把那超名言之域的智慧用语言文字表达出来。金先生偏重对后者的考察，而我则想着重考察前者，把意见、知识到智慧的发展视为辩证过程，试图说明'转识成智'即由名言之域到超名言之域的飞跃的机制。"①冯契指出了金岳霖注重对整体大全的把握和言说、对结果的把握，而他自己则偏重考察转识成智的历程、对过程的把握，二人在对超名言之域的把握和言说上区别比较明显。

金岳霖对超名言之域的言说是通过本然陈述的方式来进行的。他认为本体论探讨的问题都是形上的终极，代表着最大的普遍性，是万事万物得到说明的最基本的分析成分，也是万事万物存在的依据。对于这样的本原性成分，它是不能言说的，是无法用语言来表述的。因为任何语言文字都有约定俗成的意味，一用语言文字就限制了终极的普遍意义。可是哲学就是要对不可言说的说上些什么。哲学特别是形上学所关注的是本体、大全、整体等范畴，而这些范畴是一思想体系的主干范畴，是其他范畴所得以形成并发生联系的依据，必须对这些观念形成说明才能进行体系的构造，开始范畴之间的演绎。金岳霖常说，哲学是说出一个道理来的成见，哲学本来是难以言说的，现在要抱着一定的成见来说出道理。可见，说不得也要说，关键看怎么说。与其他一些哲学家以诗意地说、比喻地说不同，金岳霖在区别于逻辑地说的前提下提出用"本然陈述"来言说。他认为，逻辑地说肯定是行不通的，下定义的办法必然要限制终极的普遍性。逻辑命题是表示事实的，而终极根本不是事实本身。但言说必定是离不开语言的，本然陈述又是一种什么样的语言表述呢？

金岳霖在《势至原则》一文中提出了"本然陈述"的思想。他说："本然陈述陈述元理。本人认为理的种类不一。有必然的理，此即逻辑学的对象。有固然的理，此即自然律之所表示。但是，还有本然的理，此即本然陈述或先验命题之所表示。……本然陈述之所表示既不是必然的理也不是固然的理。它既不是逻辑命题，也不是自然律。它非常之基本。它是治哲学者最后所要得到的话，也是哲学思想结构中最初所要承认的话。"②他还说："本节论本然陈述最好用

---

① 刘培育主编：《金岳霖的回忆与回忆金岳霖》，四川教育出版社，1995年，第143页。

② 金岳霖：《金岳霖文集》（第二卷），甘肃人民出版社，1995年版，第413页。

以'能'为主词的话为例。《论道》书中很有几句这样的话。例如，'能有出入。'本然陈述异于逻辑命题的有以下诸点。逻辑命题不断定任何事实之为事实，可是断定任何可能之为可能。本然陈述也不断定任何事实之为事实，可是，解释任何事实。"①他认为，可以用本然陈述来把握与表达形上世界的"元理"，即对形上终极的实质性把握。他通过与逻辑命题及科学命题、经验命题进行分析与比较的方式来说明本然陈述的特征，对于我们如何用本然陈述来把握形上世界，是非常具有启发意义的。他指出本然陈述与其他各类命题有区别，表现为彼此在文法上的主宾词与逻辑上的主宾词呈现差别。"从文法上的主宾词着想，什么话都可以说。即以'能有出入'这句话而论，在文法上似乎没有不成其为话的理由。从逻辑的主宾词着想，这句话就发生问题了。普通说的话，如'那张桌子是红的'。在文法上，我们以'那张桌子'为主词，而'红'为宾词。逻辑的说法不是这样。逻辑的说法是以'那'为主词，而桌子与红都是宾词。而这命题是'那'之所指有'桌子'与'红'之所谓。这命题的形式为 $\Phi X \cdot \Phi X$。逻辑的主词总是个体或类似个体的关系体。"②他还说："命题的逻辑主词总是表示个体，其逻辑宾词总表示共相或可能。命题之所表示总在名言范围之内。个体可名，名亦有所谓。对于它我们可以言。照现在的说法，不仅言，而且以命题言之。"③金岳霖的这些论述折射出这样的思想：用命题来言说名言世界，用陈述来言说超名言世界。陈述与命题虽然在外观上非常相似，都有文法上的主词和宾词，但也仅限于此外观的相似，而非实质上的相似。金岳霖认为本然陈述没有逻辑上的宾词，而且其逻辑上的主词不代表个体。没有逻辑上的宾词说明本然陈述陈述的对象不属于任何一类事物，主词不表示任何个体则意味着本然陈述陈述的对象不是任何特殊的个体事物。作为既不属于任何类又不是任何特殊事物的事体，那就只能是现实世界找不到原型的东西，就是超越的东西，即是本原性的东西。

本然陈述的另一个显著的特点就是对终极本原的最后实质进行表达。在《论道》中有几处这样的本然陈述，如"能是潜能""能是实质""能是活动""能有出入"等，这些都是在对经验总其大成的基础上为形上终极之"能"所进行的

---

① 金岳霖：《金岳霖文集》（第二卷），甘肃人民出版社，1995 年版，第 410 页。

② 金岳霖：《金岳霖文集》（第二卷），甘肃人民出版社，1995 年版，第 409 页。

③ 金岳霖：《金岳霖文集》（第二卷），甘肃人民出版社，1995 年版，第 409 页。

描绘，是对它的最后的实质性形上特性的把握。"从个别的事或个别的理着想，因为它无所取，它的确什么话都没说；可是，从各事之所同，各理之所共这一方面着想，因为它无所舍，它的确什么话都说了。"①金岳霖认为这些话非常之根本，是形上学对终极的最高概括，也是对形上本原的最高领悟。要没有这些话，形上学体系建构不起来，也无从感受到形上本体的终极意义。

可见，在对形上终极本原的处理上，金岳霖颇费工夫，也取得了建设性的突破。这种方法比冯友兰的负的方法要实在得多，也清晰得多。当然，金岳霖也有对能的把握的负的方法的一面，如说"能不一"，就是典型的负的方法，或者说是烘云托月的方法。他说，说能不一，实在是说容纳能的可能不一，它所能进入的可能有无量之多，这样才能出出入入。

冯契则侧重于以具体概念来把握真理。他认为："具体概念，是科学发展的高级阶段的概念，亦即黑格尔所讲的理性逻辑的概念。具体概念把握了一定领域中的知性概念的有机联系，把握了对象本质的矛盾，揭示了对象的有机整体。"②他认为具体概念是把握不断发展、变化的对象的本质属性的思维形式，它对对象采取动态的把握的方式。具体概念通过对客观对象的辩证发展和认识的辩证运动的再现，能够把握对象的有机进程和规律性，因而能够得到具体真理。同时，他指出："具体概念是体现了具体的一般的概念。具体概念是从抽象到具体、个别与一般的对立统一中来把握对象的。具体概念固然因为其主要反映对象的一般而具有抽象性，仍然要遵守内涵与外延反变关系的规律。但是，由于具体概念是将对象的抽象与具体、个别与一般结合起来考察的，因而其内涵和外延关系的变化就不局限于反变关系。具体概念作为认识史的总结，都是由抽象再上升到具体而形成的，是把握了多样性统一的概念，因而都是外延极广、内涵极深的概念。就反映的宽广外延说，它们是抽象的；就反映的深刻内涵说，它们是具体的。因此，具体概念既体现了一般，又包含个别、特殊，既深入对象的本质，又全面地反映了对象，故能把握具体真理。"③具体概念在冯契笔下以动态的概念发展对应着现实的辩证运动，做到了随机匹配、随机调整，因而能够深刻、全面、系统把握现实变化之道，达成真理。

---

① 金岳霖学术基金会学术委员会编：《金岳霖文集》（第二卷），甘肃人民出版社，1995年版，第413页。

② 冯契：《冯契文集》（第二卷），华东师范大学出版社，2016年版，第86页。

③ 王向清：《冯契"智慧"说探析》，人民出版社，2012年版，第91页。

　　金岳霖与冯契在对超名言之域探讨的路径上是不一致的，金岳霖是以知识与智慧、知识论与元学划界的方式来处理的，将知识、知识论的对象或理视作名言之域，而将智慧、元学视作超名言之域，这样他对超名言之域用消极的"本然陈述"的方式来进行言说。冯契则贯彻了知识与智慧的统一，直接在以实践为基础的认识过程中促成转识成智，对智慧这一超名言之域用具体概念来进行把握。冯契说："我认为，理智并非'干燥的光'，认识论也不能离开'整个的人'。我主张用 epistemology 来代替 theory of knowledge，以为认识论不应限于关于知识的理论，它也应研究关于智慧的学说，讨论'元学如何可能'和'理想人格如何培养'等问题。金先生听了我的意见，说：'我的《知识论》确实只讲知识经验领域，即名言世界；你说的智慧、涉及那超形脱相、非名言所能达的领域，理智无法过问，只好交给元学去探讨……。不过，你的话也有道理，可能还更接近中国传统哲学。'他鼓励我循着自己的思路去探索。"①冯契的这段话明显表示出了金岳霖与他对待超名言之域的对象的区分和进路的区分。

　　但是，通过细致的对比，我们仍然可以发现二者有相同之处，而且也能看到冯契身上有金岳霖的影子。首先，金岳霖的本然陈述是总经验之大成，达到的是具体形象的直观，也可以说是一种理性的具体，只不过是他得到本然陈述的过程比较神秘，不像冯契的那样体现为由无知到知、由浅层到深层、由片面到全面那样丰富的过程。其次，金岳霖的本然陈述是对本原最后的实质的陈述，是对事物最本质特征的把握，这与冯契的具体概念所把握的客观事物的全面而客观的规律性是殊途同归，结局是一样的，体现了目标的一致性。再次，金岳霖的本然陈述是通过对经验的层层推进来实现的，求得最终的本原，是最终对整体、大全、终极的实质性把握。冯契的具体概念把握具体真理是通过在抽象的基础上不断提升具体性而达到的。相比之下，金岳霖的路径是分析型的，冯契的路径是综合型的。

　　金岳霖用"本然陈述"的方法来表达对宇宙法则的体验，这种方法是一种总经验之大成的方法，是对事物的本质的一种直接体认的陈述方式，是在长期的经验基础上的顿悟，是转识成智的一种模式。他的这一方法本身是西方逻辑分析方法与中国传统哲学直觉体认方式的结合，同时还始终保持着与经验的紧密联系，坚持客观实在的立场，可以说是马克思主义哲学与中国哲学和西方哲学

---

① 刘培育主编：《金岳霖的回忆与回忆金岳霖》，四川教育出版社，1995 年版，第 133 页。

的一种融合。冯契用理性的直觉、辩证的综合与德性的自证对金岳霖的"本然陈述"进行了发挥，实现了对转识成智过程的科学解释，其中金岳霖的"本然陈述"对他的转识成智的方法具有重要的参考价值。因为"本然陈述"虽然形式上的主宾词不同于逻辑分析法的主宾词，但是仍是逻辑分析的类型，只是在此陈述之下，逻辑分析与直觉体悟有机地结合起来。没有逻辑分析，没办法厘定清楚经验，没有直觉领悟，则达不到对本质的整体把握。冯契的理性的直觉就是在逻辑分析法基础上的直觉把握，其中理性体现逻辑的特性，直觉体现领悟的特征。可见，金岳霖在对超名言领域的把握方法启发了冯契对转识成智过程的探索。

三、在本体论与认识论是否相统一上金岳霖与冯契的观点的比较

金岳霖在本体论与认识论的关系的处理上是直接采取截然二分的模式，认为本体论讨论超名言之域，满足情感的需求和理智的满足，而知识论属于名言之域，面向的是现实的个体，只追求理智的理解。但是，他仍然认为本体论是统摄认识论的。他认为罗素的最大的失败是没有统领认识论的玄学（即本体论）。他建立本体论是要为知识论提供形而上的支撑，为知识求理提供可能。知识论与本体论纵然二分，但本体论却潜在地为认识论提供目标和支撑。

冯契认为认识论与本体论是直接统一的。他说："本体论和认识论的统一问题，也就是客观辩证法和认识辩证法统一的问题。认识论与本体论两者互为前提，认识论应该以本体论为出发点、为依据，而认识论也就是本体论的导论。要建立本体论，就需要一个认识论作为导论。哲学的最核心的部分就是本体论与认识论的统一。"①他认为本体不在彼岸，而内在客观事物之中，通过不断地认识事物，终究可以达到对本体的体认。他认可王阳明的"本体即功夫"的观点，认为通过不断地加强功夫的修炼，人们就可以直达本体。他说："从功夫和本体统一、体用不二这个意思，我们要讲客观辩证法和认识辩证法是统一的。"②同时，他认为认识的辩证法也包含了客观的辩证法，通过认识的辩证运动，本然界被人的认识和智慧所照亮，精神也就具有了本体论的意义。

冯契还用实践唯物主义的观点来阐释了本体论与认识论的统一。他说：

① 冯契：《认识世界和认识自己》，华东师范大学出版社，1996年，第107页。

② 冯契：《认识世界和认识自己》，华东师范大学出版社，1996年，第108页。

"物质、实在固然是本然界,是超越的,但是人从实践、感觉中间获得客观实在感,那么物质或客观实在就成为内在于经验的,这就是从无知到知,从自在之物到为我之物的开始。从无知到知跨出了一步,混沌就被剖开了,于是就有了精神和物质的对立,就是认识主体和客观实在的对立。这种对立和相互作用就是认识发展的内在的根据,再进一步,就出现了由感觉到概念的飞跃,精神就以得自所与者(意念)来还治所与,由存在进入了本质,把握了本质之间的联系,于是就有了知识经验。与此相应,知识经验的主体即康德所说的统觉,精神运用范畴统率概念、规范现实,意识到自我的统一性。经过感性和理性、绝对和相对、客观规律性和主观能动性这些环节,客观实在就在认识过程中展开,由存在而本质、由不甚深刻的本质到深刻的本质,由片面到比较全面,这样就越来越接近辩证法的具体真理。"①换言之,人通过实践不断将认识推向深入,认识最终能够达到对整体、大全的把握,即到达本体,在实践的认识过程中实现认识论和本体论的统一。这样,认识论所要追求的对超越的本质的把握就可以在认识过程中完成,不需要再向本体领域去求助。

郭齐勇说:"在本体论问题的思考上,冯契是以金岳霖的形上元学系统为前提的。金岳霖区分了元学与知识论,当然,区分并不是截然二分。但这种区分引发了冯契的探求,试图将二者辩证综合地加以考察。冯契把元学与知识论的关系问题转化为智慧与知识的问题,以广义的认识论即智慧学说来统摄本体论与知识论、理想与现实、彼岸与此岸。金先生还是要让人们明'本',明'道',尽管逻辑上论证有困难,但'道''本'又在现实之中而不能不讲。在金氏元学中,保留了'太极'之域;而在冯契的智慧学说中,否弃了预先设定的逻辑本体,消解了'太极'之域。金氏以形式逻辑的排中律作为本体论思考的起点,通过逻辑的形式化的'能''式'和'可能'范畴的推演,从可能界导向本然界并进至个体界,最终导向终极价值和超越的'至真、至善、至美、至如'的'太极'境界。冯氏扬弃了金氏'无极而太极'的逻辑推演,修正了外在于现实世界,特别是人的认识与实践活动的思辨系统。冯氏的转进是,以实践唯物主义为出发点,下降了金氏'可能界'的重要性,而从事实界考察实践主体的个体化问题。冯契从本然界到事实界再转向可能界,最后到价值界,而不是相反。他融摄并推进了金岳霖知识论的许多思考,例如,概念的双重作用、'具体'、'得

---

① 冯契:《认识世界和认识自己》,华东师范大学出版社,1996年,第109-110页。

自现实之道还治现实'等等，认为在自在之物化为为我之物的过程中，即得自所与还治所与的认识辩证法的过程中，客观本然界进入经验事实界。后者是已被认识的前者。冯契重新改进了金氏元学理论，包括扬弃了金氏'四界'学说和'理有固然，势无必至'的命题，考察了事实界中理与事、理与势、必然与偶然、主体与客体、殊相与共相、个体与群体的诸多矛盾及其运动变化。事实界与可能界有着内在的联系，后者依存于前者。他所重视的是具有本质意义的'现实的可能性'。关于可能界，与金岳霖不同，冯契否定在事实界之外还另有一个实在的或潜在的世界，与金氏哲学背景的柏拉图之理念世界和新实在论的共相世界划清了界限。"①从郭齐勇的这段对冯契哲学路径的评价来看，金岳霖对本体论与认识论二分的做法给冯契提供了多重启示，让冯契从金岳霖立论上的困难中得出破解之法。当然，冯契较好地接受了马克思主义的实践唯物主义的观点，自觉避免了金岳霖思想中的一些唯心的和形而上学的成分。而且，冯契还克服了金岳霖从自然主义出发，对人类命运的悲情主义的态度，高扬了人的主观能动性，将绝对真理安置在此岸，注重对人的主体性的发扬，这些都远远超出了金岳霖。

第四节　从冯契的学术进路看金岳霖哲学对其的影响

哲学的发展既可以"照着讲"，也可以"接着讲"，但古今中外伟大的哲学家都是对前辈学者进行"接着讲"。汤一介认为："中国现代哲学的建构至少有三个重要'接着讲'的路径：一是接着中国传统哲学讲；二是接着西方某种哲学讲；三是接着马克思主义哲学讲。"②在汤一介看来，冯契创造性地建构了马克思主义哲学中国化的思想体系，冯契的哲学不仅很好地"照着讲"马克思主义哲学，而且富有成效地"接着"马克思主义哲学讲了。

冯契可谓是在中国专业哲学家中脱颖而出的重要人物之一，他成功地运用实践唯物主义的路子，敏锐地抓住了近代以来哲学的主要哲学问题，充分结合

① 杨国荣主编：《知识与智慧——冯契哲学研究论文集(1996—2005)》，华东师范大学出版社，2005年版，第22-23页。

② 汤一介：《西方哲学冲击下的中国现代哲学》，《文史哲》，2008年第2期，第28-35页。

了中西方哲学的长处，并将三者有机进行融合创立自己的哲学体系，达到了中国化马克思主义哲学的高峰。对冯契的成功的分析需要从哲学问题、哲学进路、哲学资源整合三个方面来进行。哲学问题提供动因，提供了要深沉思考并努力去解决的目标；哲学进路决定方向，方向决定着哲学问题解决的对错和成功与否；哲学资源影响着哲学问题解决的方法和工具，方法与工具得当与否同样也能影响到哲学问题的解决。知识与智慧的关系问题是冯契终生的哲学问题，解决这一问题的哲学进路就是马克思主义实践唯物主义的进路，哲学资源就是西方的逻辑分析方法和中国传统哲学发展的脉络历史及其所昭示的线索和方法。其间，金岳霖对冯契的影响主要是哲学问题和哲学方法，金岳霖对知识论与元学的矛盾态度赋予冯契以哲学问题的启示，金岳霖对冯契逻辑分析的思维培养让冯契能够得到逻辑分析的充分训练，金岳霖的实在论的立场对冯契走向马克思主义实践唯物主义的哲学进路有着基础性的作用。所以，冯契所建立起来的"智慧"说这一中国化马克思主义哲学思想体系离不开金岳霖所带给他的深刻影响。我们下面要分析冯契的学术之路和评价冯契以中国专业哲学家的身份在推动马克思主义哲学中国化所作出的积极努力和卓越贡献，同时也借此说明金岳霖对冯契哲学思想发展的启示之功。

西方哲学从古代走向近代，肇始于14世纪的文艺复兴运动，产生了两个重要的成果，即人与自然的重新被发现。"人的重新发现，人的尊严、自由、价值得到充分的肯定，从而使人摆脱了神性的束缚，而成为真正独立、自由的人。……与人、人的理性的重新发现密切相关联，自然也被重新发现。自然的重新发现，自然界被作为认识对象的重新确立，使近代自然科学获得了迅速的发展。而作为文艺复兴运动两个重要成果的共同结果，知识、科学不仅摆脱了对神学的从属和依附，而且也摆脱了古代自然哲学的朴素形式，获得了对第一哲学的自主权和完全有效的确认。至此，知识与智慧的原始统一被打破，逐步走向分离并成为两个对立和冲突的领域。"①随着科学的勃兴，物理学和数学知识与方法广泛运用于哲学领域，传统的本体论让位于认识论。对存在的思考、对人生的自由和价值的思考被当作是形而上学的问题被悬置起来，知识掩盖了智慧。康德最早察觉到知识与智慧的分离与对峙，但是他囿于不可知论立场，

---

① 陈晓龙：《论金岳霖对知识与智慧关系的哲学沉思》，《兰州铁道学院学报》，1999年第4期，第18-25页。

采取了在现象与物自体、感性、知性与理性之间划界的方式，一方面把科学知识及其方法的权能限制在现象界，否定形而上学作为科学的可能性，另一方面又肯定形而上学作为意义和价值世界存在的权力，并试图通过"实践理性"来重建形而上学。作为"哲学上哥白尼式的革命"，康德的划界引发了现代西方哲学沿着科学主义和人本主义两条路径而双向展开，在哲学中构成巨大的张力。

中国的近代化是被动的近代化，是伴随着西方对中国侵略，促使中国人努力学习西方，以契合整个世界的近代化进程而做出的改变。在接受西方人的文化过程中，西方文化知识与智慧、科学主义与人本主义、工具理性与价值理性的二元张力辐射到中国的知识分子身上，导致他们感觉到紧张。严复在对待之域与无对之域之间游离，王国维在"可爱"与"可信"之间徘徊，金岳霖区分"元学"和"知识论"的两种态度，冯友兰的"实际"和"真际"的二分等都是这种知识与智慧二元对抗的表现。知识与智慧的关系问题成为整个时代所面临的一个重大的哲学问题，也是近代哲学家必须面对和郑重思考的问题，"科玄论战"更是把这一问题推到了风口浪尖，使得所有从事哲学研究的知识分子不得不深刻研究知识和智慧的关系问题，并试图去做出富有成效的回答。

冯契求学于清华，而清华聚集了一大批哲学家，像熊十力、汤用彤、金岳霖、冯友兰等人，都是冯契的授业恩师。熊十力和汤用彤主要是专注于中国哲学研究，较少接触西方哲学，他们的思想较多地是传承中国传统哲学。金岳霖与冯友兰在西方游学过，对西方哲学有着较深的理解，对西方哲学分野的态势有着深刻的认识。但是，冯友兰专注的是中国传统儒家的人生哲学，他的"贞元六书"多是探讨人生修养与境界，对认识论问题没有专门展开研究。真正对冯契进行深度授业并给予他哲学问题启示的就是金岳霖。冯契在清华求学的几年，正是金岳霖创立自己哲学思想体系的时期，金岳霖写下了《论道》和《知识论》这两本哲学著作，而且还将自己写的书讲给学生们听，接受学生的提问，促进师生的共同探讨，这将冯契引入哲学的堂奥之中。冯契的哲学问题的萌生契机就在金岳霖区分"元学"和"知识论"的态度这个点上，当然不能排除他对中西方哲学的比较。但是，冯契以知识与智慧作为哲学思考的原生点是金岳霖的"知识论"与"元学"的截然不同的态度，这是毋庸置疑的。汪信砚说："金岳霖这种试图用划界的办法解决知识与智慧的关系问题的做法引起了冯契对方法论问题的深入思考。同时，金岳霖还强调哲学的现代化离不开民族的传统文化，这也促使冯契在建构智慧说的时候注重到传统文化中去寻求思想资源。总之，清华学派的哲学精神特别是金岳霖的哲学思想深深地影响了冯契，甚至可以说清华学派构成了'冯契哲学思想的直接源头'。"①可见，金岳霖自身在科学主义和人本主义、知识论和元学间的痛苦和挣扎给予了冯契以哲学问题意识，即找到了沟通知识与智慧这一重大哲学问题。金岳霖以《知识论》来谋求中国哲学的世界性、以《论道》来彰显中国哲学的民族性的努力尝试，引导着冯契着力实现中国哲学在世界性与民族性上双双发展。

冯契的学生陈晓龙在评价冯契的哲学问题形成的原因时说道："冯契将时代的问题贞定为知识与智慧的关系，有其直接的思想渊源，那就是其师金岳霖在《论道》一书绪论中对知识论和元学两种不同态度的区分。"②正因为金岳霖提出了对知识论和元学两种不同的态度，触发了冯契的敏锐思考，所以在选择硕士论文选题时毅然以"智慧"作为题目，决定化解老师在哲学思考中的困苦，努力去解决知识与智慧的对立，探索转识成智的问题。但是，冯契决不能照着金岳霖哲学思想的讲，而必须接着金岳霖的哲学问题讲下去，否则哲学就封闭了、僵化了。

王向清说："在科玄之争后的诸多进路中，冯契曾受其师金先生对知识论态度和元学态度的区分这一思想的深刻影响。……现代西方人文主义哲学和科学主义哲学由于分离了认识论和形而上学的研究，导致了人文主义和科学主义、非理性主义和理性主义的对立，体现了西方人生和科学、情感和理智的不协调，从而出现了把智慧和知识割裂的缺失。鉴于此，他敏锐地感觉到知识和智慧的关系问题是他毕生'非要解决不可'的'真正的哲学问题'，也是20世纪时代的重要问题。"③在对金岳霖的哲学态度中所获得的哲学问题定格之后，冯契开始沿着老师认为走对了的地方接着讲下去。冯契对金岳霖的超越，即接着讲，体现在将金岳霖知识论中所主要探讨的重要的认识论问题——感觉能否给予客观实在和普遍必然的而科学知识如何可能这一狭义的认识论扩充为广义的认识论，以拓展到逻辑思维能否把握具体真理（首先是世界的统一原理、宇宙

---

① 旺信砚、刘明诗：《冯契对马克思主义哲学中国化的推进》，《山东社会科学》，2012年第9期，第5-12页。

② 杨国荣主编：《知识与智慧——冯契哲学研究论文集（1996—2005）》，华东师范大学出版社，2005年，第48页。

③ 王向清：《冯契"智慧"说探析》，人民出版社，2012年版，第35-36页。

的发展法则)和人能够获得自由,即自由人格或理想人格如何培养,由知识拓展到智慧,因为前两个问题涉及的是经验领域的知识,是名言之域,表现的是从无知到知的飞跃;冯契拓展的后两个问题主要涉及性与天道的智慧学说,是超名言之域,表现为从知识到智慧的飞跃。①

冯契就着金岳霖对感觉能否给予客观实在和普遍必然性的科学知识是否可能这两个认识论基本问题探讨所提供的基本思路、基本结构,甚至是基本的术语和事例,运用马克思主义实践唯物主义的方法进行了多重超越和扬弃,在对知识的获取问题上求得了科学的回答,发展了金岳霖的知识论。在超越或扬弃的方面,童世骏有很准确而客观的评价。他说:"在回答第一个问题时,冯契在金岳霖的实在论的基础上用中国传统哲学中的'体''用'范畴和马克思主义哲学中的'实践'观念来解释感觉经验之所以能够给予客观实在。……在回答第二个问题时,冯契尤其重视金岳霖的'知识经验无非是以得自经验者还治经验'的观点,用经过辩证理论的概念之'摹写现实'和'规范现实'的双重功能,来解释普遍有效的规律性知识之所以可能。……如果说第一和第二个问题主要涉及从无知到知、从意见到真理的过程,那么第三和第四个问题主要涉及从抽象真理到具体真理、从知识到智慧的过程。在回答第三个问题时,冯契超越了金岳霖在《论道》和《知识论》之间的截然分工,分析了关于'道'的知识即具体真理如何'得'、如何'达'的问题。"②

从童世骏的这段对冯契思想进程的脉络的总结来看,冯契在马克思主义哲学与中国哲学两方面都有着雄厚的基础,有着明确的融汇二者的意识,并且在自己的思想发展历程中能够很好地做实做细。这既是他比金岳霖高明的地方,同时也有着金岳霖的影响。金岳霖受实在论思想限制,对自己的思想很自负,陶醉于逻辑静态演绎论证,从心理上一定程度抵触马克思主义哲学,对形式逻辑无比崇尚。但是,金岳霖并不排斥真正的马克思主义哲学思想,他承认马克思主义哲学的思想和理论很有魅力,并且支持冯契用马克思主义实践唯物主义的路子去解决知识与智慧问题,这就是对冯契莫大的支持。冯契回忆说:"金

---

① 王向清、李伏清:《超越科学主义和人文主义的对峙——冯契的"智慧"说解读》,《贵州社会科学》,2007年第1期,第58—64页。

② 杨国荣主编:《知识与智慧——冯契哲学研究论文集(1996—2005)》,华东师范大学出版社,2005年,第238页。

先生虽不愿多谈政治，但他反对法西斯统治和种种腐败现象，态度是鲜明的。在他面前，我可以毫无顾忌地批评国民党反动派。我有时还喜欢讲一点唯物主义辩证法的观点，金先生也读过一些马克思主义著作。记得有一次他对我说：'马克思的著作有种理论的美。'这也就是说，马克思的哲学是一种创作。但他瞧不起苏联的教科书，特别对他们批评形式逻辑很反感。"①其实，我们前面已经分析了金岳霖因为其实在论思想的基础促成了他在新中国成立后很自觉地转向马克思主义哲学，冯契也指出金岳霖具有较好的唯物主义思想基础，也指出金岳霖有实践思想的萌芽。

金岳霖是一个学贯中西的大哲学家，对传统哲学的理解也是很深刻的。他用逻辑建构的方式建立元学思想体系，以"道"来命名这一思想体系，用旧瓶装新酒的方法来建立形式化的本体论体系，其间对传统哲学概念的丰富内涵的把握，对传统哲学体"道"、悟"道"的方法都有着深刻理解，也希望成为苏格拉底式的哲学家，热爱生活，用心体验生活，体验世界的真谛，感悟那超形脱相的大道。金岳霖对中国传统哲学的热爱及积极生活态度，体现出他在日常的世俗生活中活出人生的真、善、美的意境，这些为冯契从知识的研究出发去探究理论、德性、方法或真、善、美相统一的博大的智慧说思想体系具有一定的启发意义。

如果说金岳霖对智慧问题的探讨集中体现在其元学思想体系之中，那么在元学思想体系中金岳霖的探讨充满着诸多的矛盾和不足：过于形式化的处理、对人类的悲情、对永远无法实现的太极的设置使得《论道》这个元学体系留下了很多遗憾，难以满足金岳霖或他人的情感。但是，金岳霖对智慧的探索，给后人留下了无数想象和发挥的契机与空间，也为冯契留下了发挥的余地。李朝东先生这样评价道："金岳霖对数理逻辑的研究和知识与智慧关系的探讨，对后来冯契从方法论和价值观上比较中西哲学传统，对中国古代哲学进行重新审视和再解释，并在马克思主义的实践唯物论的基础上，运用辩证逻辑的思维方式，建立集认识论、辩证法和价值论相统一的形而上学体系产生了重大影响。"②这也体现出金岳霖在知识和智慧问题上的探讨对冯契的招引作用。冯契

① 刘培育主编：《金岳霖的回忆与回忆金岳霖》，四川教育出版社，1995年版，第132页。
② 杨国荣主编：《知识与智慧——冯契哲学研究论文集（1996—2005）》，华东师范大学出版社，2005年，第111页。

正是从对知识和智慧问题的探讨出发，引申出"化理论为方法"和"化理论为德性"这两条更宽广的路径。

　　综上，金岳霖对冯契的影响和启迪最根本的是带给他哲学问题，同时也在哲学进路上予以支持，在哲学资源上给予引领。冯契是金岳霖哲学思想真正的衣钵传人，青出于蓝而胜于蓝，冯契在知识与智慧问题上的探讨及取得的丰富成就是对自己老师最好的回报。最后，我们以冯契先生自己的话来回应金岳霖对他的影响："《智慧》一文运用了比较多的中国哲学资料，但它受金先生的影响是明显的。术语基本上都按金先生的用法，文中如利用'无量'这一概念来解释元学上的飞跃等，也是对金先生思想的发挥。虽然论文写成后，我自己便感到不满，以为它太学院气了。但回顾自己数十年来的哲学探索，却确以此为起点。我现在整理《智慧说三篇》，主旨还是在探讨知识和智慧的关系问题，经过曲折的历程，仿佛又在向出发点复归。而这个出发点是和金先生的引导分不开的。"①冯契的哲学生涯起于知识与智慧问题，又终于知识与智慧问题，知识与智慧问题成为终生的哲学沉思。

_____

① 刘培育主编：《金岳霖的回忆与回忆金岳霖》，四川教育出版社，1995年版，第143页。

第四章
金岳霖哲学思想的当代意义考察

哲学家在哲学史上的地位高低并不主要取决于他的著述是否丰富,他的观点是否犀利,他获得的荣誉称号是否足够多,根本在于他是否能够始终保持着对哲学问题的清醒的认识,并努力尝试着去解决这些问题,为后人提供启发性的思路和拓展丰富的发展空间。就哲学问题的问答而言,它不可能获得圆满的回答,哲学总是万古而常青的。但是,哲学作为时代精神的精华,是紧跟着时代的。作为时代反映的哲学本身作为一个学科始终有其内在的发展线索、趋势和规律,也有着其主旋律,顺应时代要求而作出积极的回应是哲学家应有的责任和担当。金岳霖有着鲜明的、清醒的哲学问题意识,及时进行跟进和应对,影响着他自己所处的时代,也影响着后学,对学术层面马克思主义哲学中国化也有一定的启迪意义。

一、哲学元问题及其在金岳霖和冯契身上的体现

哲学(philosophy)是爱智慧的意思,是一门使人聪明的学问。哲学与智慧紧密相关,也可以说智慧就是哲学的本质,哲学就是对智慧问题的沉思。智慧追求的是真善美的统一,通过求真,来实现人的价值和自由,也就是实现善与美。求真体现为追求知识,在对外在的对象的观察、认识中探索出事物的本质与规律,从而为人的实践改造活动服务,满足人的现实需求,实现人的目的性追求。在认识和改造外在事物过程中,也见证了人的本质力量,人通过对外在世界的把握能够充分自如地利用外在事物为人服务,达到自由的状态。在这个过程中,求真,即获取知识,架起了通往善与美的桥梁,所以求真的知识问题

与实现真善美相统一的智慧问题就是哲学最基本的问题，亦即哲学的元问题。同时，因为真本身包含在智慧之中，所以哲学的元问题从根本上说就是智慧问题，也可以用知识与智慧的关系问题来代替，在人类哲学历史上通常也是表现为知识与智慧的关系问题。因为人的存在，人有感官能力和改造能力，通常将人去感知和改造世界的过程称为获取知识的过程，将人思考超越人的感知和实践改造能力范围之外的超越之域称为智慧，前者称为认识论，后者称为本体论，前者面向经验对象，后者面向超越之域，也包括对人性、人本身的理解。

　　从人类的哲学发展史来看，在最早的哲学中，知识与智慧问题是合在一起的，保持着原始的合一。随着哲学发生认识论转向，知识与智慧问题开始分离，这种转向是科学发展带来的。科学向哲学渗透，并转化为哲学方法，认识论取代本体论成为哲学的中心话题，本体智慧被悬置，被当作无法证实而被认为是无意义的问题，当作形而上学问题被拒斥。19世纪以来，智慧问题要么被遗忘，要么被思辨化或抽象化。杨国荣评价说："19世纪至20世纪，实证主义和分析哲学先后成为重要的哲学流派，尽管二者表现形式不同，但都呈现出某种将哲学技术化、知识化的倾向。实证主义首先关注经验以及逻辑，并以类似科学的把握方式为哲学的正途；分析哲学则把语言作为唯一的对象，以对语言的技术化分析取代以真实的存在为指向的智慧追问。"[1]"与智慧的遗忘相辅相成的，是智慧的思辨化、抽象化趋向。"[2]智慧被遗忘或被思辨化或抽象化成为自近代以来哲学的巨大缺憾，需要在近代向现代转型中进行扭转。这种知识与智慧分离、割裂的现象在近代具体表现为科学主义和人本主义的对立，很多哲学家感受到了这一点，像中国近现代哲学家严复、王国维、金岳霖、冯友兰等，由此而发生了一场"科玄论战"。但是知识与智慧的统一问题还是没有解决，需要后继者继续努力。

　　金岳霖有着深刻的哲学元问题意识，他从西方哲学的两极分野中深深感受到了知识与智慧对抗的紧张，囿于哲学学术经历的限制，他采取了在知识与智慧分界划疆的方式来处理，没能建立起沟通二者的桥梁。尤其是他对智慧问题的探索，采取逻辑构造的方式来建立起本体的考察，导致虽然演绎分析出了现实世界，但却是纯粹形式化的系统，缺乏现实感，同样是分析哲学的翻版，达

---

①　杨国荣：《冯契与古今中西之争》（笔谈），《华东师范大学学报》，2016年第3期，第2—26页。
②　杨国荣：《冯契与古今中西之争》（笔谈），《华东师范大学学报》，2016年第3期，第2—26页。

不到"动心、怡情、养性"的目的，无法实现人的终极关怀。而他在知识领域只能获取真的知识或真命题，没办法建立起由知识到智慧的桥梁。

冯契求学于金岳霖时敏锐地感受到了老师的矛盾，以"智慧"为题做硕士论文，开始对智慧问题的思考，并穷尽一生的精力，建立起"智慧"说哲学思想体系。他坚持马克思主义的实践唯物主义，运用实践辩证法，将知识的获得安置在基于实践的感觉获取感性经验上，通过对感性经验的摹写与规范，形成抽象概念，再通过"一致而百虑，同归而殊途"的反复，达到揭示经验对象全面而客观的具体概念的目的。具体概念揭示具体真理，由不知到知、知识到智慧的飞跃在具体概念获取的链条中得以逐步完成。冯契认为哲学就是通过"转识成智"将知识提升为智慧，通达宇宙人生根本原理，真正做到能够"究天人之际""通古今之变""立成人之道"。冯契成功的重要点在于承接了马克思主义哲学的实践观点，以实践辩证法作为工具，使智慧的探寻目标不再是抽象的，而是现实的存在，即进入了人的实践过程与范围，成为与人的实践不相分离的存在。

二、"金岳霖之问"与金岳霖对哲学的现代性与民族性相统一的尝试

金岳霖在为冯友兰的《中国哲学史》写审查报告时指出："所谓'中国哲学史'是中国哲学的史呢？还是在中国的哲学史呢？……写中国哲学史就有根本的态度问题。这根本的态度至少有两个：一个态度是把中国哲学当作中国国学中之一种特别学问，与普遍哲学不必发生异同的程度问题；另一态度是把中国哲学当作发现于中国的哲学。"①这个被称为"金岳霖之问"，它牵涉到哲学史研究究竟该以哲学上的人物、事件为依据、为线索来梳理，还是以哲学问题为依据、为线索来梳理的问题。

金岳霖明确要以哲学问题为线索和依据来梳理中国哲学史。他说："根据前一种态度来写中国哲学史，恐怕不容易办到。现在中国人免不了时代与西学的影响，就是善于考古的人，把古人的思想重写出来，自以为是述而不作，其结果恐怕仍不免是一种翻译。同时即令古人的思想可以完全述而不作的述出

---

① 金岳霖学术基金会学术委员会编：《金岳霖文集》（第一卷），甘肃人民出版社，1995 年版，第627-628 页。

来，所写出来的书不见得就可以称为哲学史。"①他认为"述而不作"一样容易走到"信古"的老路上去，不能有任何思想上的进展。他赞成以第二种态度来写中国哲学史。他说："如果我们把中国的哲学当作发现于中国的哲学，中国哲学史就是在中国的哲学史，而写中国哲学史的态度就是以上所说的第二个根本态度"②。因为他认为："欧洲各国的哲学问题，因为有同一来源，所以很一致。现在的趋势，是把欧洲的哲学问题当作普遍的哲学问题。如果先秦诸子所讨论的问题与欧洲哲学问题一致，那么他们所讨论的问题也是哲学问题。以欧洲的哲学问题为普遍的哲学问题；当然有武断的地方，但是这种趋势不容易中止"③。他深刻感受到由西方近代化肇始的世界近代化，甚至现代化，导致哲学问题也免不了受到西方的牵制，呈现出西方哲学问题的引领性地位。受他的影响，张岱年在《中国哲学大纲》中是以哲学问题为纲目来展开的，不过张岱年作了"中国哲学的史"和"中国系的哲学史"的变通。这种对哲学普遍问题的重视体现了金岳霖在追求中国哲学追逐世界潮流，追求哲学的世界性的自觉意识。

同时，金岳霖又反对在追求哲学的世界性时抛弃哲学的民族性，认为哲学的世界性和民族性应当辩证统一，相得益彰。他批评胡适的《中国哲学史大纲》是以西方某一种哲学观点来诠释中国哲学的做法。他说："胡适之先生的《中国哲学史大纲》就是根据于一种哲学的主张而写出来的。我们看那本书的时候，难免一种奇怪的印象，有的时候简直觉得那本书的作者是一个研究中国思想的美国人；胡先生以不知不觉间所流露出来的成见，是多数美国人的成见。"④他认为胡适的写法是根据一种哲学主张来写中国哲学史的，而不是根据欧洲哲学的普遍标准来写的，这样就势必会抹杀哲学的民族性。他认为在未来的哲学发展中，中国哲学要追求世界哲学的普遍性和民族性的统一，即实现哲学的现代性和民族性的辩证统一。

金岳霖处理自己的《知识论》和《论道》两个思想体系，很明确地运用了坚持以哲学问题来展开思想体系构建的立场。他知道《知识论》探讨的是普遍的哲学问题，因而要用世界性的眼光来写，而《论道》要体现中国精神，只能体现

---

① 金岳霖学术基金会学术委员会编：《金岳霖文集》（第一卷），甘肃人民出版社，1995 年版，第 628 页。

② 金岳霖学术基金会学术委员会编：《金岳霖文集》（第一卷），甘肃人民出版社，1995 年版，第 628 页。

③ 金岳霖学术基金会学术委员会编：《金岳霖文集》（第一卷），甘肃人民出版社，1995 年版，第 626 页。

④ 金岳霖学术基金会学术委员会编：《金岳霖文集》（第一卷），甘肃人民出版社，1995 年版，第 628 页。

中国哲学风范，用中国哲学范畴来处理。正如冯友兰所评价那样："现代化和民族化融合为一，《论道》的体系确切是'中国哲学'；而《知识论》则是'知识论在中国'。"①金岳霖对哲学问题的重视和亲自的尝试，为中国哲学在谋求现代性与民族性相统一上做出了积极的尝试。

金岳霖对时代精神的把握是精到的。20世纪是一个大动荡、大碰撞的世纪，也是一个融合的世纪，有明显的西方压倒东方的态势。作为学贯中西的哲学家，金岳霖并没有对西方哲学推崇备至，也不对中国哲学妄自菲薄，而是以独特的方式来为中国哲学争取合法的地位，同时也积极推送中国哲学。他敏锐地认识到了知识与智慧问题凸显为根本的哲学问题，但是他当时没有马克思主义实践观念，他无从搭建起从知识到智慧的桥梁，于是不得已采取在知识和智慧之间划界的方式来处理。他深知西方因为科学和逻辑发达，在知识论领域有独特优势，而中国哲学因为语言的特点缺乏明细的概念，但中国哲学家都是不同程度的苏格拉底式人物，他们的哲学虽然没有理智的款式，却能用诗意盎然的语言表达完美的意思，让人动心、怡情、养性，中国哲学有其独到的优势，能够满足人情感、意义与价值的追求。所以他自己在知识和智慧之间划界有两种目的：第一种目的是圈定逻辑分析、科学局限于自己的知识领域，由西方哲学来主导，而智慧则是由自己的中国哲学来主导。陈晓龙这样评价说："金岳霖采取的方法是在'元学'与'知识论'之间划界，并通过这种划界使科学理性、逻辑分析方法在知识论和名言之域不可让渡的优先权得到肯定，而这种肯定从表面上看虽然是在为知识论、为科学理性争得'权力'和地位，但实质上则是为科学理性和逻辑分析方法划定边际界限，以及对实证主义过分推崇的逻辑分析方法的权能作出某种程度的限制，从而为终极关怀、形上关切的元学之智慧争得一席之地。"②金岳霖的《知识论》显然是为了推进中国哲学对接世界哲学，在中国积极弘扬理性精神和逻辑分析方法，以弥补自身的不足。他的《论道》却是为了保持中国哲学重价值、意义关怀的传统，保持哲学的民族特色。

第二种目的是推进中国的知识论发展，来弥补中国哲学在认识论上的缺陷。"他(金岳霖——笔者注)区分元学和知识论两种态度，在求知与求善、认知与评价、事实与价值之间划界的目的，不仅在于要从西方实证主义那里争得

---

① 冯友兰：《中国现代哲学史》，广东人民出版社，1999年版，第198页。

② 陈晓龙：《知识与智慧——金岳霖哲学研究》，高等教育出版社，1997年版，第168页。

元学、价值和意义世界的存在权力和一席之地，而且在于要从中国传统哲学中争得知识论独立存在的权力和一席之地。"①陈晓龙对金岳霖这种对知识与智慧区分的模式表示赞赏，认为这样在中西哲学会通过程中能够保持中国哲学的完整性和争得应有的哲学地位，彰显文化自信和理论自信。

　　金岳霖不是哲学史家，他写过的唯一一部哲学史是《罗素哲学》，而且在《罗素哲学》中他也不是简单介绍和评价罗素的哲学思想，而是带着哲学问题来展开哲学探讨。强烈的哲学问题意识体现出金岳霖对哲学问题的高度敏感性，能较为轻松、自然地从中西哲学历史中捕捉到哲学问题，然后带着这些哲学问题来展开自己的思考，将哲学推向深入。这需要哲学家本人不要囿于哲学流派、国别或传统，敢于创新，敢于面对，保持开放的心态。胡伟希非常欣赏金岳霖对待哲学的这种开放的心态和胸怀。他说："就提倡哲学的开放性而言，金岳霖的哲学为我们提供了榜样与范式。金岳霖的哲学之所以具有开放性，不仅仅表现在它破除了古今中西二分之成见，较为成功地糅合了中西，还在于他善于从中西哲学史的丰富材料中提炼出普遍意义的哲学素材。金岳霖注重研究哲学问题，这表明了他作为哲学家而同哲学史家的分野。然而，对于金岳霖来说，真正的哲学问题甚至其解决之道，却又不是凭空产生，或者从抽象的原理演绎出来，而是与哲学思想的历史密切相关。比如说，他的《知识论》中具有原创性的思想之一——意念的摹状与规律说，来自他对西方哲学史上著名的'休谟问题'的思考，他的《论道》中的核心观念——道，是中国传统哲学中的基本观念……如此等等，难以一一例举。总之，立足于哲学问题而注重对传统与哲学史的发掘；继承中西的传统而又不囿于传统，善于从特殊性的哲学史素材中提升与概括出更具普遍性的东西。这也许是金岳霖能成功地建造起他自己的独具特色的哲学思想体系的奥秘。"②所谓有容乃大，金岳霖的哲学思想体系博采众长、兼收并蓄，形成了一个"大杂烩"，但是金岳霖却能凭借着良好的哲学问题意识，将这些哲学安排得井井有条，组织成严密的思想体系，很好地融会在一起。

① 陈晓龙：《知识与智慧——金岳霖哲学研究》，高等教育出版社，1997年版，第170页。
② 胡伟希：《金岳霖哲学思想》，湖北人民出版社，1994年版，第365-366页。

三、金岳霖的哲学对推进马克思主义哲学中国化的启示意义

马克思主义以整个人类历史为考察对象，包括自然史、社会史，它是属于世界人民的精神财富。随着生产力的发展，人们的交往打破民族和国家的界限，马克思主义哲学必然要向世界范围扩展，也必然会扩展到中国。中国的哲学家们也积极应对了马克思主义哲学，从而推动了马克思主义哲学与中国民族哲学的碰撞与融会，推进了马克思主义哲学中国化的进程。金岳霖虽然没有被明确列在马克思主义哲学中国化的哲学家行列，但是他的哲学探讨也在无形之中介入了马克思主义哲学中国化这一伟大进程，对推进马克思主义哲学中国化起到了一定的积极影响。下面从四个方面来分析一下金岳霖的哲学思想对推进马克思主义哲学中国化的意义。

（一）金岳霖的物质观对推进马克思主义哲学中国化的意义

金岳霖作为实在主义哲学家承认外物的客观实在，用中国传统哲学概念体系对外物作内容与形式的清晰分析，对形上本体作出充分的求证，展现出对经验与科学的充分尊重，并以务实的态度肯定哲学思想具有时代性。这些为马克思主义哲学中国化提供了可供参考的学术思想与观点，对于推进马克思主义哲学中国化具有一定的学术意义与价值。具体可以表现为以下几点：

首先，金岳霖对物质本原的求证对于丰富马克思主义哲学物质观具有重要的启示意义。金岳霖所用的"殊相方面的无量变更法"说明了物质是物体的共同特性，物质与物体不同，物体是实体，是可感的或可检测到的。物质是所有物体的共同特性，是内在于物体之中的，是不可触摸的，要靠抽象思维才能理解。中国化的马克思主义哲学研究世界本原问题，认为世界统一于物质，物质的唯一特性是客观实在性。阐释本原问题，要区分开物体、物质与物质概念，这些在金岳霖的哲学物质观中都已经得到展现。金岳霖的这种处理办法类似于中国传统哲学的道器观。中国传统哲学认为形而上者属于"道"，形而下者属于"器"，道不离器，器不离道，道在器中，器中载道。这些思想与金岳霖的哲学物质观非常类似，金岳霖的哲学物质观可谓是中国传统哲学道器观的现代表达，使其实现了创造性转化与创新性发展。可见，细致地研究金岳霖的哲学，就不难发现他已经以细腻的分析对物质观的重要哲学问题作出了崭新的阐释，为马克思主义哲学中国化的推进积累了学术素材和经验。

其次，金岳霖的哲学物质观自觉坚持与经验和科学保持紧密的联系，对推进马克思主义哲学中国化具有重要的参考价值。马克思主义哲学是观察与认识世界的重要工具，特别强调实践的重要性，特别重视对现实的关注，强调哲学要跟上时代的节奏，注重从现实经验和科学发展中不断吸取养分，获得充分的支撑。而中国传统哲学比较注重思辨，重在感悟。金岳霖在哲学物质观上扭转了传统哲学的思辨习气，用生活常识来说明哲学道理，用科学规律、定律来支持自己的观点，自觉对接上马克思主义哲学，为马克思主义哲学中国化在追求实证，体现经验与理性并重方面提供了方法，积累了经验。

最后，金岳霖的哲学物质观有助于推进马克思主义哲学中国化培育科学的态度，保持开放与发展的积极心态。金岳霖认为哲学物质观是一种成见，一种保持客观合理性的成见。他反对在哲学上固守己见、故步自封，指出哲学都具有时代性，强调哲学要保持开放性。马克思主义哲学中国化是一个不断推进的过程，是对马克思主义哲学不断继承与修正的过程，对马克思主义哲学要在坚持中发展，在发展中坚持，这样马克思主义哲学中国化才能枝繁叶茂，不断开创马克思主义哲学新境界。从这个角度看，金岳霖的哲学物质观的坦诚态度、发展眼光对马克思主义哲学中国化的进程具有重要的启示意义。

（二）金岳霖的矛盾观对推进马克思主义哲学中国化的启示意义

前文对金岳霖的矛盾观的分析虽然仅仅就共相与个体，即从一般与个别的关系上来展开并与马克思主义哲学进行比较。但是仅就这一点而言，金岳霖的矛盾观仍给予马克思主义哲学中国化一定的启发意义。金岳霖坚持做到了在矛盾观上的本体论与认识论的一致，认为共相是客观的，是个体的内在规律性，即本质。认识过程中以个体事物的本质特征为对象，用概念来表示。但是，概念只是个体本质的主观形式，不是个体本质本身。马克思主义哲学中国化过程中，在对待概念与本质的关系上，要避免犯以概念代替本质的错误，贯彻本体论与认识论相统一的原则。金岳霖的矛盾观对共相作了多层次的考察，也有利于为马克思主义哲学中国化拓展出相应的哲学问题，如将个体分为特定时空中的个体与个体类，对共相与共相的关联的区分与研究，对意念作多层级的区分等，这些都有利于丰富马克思主义哲学中国化的学术素材，拓展出学术空间，有利于中国化马克思主义哲学的发展。

此外，金岳霖以共相与个体的关系为基础，拓展出一系列哲学范畴，如理与势、几与数、命与运、性与情、体与用、顺与逆等，赋予了传统哲学范畴以现代哲学意义。他还提出了很多哲学命题，如"理有固然，势无必至""几所适然数所当然""情求尽性""用求得体"等，用逻辑分析法将传统哲学范畴厘定得非常清楚，阐述了必然性与偶然性、现象与本质、现实与理想等一系列关系问题。就他对逻辑分析法的娴熟运用来看，他对范畴所作的多维分析，值得马克思主义哲学中国化进行深刻学习并熟练运用。他以逻辑分析方法拓展出丰富的哲学内容，提升了中国化马克思主义哲学的广度与深度。同时，金岳霖以共相与个体的关系关联出必然性与偶然性、可能性与现实性、本质与现象、现实与理想等一系列范畴与关系，给予了马克思主义哲学中国化以启示意义，中国化的马克思主义哲学需要强化对范畴间的横向联系的考察，自觉运用好范畴体系，将范畴打造成一个严密的逻辑体系，发挥逻辑分析的理论威力。

（三）金岳霖的概念论对推进马克思主义哲学中国化的启示意义

金岳霖的意念论（概念论）立场实在、内涵丰富、范畴众多、体系严密、充满辩证，对马克思主义哲学中国化带来了一些积极的影响，大致可以从以下几个层面来展现。

首先，金岳霖对西方认识论"唯主"出发方式的批判启示马克思主义哲学中国化要始终坚持客观实在的立场。认识论是以本体论为基础的，以客观实在的事物为研究对象，以反映客观事物为途径。因而认识过程中必须以客观事物为原型，反对主观臆断、猜测。他批判西方认识论以"自明"的原则作为出发方式的做法，认为"自明"的原则也是经验的产物，也要随经验的变动而进行修正。这些观点与马克思主义哲学非常契合。"原则不是研究的出发点，而是它的最终结果"①，马克思主义经典作家的话与金岳霖的观点不谋而合，认识一定要坚持从客观实际出发，戒除主观主义、拿来主义，培育实事求是的作风，这些对马克思主义哲学中国化具有一定的指导作用。

其次，金岳霖的意念论以逻辑分析法串联起一系列范畴，增强了哲学分析的精细性，对马克思主义哲学中国化有一定的启示意义。在金岳霖的意念论中，他对感觉作了正觉、梦觉、幻觉、错觉的多重区分，对收容与应付所与的过

---

① 中共中央马克思恩格斯列宁斯大林著作编译局编译：《马克思恩格斯文集》（第九卷），人民出版社，2009 年版，第 38 页。

程作了习惯、记忆、想象、意志与注意、相信与归纳、语言和抽象等多层次的区分等。他对由现象到本质的归纳过程的分析细致入微，考虑到了主观的各种因素，但力求得到客观的知识。金岳霖的这份思维的严谨性、分析的全面性、关注面的系统性都是宝贵的思想财富，值得在推进马克思主义哲学中国化过程中予以吸收与继承。

最后，金岳霖的意念论建立起的概念的辩证体系对于马克思主义哲学中国化具有重要的启示意义。金岳霖的意念论构架了一个摹状与规律、后验性与先验性、知事与明理相统一的"得自所与还治所与"的辩证过程，既强调概念以现实为摹本的摹状作用，也强调概念对现象的规律作用，并且指出摹状中有规律，规律中有摹状，深刻而辩证地阐述了这些关系。这是在概念层面上坚持客观辩证法与主观辩证法的统一，在马克思主义哲学中国化过程中需要得到贯彻与执行。另外，金岳霖对意念所作的层级的区分对马克思主义哲学中国化过程中形成具体概念具有启示意义。在金岳霖的意念论中，意念是分层级的，低层次的意念与高层次的意念所反映事物的广度与深度不同，意念的获得需要经历不同层次的进化，这说明他已经有了全面、系统的具体概念的意识，也展示出他在真理问题上追求全面性、过程性的思想意识，这些在中国化马克思主义哲学的建构过程中都需要加以吸收和运用。

（四）金岳霖的真理观对推进马克思主义哲学中国化的启示意义

金岳霖的真理观以符合论为总基调，坚持真理是"真且通"，将真理上升到宇宙天道，虽然其真理观有些不尽如人意的地方，但是对马克思主义哲学中国化仍然具有一定的启示意义，具体可以概括为如下。

首先，金岳霖的真理观贯彻了实事求是的根本原则。金岳霖反对"融洽说""有效说"和"一致说"，坚持真理问题上的"符合说"，其目的就是获得客观的、真的知识。他认为知识的真应当是实实在在的真，要经得起常识、科学和事实的检验，而不是主观的真、既定原则下的真、逻辑语言下的真。他对真的这些要求表明他强调要如实地反映客观世界，而不是主观地认定、逻辑地认定，不是听从权威理论、"自明"的公理的摆布。他这种对真理的解读类似于马克思主义哲学所强调的不唯书、不唯上、只唯实的求实学风与文风，重视实践检验的作用。金岳霖在真理问题上追求客观实在的立场和精神值得在马克思主义哲学中国化过程中贯彻执行。

　　其次，金岳霖的真理观贯彻了真理与价值相统一的原则。金岳霖认为真理应当是真且通的：就真而言，他追求的是客观的知识；就通而言，他将真理上升到了方法与德性的层次。真理可以转化为方法，用于指导学习、工作与生活，发挥理论的威力，发挥理论指导现实的积极作用。真理可以转化为德性，促使人通达、圆融，人获得自由而全面的发展。冯契在金岳霖的这一思想的启迪下，提出化理论为方法和化理论为德性，实现真善美的和谐统一。可见，在中国化的马克思主义哲学中，金岳霖的这一思想得到了积极的弘扬。

　　最后，金岳霖体悟真理的方法值得在马克思主义哲学中国化过程中弘扬。金岳霖所谓的真理是超名言之域的大道，是宇宙总则。他用"本然陈述"的方法来表达对大道的体验。"本然陈述"是一种总经验之大成的方法，是对事物的本质的一种直接体认的陈述方式，是在长期的实践基础上的顿悟，是转识成智的一种模式。他的这一方法本身是西方逻辑分析方法与中国传统哲学直觉体认方式的结合。同时这种方法还始终保持着与经验的紧密联系，坚持客观实在的立场，可以说是马克思主义哲学与中国哲学和西方哲学的一种融合。这种方法符合马克思主义哲学中国化应当坚持的原则，在中国化马克思主义哲学中应当得到发展。冯契用理性的直觉、辩证的综合与德性的自证进行了发挥，做到了对转识成智这一过程的科学解释，其中金岳霖的"本然陈述"对他的转识成智的方法具有重要的参考价值。

参考文献

一、著作

（一）经典著作

［1］中共中央马克思恩格斯列宁斯大林著作编译局编译. 马克思恩格斯选集. 人民出版社, 2012.

［2］中共中央马克思恩格斯列宁斯大林著作编译局编译. 马克思恩格斯文集. 人民出版社, 2009.

［3］中共中央马克思恩格斯列宁斯大林著作编译局编译. 列宁全集. 人民出版社, 2017.

［4］中共中央马克思恩格斯列宁斯大林著作编译局编译. 列宁选集. 人民出版社, 2012.

［5］中共中央马克思恩格斯列宁斯大林著作编译局编译. 列宁专题文集. 人民出版社, 2009.

［6］中共中央马克思恩格斯列宁斯大林著作编译局编译. 毛泽东选集. 人民出版社, 1991.

［7］中共中央马克思恩格斯列宁斯大林著作编译局编译. 习近平著作选读. 人民出版社, 2023.

（二）金岳霖和冯契的著作

［1］金岳霖学术基金会学术委员会编. 金岳霖文集［M］. 兰州：甘肃人民出版社, 1995.

［2］金岳霖. 论道. 北京：中国人民大学出版社, 2007.

［3］金岳霖. 知识论. 北京：商务印书馆, 2000.

［4］金岳霖. 罗素哲学. 上海：上海人民出版社, 1988.

［5］金岳霖. 逻辑. 北京：生活·读书·新知三联书店, 1961.

［6］中国社会科学院哲学研究所编.金岳霖学术思想研究.成都：四川人民出版社，1987.

［7］金岳霖.金岳霖回忆录.北京：北京大学出版社，2011.

［8］冯契.冯契文集.上海：华东师范大学出版社，2016.

［9］冯契.认识世界与认识自己.上海：华东师范大学出版社，1996.

［10］冯契.逻辑思维的辩证法.上海：华东师范大学出版社1996.

（三）研究性著作

［1］胡伟希.金岳霖哲学思想.武汉：湖北人民出版社，1994.

［2］胡伟希.金岳霖与中国实证主义认识论.上海：上海人民出版社，1988.

［3］王中江.理性与浪漫——金岳霖的生活及其哲学.郑州：河南人民出版社，1993.

［4］胡军.道与真——金岳霖哲学思想研究.北京：人民出版社，2002.

［5］陈晓龙.知识与智慧——金岳霖哲学研究.北京：高等教育出版社，1997.

［6］杜国平.真的历程.北京：中国社会科学出版社，2003.

［7］张学立.金岳霖逻辑哲学思想研究.贵阳：贵州人民出版社，2004.

［8］乔清举.金岳霖新儒学体系研究.济南：齐鲁书社，1999.

［9］袁彩云.经验·理性·语言——金岳霖知识论研究.北京：人民出版社，2007.

［10］邵明.金岳霖所与理论研究.北京：北京大学出版社，2012.

［11］崔治忠.金岳霖知识论比较研究.北京：知识产权出版社，2015.

［12］刘培育.金岳霖思想研究.北京：中国社会科学出版社，2004.

［13］刘培育主编.金岳霖的回忆与回忆金岳霖.成都：四川教育出版社，1995.

［14］刘琅主编.精读金岳霖.厦门：鹭江出版社，2007.

［15］中国社会科学院科研局.金岳霖集.北京：中国社会科学出版社，2000.

［16］冯友兰.中国哲学史.广州：广东人民出版社，1999.

［17］张岱年.张岱年全集(第一卷).石家庄：河北人民出版社，1996.

［18］张岱年.真与善的探索.济南：齐鲁书社，1988.

［19］方克立.方克立文集.上海：上海辞书出版社，2005.

［20］彭漪涟.概念论.上海：学林出版社，1991.

［21］杨国荣主编.知识与智慧——冯契哲学研究论文集(1996—2005).上海：华东师范大学出版社，2005.

［22］王向清，李伏清.冯契"智慧"说探析.北京：人民出版社，2012.

［23］王向清.转识成智——冯契广义认识论研究.湘潭：湘潭大学出版社，2016.

［24］王向清.冯契与马克思主义哲学中国化.湘潭：湘潭大学出版社，2008.

［25］杨国荣.实证论与中国哲学.北京：高等教育出版社，1996.

［26］张岱年.中国哲学大纲.南京：江苏教育出版社，2005.

［27］贺麟.五十年来的中国哲学.北京：商务印书馆，2002.

［28］谢幼伟.现代哲学名著述评.济南：山东人民出版社，1997.

［29］李维武.二十世纪中国哲学本体论问题.长沙：湖南教育出版社，1991.

［30］杨国荣.存在之维——后形而上学时代的形上学.北京：人民出版社，2005.

［31］朱德生等主编.西方认识论史纲.南京：江苏人民出版社，1983.

［32］陈修斋主编.欧洲哲学史上的经验主义和理性主义.北京：人民出版社，1986.

［33］康德.未来形而上学导论.庞景仁，译.北京：商务印书馆，1982.

［34］强以华.存在与第一哲学——西方古典形而上学史记研究.武汉：武汉大学出版社，2005.

［35］韩林合.分析的形而上学.北京：商务印书馆，2003.

［36］宋志明.20世纪中国实证哲学研究.北京：中国人民大学出版社，2002.

［37］郁振华.形上的智慧如何可能？——中国现代哲学的沉思.上海：华东师范大学出版社，2000.

［38］张耀南，陈鹏.实在论在中国.北京：首都师范大学出版社，2002.

［39］胡军.分析哲学在中国.北京：首都师范大学出版社，2002.

［40］怀特海.过程与实在.周邦宪，译.贵阳：贵州人民出版社，2006.

［41］怀特海.科学与近代世界.何钦，译.北京：商务印书馆，1989.

［42］休谟.人类理解研究.文运，译.北京：商务印书馆，1982.

［43］赖欣巴哈.科学哲学的兴起.伯尼，译.北京：商务印书馆，1991.

［44］罗素.哲学问题.何兆武，译.北京：商务印书馆，2009.

［45］洪谦.逻辑经验主义.北京：商务印书馆，1982年。

（四）外文著作

［1］HUGHES G E, CRESSWELL M J. A New Introduction to Modal Logic［M］. London: Routledge, 1966.

［2］MOORE G E. Philosophical Studies［M］. London: Routledge & Kegan Paul LTD, 1922.

［3］COLLINGWOOD R G. An Essay on Metaphysics, Oxford at the Clarendon Press, 1940.

［4］RUSSELL B. Philosophical Essays［M］. New York: George Allende Unwin, Ltd, 1966.

［5］RUSSELL B. Our Knowledge Of the External World［M］. London: The Open Court Publishing Company, 1914.

［6］LEWIS C I. Mind and World Order, New York Charle's Sons, 1929.

［7］LEWIS C I. An Analysis of knowledge and Valuation［M］. Illinois: The Open Court Publishing

Company，1946.

［8］AYER A J. The Problem of Knowledge，The Chaucer Press，1956.

［9］AYER A J. The Foundation of Empirical Knowledge［M］. London：The Macmillan Press Ltd，1940.

［10］THOMAS E H. Contemporary Theories of Knowledge［M］. New York：The Ronald Press Company，1961.

二、期刊

（一）论文

［1］冯契.忆金岳霖先生以及他对超名言之域问题的探讨［J］.学术月刊，1994(2)：82-89.

［2］冯契.金岳霖先生在认识论上的贡献.哲学研究，1985(3).

［3］杨国荣.玄学本体论的逻辑构造：论金岳霖早期的哲学思想.社会科学辑刊，1994(1).

［4］胡军.试析金岳霖《论道》中的"能"与"式".文史哲，1990(1)：27-33.

［5］胡军.金岳霖共相论剖析.哲学研究，1990(3)：58-66.

［6］王南湜.马克思主义哲学的物质概念.哲学研究，2006(9)：3-8.

［7］陈晓龙.论金岳霖对知识与智慧关系的哲学沉思.兰州铁道学院学报，1999(4)：18-25.

［8］陈晓龙.金岳霖共相论剖析.哲学研究，1990(3).

［9］陈晓龙.在知识与智慧之间——金岳霖哲学的历史意蕴.中国哲学史，1996(4)：108-114.

［10］郁振华.金岳霖和中国传统哲学.学术月刊，1996(6)：11-16.

［11］贡华南.徘徊于意义与意味之间——金岳霖哲学的张力与境界.学术月刊，2007(8)：57-64.

［12］秦英君，商燕虹.金岳霖思想述评.河南大学学报，1997(2)：100-105.

［13］唐晓嘉.从《论道》看金岳霖的经验主义哲学思想.哲学研究，1998(11)：46-54.

［14］方松华.对金岳霖《论道》中国哲学属性的疑窦.学术月刊，2004(2)：12-14.

［15］俞宣孟.移花接木难成活——评金岳霖的《论道》.学术月刊，2005(9)：13-20.

［16］齐城.物质概念体系建构的科学背景和逻辑分析进程.中州学刊，2008(4)：168-171.

［17］张世英.马克思主义以前西方哲学史中关于"一般"与"个别"理论的发展.哲学研究，1960(2)：39-48+59.

［18］洪向华，吕瑛.走进马克思主义认识论.延边大学学报，2002(3)：13-15.

［19］商孝才.马克思主义真理论.聊城大学学报，2020(1)：88-94.

［20］郁振华.后期金岳霖认识论思想研究.湖南师范大学社会科学学报，1994(1)：1-6.

[21] 童世骏.普遍必然的科学知识何以可能——从洛克到金岳霖.哲学研究,1992(3):38-45.

[22] 汪信砚,刘明诗.冯契对马克思主义哲学中国化的推进.山东社会科学,2012(9):5-12.

[23] 汪信砚,刘明诗.冯契对马克思主义哲学中国化的独特理论贡献.哲学动态,2012(12):25-33.

[24] 王向清."智慧"说与学术层面的马克思主义哲学中国化.衡阳师范学院学报,2007(4):13-17.

[25] 王向清.再论冯契对20世纪中国哲学的贡献.高校理论战线,2011(11):14-19.

[26] 许全兴.马克思主义哲学中国化的新突破——读冯契的"智慧"说.吉林大学社会科学学报,2005(5):47-53.

[27] 胡振平.反思推动理论创新——以冯契对马克思主义哲学第二次中国化的贡献为例.江苏行政学院学报,2016(6):5-12.

[28] 何萍.冯契哲学的双重身份及其对马克思主义哲学中国化的贡献.华东师法大学学报(哲学社会科学版),2016(3):35-44.

[29] 李伏清,刘润东.冯契世界哲学观及其当代价值研究.哲学动态,2021(4):22-32.

[30] 金民卿.历史和人民选择了马克思主义.马克思主义与现实,2021(4):7-11+203.

[31] 王南湜,侯振武.马克思主义哲学中国化的双重逻辑及其意蕴.哲学研究,2014(9):3-11+128.

[32] 方克立.冯契研究与冯契学派——兼论当代中国的学术学派.哲学分析,2014,5(6):138-152.

[33] 张天飞.冯契先生的哲学研究路向.华东师范大学学报(哲学社会科学版),2005(2):1-3+121.

[34] 陈卫平."金岳霖问题"与中国哲学史学科独立性的探求.学术月刊,2005(11):14-22.

(二)学位论文

[1] 杜国平."真"的历程[D].北京:中国社会科学院研究生院,2000.

[2] 周璇.胡适、冯友兰、金岳霖的逻辑方法研究[D].哈尔滨:黑龙江大学,2009.

[3] 苗磊.正觉的历程[D].上海:华东师范大学,2014.

[4] 许春.普遍性道路之生成[D].上海:华东师范大学,2016.

[5] 郑毅.金岳霖哲学体系建构历程研究[D].西安:陕西师范大学,2017.

[6] 张淑稳.休谟问题:金岳霖的解答研究[D].湘潭:湘潭大学,2008.

[7] 王澜蒙.金岳霖真之思想探析[D].太原:山西大学,2015.

［8］杨帆.金岳霖《知识论》之真思想研究［D］.保定：河北大学，2020.

［9］方海珍.金岳霖知识论探析［D］.南昌：南昌大学，2005.

［10］牛晓楠.金岳霖真之符合论研究［D］.开封：河南大学，2014.